4000er
Die Normalwege

Richard Goedeke

4000er
Die Normalwege

Mit Beschreibung der Normalanstiege
auf alle Viertausender der Alpen
– auch die der neuen UIAA-Liste –

mit 77 Farbfotos, 7 einfarbigen Fotos,
30 Kartenskizzen und 17 Topos

J. Berg bei **Bruckmann**

Inhaltsverzeichnis

Einband-Titel:
Am Südgrat des Weisshorns.

Seite 2/3:
Monte Rosa – im Sturm auf der »Satteltole«.
Rechts oben der Sattel im Westgrat der Dufourspitze.

Eine Produktion des
Bruckmann-Teams, München
Umschlaggestaltung: Uwe Richter
Lektorat: Dr. Helmut Kremling,
Dr. Gerhard Hirtlreiter
Layout und Herstellung: Ina Hesse

Bildnachweis:
Hans-Jürgen Gran, Osnabrück: 40; Jutta Kühlmeyer, Hannover:
hintere Umschlagklappe; Wolfgang Rauschel, Nidda: 51, 83, 205;
alle übrigen Fotos von Richard Goedeke.
Die Kartenskizzen und die Topos erstellte nach Vorlagen des Autors
Eckehard Radehose, München.

Der Führer wurde von Autor und Verlag mit großem
Bemühen um zuverlässige Information erstellt. Da er jedoch
von Menschen gemacht wurde und sich Hochgebirge
obendrein verändern kann, sind Fehler und Unstimmigkei-
ten nicht auszuschließen. Eine Garantie für die Richtigkeit
aller Angaben kann daher nicht gegeben werden. Eine
Haftung für etwaige Unfälle oder Schäden wird aus keinem
Rechtsgrunde übernommen.

Gedruckt auf chlorarm gebleichtem Papier

Die Deutsche Bibliothek – CIP-Einheitsaufnahme

Goedeke, Richard:
4000er: Die Normalwege auf alle Viertausender der Alpen;
Tourenführer / Richard Goedeke. – 5. Aufl.,
neu bearb. Ausg. – München : Berg bei Bruckmann, 1998
(Erlebnis Berg)
ISBN 3-7654-3401-9
NE: Goedeke, Richard: Viertausender

6. Auflage
© 1990, 2000, Bruckmann Verlag GmbH, München

Gesamtverzeichnis gratis:
Bruckmann Verlag,
Nymphenburger Straße 86,
80636 München
Internet: www.bruckmann.de

Vorwort

Viertausender sind eine tolle Sache. Ganz schön groß. Ganz schön kalt. Ganz schön wild. Auch wenn die Höhenzahlen im Vergleich mit hohen Bergen in anderen Kontinenten bescheiden aussehen, so ragen die Viertausender der Alpen weiter über die Schneegrenze als mancher viel höhere Berg im Himalaya und in den Anden. Und um dorthin zu gelangen, braucht man weder mit Fernflügen zur Vergrößerung des Ozonloches beizutragen, noch sein Sparkonto auszudünnen und nicht in größere Konflikte mit seinem normalen Berufs- und Familienleben kommen. Kein Wunder also, daß viele Leute Viertausender sammeln.

An diesen sind schon die Normalwege beachtliche Herausforderungen. Vor allem aber sind sie die logischsten Routen, denn sie erspüren die Linien des geringsten Widerstandes, die meist auch die Aufstiege der Erstbesteiger waren und damit ein Stück klassischer alpiner Geschichte bleiben. Von dieser Geschichte Kenntnis zu nehmen, gibt unseren heutigen Besteigungen zusätzliche Dimensionen des Erlebens. Und selbst wenn diese Routen heute oft von zahlreichen Bergsteigern und Bergsteigerinnen begangen werden, so erneuern sie sich doch immer wieder bei Neuschnee und stellen durch den Wechsel der wetterbedingten Verhältnisse immer wieder neue und oft überraschende Aufgaben. Im einzelnen verlangen diese sogar oft eine veränderte Routenführung, aber das gehört bei solch großen Bergen dazu. Daher sind diese Normalwege immer wieder selbst für diejenigen reizvoll, die auch erheblich schwierigere Wege gehen können.

Warum aber diesen Führer? Es gibt doch schon so viele. Eben. Für jede Gebirgsgruppe einen. Und schöne dicke Bücher, mit großem Format, mit vielen bunten Bildern, auf Hochglanzpapier, schwer, voluminös, und viel zu schade zum Mitnehmen unterwegs. Darum dieses **Büchlein zum In-die-Tasche-Stecken**.

Deshalb haben wir auch die klugen Lehrbuch-Hinweise weggelassen. Natürlich müssen alle, die auf Viertausender steigen wollen, sehr wohl wissen, daß in den Westalpen oft schon der Hüttenzustieg anspruchsvoller ist als in den Ostalpen eine satte Gipfeltour. Darüber hinaus sollte bekannt sein, wie wichtig alpine Technik, Kondition und Akklimatisation sind und wie sie erworben werden, daß akzeptables Wetter und günstige Verhältnisse entscheidend für das Gelingen sind und daß gute Ausrüstung und das Mitschleppen von reichlich Nahrung und Brennstoff eine effektive Lebensversicherung bedeuten. Aber wir glauben, daß Viertausendersammler – und Viertausendersammlerinnen – sich darüber anderswo vorweg informieren, weil sie sonst mit ihrer Viertausendersammelei nicht weit kämen.

Andererseits haben wir die zusammengestellten Informationen so gehalten, daß zum Zurechtfinden bei der Besteigung der Berge außer den dazugehörigen genauen Karten keine weiteren Unterlagen als Ergänzung nötig sind. Und wir bieten auch Informationen, wie man mit öffentlichen Verkehrsmitteln zu den Ausgangspunkten gelangt, was ja bekanntlich umweltschonender ist als mit dem Auto.

Der Führer wurde auf der Basis der Erfahrung mehrerer Jahrzehnte in diesen Bergen nach bestem Wissen und Gewissen erstellt. Dazu danke ich allen, die dabei mit Rat und Tat geholfen haben, so Heinrich Bauregger, Gotlind Blechschmidt, Hartmut Eberlein, Gertrud Goedeke, Klaus-Jürgen Gran, Andreas Hartmann, Susanne Hornburg, Jutta Kühlmeyer, Joachim Linde, Helmut Krämer, Axel Naujoks, Wolfgang Rauschel, Barbara Spies, Hans Steinbichler und Thomas Stephan. Die jetzt fällig gewordene 5. Auflage hat außer für einige Korrekturen und Verbesserung der Ausstattung Gelegenheit gegeben, die Normalwege auf die zusätzlichen Gipfel der neuen UIAA-Liste der Alpen-Viertausender – und einige weitere Gipfel gleicher Merkmale – vorzunehmen. Wenn sich immer noch Fehler gehalten haben sollten oder Veränderungen am Berg andere Routenführungen üblich machen, so bin ich dankbar für Zuschriften, die helfen, weitere Neuauflagen zu verbessern. Allen, die diesen Führer benutzen, wünsche ich viel Freude unterwegs und gesunde Rückkehr.

Braunschweig, im Juni 1998   *Richard Goedeke*

(Anschrift: Dr. Richard Goedeke, Siekgraben 56,
D-38124 Braunschweig)

An der Schulter des Hörnligrates. In der Ferne das Obergabelhorn, die Wellenkuppe und der Sockel des Zinalrothorns.

Zum Gebrauch

Unter **Schwierigkeiten** wird vorweg die *Gesamtschwierigkeit* angegeben (in der neben den reinen Kletterschwierigkeiten auch Länge, Gesteinsqualität, Höhenlage und Ernsthaftigkeit der Route eingehen). Um die Verwechslung mit Himmelsrichtungen zu vermeiden, werden die Abkürzungen der in den Westalpen üblichen französischen Bezeichnungen benutzt:

F	facile	leicht
PD	peu difficile	wenig schwierig
AD	assez difficile	ziemlich schwierig
D	difficile	sehr schwierig
TD	très difficile	besonders schwierig
ED	extrêmement difficile	äußerst schwierig

Danach werden die Kletterschwierigkeiten bei *aperem Fels* nach UIAA-Skala (z.B. III+) und für Eis und Firn die maximale *Steilheit* in Grad (z.B. 50°) genannt. Daß sich die Schwierigkeit von Felskletterstellen bei Schnee und Eis gewaltig verändern kann, wird als bekannt vorausgesetzt. Ebenso, daß es ein enormer Unterschied ist, ob im Firn oder Eis eine – richtig gelegte – Spur vorhanden ist oder nicht.

Unter **Gefahren** werden nur objektive Gefahren erwähnt. Natürlich kann jede/r auch an objektiv nicht gefährlichen Passagen sehr rasch vom Leben zum Tode kommen, wenn er/sie das Wetter oder die eigene Leistungsfähigkeit falsch einschätzt oder mit der Ausrüstung schlampt. Zur Bergrettung s. u.

Sonstige Hinweise: In Beschreibungen gelten »rechts« und »links« im Sinne der Hauptbewegungsrichtung.

Abkürzungen:

bew.	bewirtschaftet	N, S, usw.	Himmelsrichtungen
L	Lager	orogr.	orographisch, in Fließrichtung gesehen
LKS	Landeskarte der Schweiz	Std.	Stunden (durchschnittliche Gehzeit)
m	Meter	SAC	Schweizer Alpenclub
mH	Meter Höhenunterschied	Tel.	Telefon-Nr. (ohne Gewähr)

Bei der Abfassung der Beschreibungen wurde davon ausgegangen, daß ein Führer nur Hilfe zur Groborientierung sein kann und keine allgemeingültige detaillierte Gebrauchsanleitung. An den hohen Bergen ist die Spanne der möglichen Veränderungen je nach den vorhergegangenen und augenblicklichen Wetterabläufen erheblich. Zu erspüren, wo wir unter den gegebenen Verhältnissen im einzelnen am besten durchkommen, bleibt daher die immer neue Aufgabe für alle, die hinaufsteigen. Und wir wären doch arme Wichte, wenn wir die darin liegenden Entscheidungsräume nicht genießen würden! Zu den Entscheidungen gehört auch die für rechtzeitige Umkehr. Die Berge bleiben uns für spätere Versuche erhalten. Wenn wir jedoch trotz aller Umsicht in eine Notlage kommen:

Alpines Notsignal

Sechsmal in der Minute ein sichtbares oder hörbares Zeichen.
Antwort, daß verstanden wurde, *dreimal pro Minute.*
An Hubschrauber Winken mit einem Arm: Nein. Nicht landen. Wir brauchen nichts. *Beide Arme erhoben: Hilfe! Bitte landen!*

Hinweise für Hubschrauber-Rettung

1. Für die Landung ist ein horizontaler Platz (keine Mulde!) von 30×30 m nötig, in der Umgebung dürfen bis 100 m Radius keine Hindernisse sein.
2. Vor Landung sind Gegenstände zu entfernen, die vom Sog des anfliegenden Huschraubers in die Luft gewirbelt werden können.
3. Der anfliegende Hubschrauber wird mit dem Rücken zum Wind von einer Person in »Yes«-Stellung (= beide Arme hochgestreckt) eingewiesen.
4. Dem gelandeten Hubschrauber darf man sich nur von vorn und auf ein Zeichen des Piloten hin nähern.

Alarm: Hubschrauber-Rettung Schweiz REGA Tel. 01-3831111.
Bei Unfallmeldungen sind wichtig: Name, Standort, Tel.; wann ist was geschehen? Art der Verletzung/Krankheit; genauer Standort (Koordinaten), Wetter im Unfallgebiet, Hindernisse im Unfallgebiet (z.B. Kabel, Leitungen).
Für alle Gönner und Gönnerinnen der Schweizer Rettungsflugwacht REGA besteht im übrigen in der Schweiz das Angebot einer kostenfreien Rettung. (Schweizerische Rettungsflugwacht, Mainaustraße 21, CH-8008 Zürich, Tel. 01-3858585; Jahresbeitrag z.Z. 25,00 DM, auch Familienbeitrag möglich.)

Die großen Einzelberge

Neben den drei höchsten Gebirgsketten mit den meisten der über 4000 m hoch aufragenden Gipfel gibt es drei niedrigere, bei denen jeweils nur die höchste Erhebung diese Höhe erreicht. Dafür sind diese Bergmassive jedoch in besonderem Maße selbständig. Und alle drei unterstreichen durch ihre Eigenart und Gestalt, wie töricht es wäre, wollte man sich bei der Wahl der Ziele nur an der Faszination der Höhenzahl orientieren.

Piz Bernina, 4049 m

Entlang der auffallend geraden Talfurche des Engadin ragen die Bündner Alpen in der eisglänzenden Bernina bis über die magische Höhenzahl auf. Ob dieser »Festsaal der Alpen«, wie Walter Flaig sie besang, nun die östlichste Gruppe der Westalpen oder die westlichste der Ostalpen ist, gehört zu den Nonsens-Diskussionen der Systematiker. Auch die trockene Feststellung, daß dies die nach dem Mont Blanc selbständigste Erhebung der Alpen ist, bedeutet für sich genommen wenig. Wesentlich bleibt, daß dieses großartige Bergmassiv auf der Grenze zwischen der Schweiz und Italien in der Eleganz seiner Linien und Wucht seiner Massen eine der gelungensten Kompositionen der Natur in diesem mächtigen Faltengebirge ist. Und daß es sich für die im Osten beheimateten Menschen als der am nächsten liegende Viertausender anbietet.

Die erste Besteigung gelang 1850 dem Schweizer Landvermesser Johann Coaz und den Brüdern Jon und Lorenz Ragut Tscharner über den langen Morteratschgletscher zur Fuorcla Crast'Agüzza und von dort über den Südgrat. Der hochgerühmte Biancograt (rätoromanisch Crast'Alva) führt von Norden zum Gipfel und wurde 1876 erstmals begangen durch die Schweizer Führer Johann Jaun und Caspar Maurer mit dem Franzosen Henri Cordier und dem Engländer Thomas Middlemore.

Am Spallagrat des Piz Bernina.

Schwierigkeiten: PD. Überwiegend Gletschertour, am Gipfelgrat Kletterei mit Stellen II und I, kombiniert, stellenweise zusätzlich durch Fixseile erleichtert (und nicht verschönert).

Mühen: Hüttenaufstieg zum Rifugio Marco e Rosa von der Diavolezza 1050 mH (5–6 Std.), von Morteratsch über die Bovalhütte 600 + 1100 mH (2–3 + 4–6 Std.), von Franscia über Rif. Marinelli 1250 + 1000 mH (4 + 3–4 Std.). Gipfelaufstieg 500 mH (2 Std.) ab Rifugio Marco e Rosa.

Gefahren: Bei allen Gletscheraufstiegen zur Fuorcla Crast'Agüzza besonders von Norden beachtliche Spalten und gelegentlich auch Möglichkeit von Lawinen, am wenigsten gefährlich der Zustieg von der Diavolezza her. Am schmalen Gipfelgrat Achtung auf Wächten. Bei Gedränge Disziplin und Umsicht mit Begegnungs- und Überholmanövern wichtig, was auch besonders für den Aufstieg über den ätzend beliebten Biancograt gilt. Bei Verlust von Sicht und Spur gibt es auf dem Morteratschgletscher beträchtliche Orientierungsprobleme. Bei Schlechtwetter Abstieg von der Marco-e-Rosa-Hütte rasch unerquicklich. Dies gilt sowohl für die bei Gewitter sehr blitzgefährdeten Drahtseile der italienischen Seite als auch für die bei Neuschnee besonders gesteigerten Risiken von Spaltenstürzen auf den Gletschern der Nordseite.

Freuden: Der höchste Gipfel weit und breit und – wenn man ihn so feiern will – der Ostalpen überhaupt.

Karten: LKS 1:25 000, Blatt 1277 Piz Bernina, auch LKS 1:100 000, Blatt 44 Maloja.

Anreise: Per Bahn über Zürich – Chur – St. Moritz oder per Auto durch das lange Tal des Engadin nach *Pontresina* (1805 m; Fremdenverkehrsort für Sommer und Winter, auch Jugendherberge, Tel. 082-672 23) und Berninabahn bis Hotel Morteratsch (1896 m; 6 km von Pontresina); Talstation der Diavolezza-Seilbahn bei Bahnstation Bernina-Suot (2093 m, 10 km von Pontresina). – Auf der italienischen Seite Bahn bis Sondrio im Veltlin 23 km und per Auto durch das Val Malenco nach Franscia (1565 m; Bergdorf), eventuell bis zum unteren Stausee Lago di Gera (1996 m).

Hüttenaufstiege: Vom Glitzerding *Diavolezza* (2973 m; privat, 170 L, bew. Juni bis September und Dezember bis April, Tel. 082-662 05) auf Steig in südwestlicher Richtung hinab auf den Gletscherboden des Vadret Pers. Diesen in gleicher Richtung überqueren. Unter den Felsen der Rifugi dals Chamuotschs vorbei, der bei gutem Wetter gewöhnlich breit ausgetretenen Spur folgend, und dann steiler über Firnhänge hinauf zum hier breiten Rücken des Fortezzagrates. Auf dem bald schmaler werdenden Grat, später in leichter Kletterei (anhaltend II und I, eine steilere Stufe kann westseitig umgangen werden), zu einem Firnhang. Diesen hinauf zu den Bellavistaterrassen. Noch vor der Scharte Fuorcla Bellavista nach rechts und in westlicher und südwestlicher Richtung auf den Firnterrassen etwas ansteigend queren bis nördlich des westlichsten Bellavistagipfels (am »Eck«, in Sicht der markanten Spitze der Crast'Agüzza). Steil absteigend (große Spalten) in die oberste Firnmulde des Morteratschgletschers. Vor den Eisbrüchen weiter absteigen bis etwa 3600 m und dann in westlicher Richtung querend auf den flachen Sattel der Fuorcla Crast'Agüzza. In gleicher Richtung auf gleicher Höhe 300 m weiterquerend zur felsigen Schulter mit den beiden Hütten *Rifugio Marco e Rosa De Marchi* (3597 m und 3609 m; CAI, 45 L, oft überfüllt, bew. Juli bis Mitte September, Tel. 03 42 - 21 23 70).

Von Morteratsch auf Steig über die westliche Moräne des Morteratsch-

Piz Bernina von Osten, vom Piz Palü. Vorn die Bellavista-Terrassen, darüber der Hang, der vom Rifugio Marco e Rosa zum Spallagrat führt.

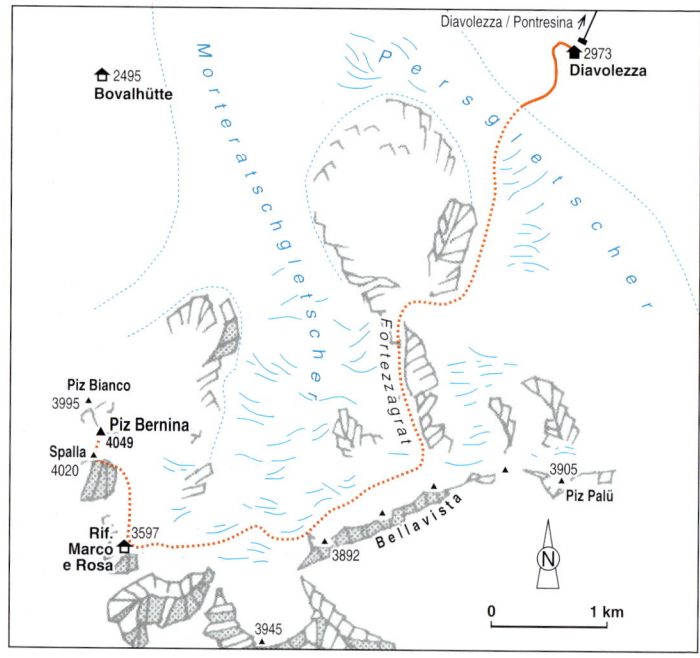

gletschers in knapp 2 Std. zur *Bovalhütte* (2495 m; SAC, 100 L, bew. Juni bis Oktober sowie Ostern und Pfingsten, Tel. 082-66403). Von hier zunächst den Morteratschgletscher in östlicher Richtung queren zum Fuß des felsigen Fortezzagrates. Am Fuß der Felsen entlang bis in Höhe der im Gletscher gelegenen Felsinsel P.3087. Nach rechts zu dieser Felsinsel hinüberqueren zu einem kleinen Plateau (»Schnapsbödeli«). Von hier zwischen dem Fortezzagrat (links) und einem anderen Grat mit Seraks (rechts) gerade in südlicher Richtung hinauf zu den Bellavistaterrassen. Von dort gemeinsam mit dem Anstieg von der Diavolezza weiter.

(Man kann auch von weiter unten links hinaufsteigen auf den Fortezzagrat und über diesen etwas zeitaufwendiger, aber den Gletscher vermeidend, zu den Bellavistaterrassen gelangen. Zwei andere, aber wegen ihrer abenteuerlichen Spaltenverhaue wesentlich heiklere Aufstiege führen weiter westlich durch die Eisbrüche des »Buuch« bzw. des »Labyrinth« direkt hinauf zur Forcella Crast'Agüzza.)

Von der italienischen Seite *von Franscia* (1556 m) den markierten Steig nordwestwärts hinauf zum Rifugio Scerscen (1813 m) und weiter in nördlicher Richtung über dem Tal querend zur Alpe Campascio (1844 m). Nach Nordosten durch Wald ansteigen zur Alpe Musella (2021 m). In gleicher Richtung über die karger werdenden Böden hinauf zur Bocchetta delle Forbici zum *Rifugio Carate* (2636 m; CAI). Um den Nordwestsporn der Cime di Musella herum zu einem See unter dem Gletscherchen Vedretta di Caspoggio und weiter mit einem Rechts-Links-Bogen zum an einem Felsgrat gelegenen *Rifugio Marinelli* (2813 m; ca. 50 L, bew. im Sommer). Von dort in nordöstlicher Richtung neben dem Hüttengrat über Schutt und Schnee zum oberhalb des Grates gelegenen Passo Marinelli occidentale (3087 m). In nördlicher Richtung unter dem felsigen Ausläufer des Piz Argient vorbei, auf den Gletscher Vedretta di Scerscen superiore. Diesen in gleicher Richtung überqueren zum Fuß der Felsen der Crast'Agüzza. Unter diesen und der von der Fuorcla Crast'Agüzza herabziehenden Eis- oder Firnrinne vorbei (Spalten) zum nördlichen Begrenzungssporn der Rinne. Über den Bergschrund und dann über den Sporn (Drahtseile) oder die Rinne hinauf zu den Hütten.

Gipfelaufstieg (Spallagrat): Von den Hütten in nördlicher Richtung über den aufsteilenden Firnhang zu den Felsen des hier nach Südosten gerichteten Grates. Daran (II, Fixseile) – oder bei gutem Firn rechts der Felsen – hinauf zum Vorgipfel (Spalla). Von hier über den schmalen Firngrat und Fels (eine Stelle II) zum Gipfel der Bernina.

Aussicht: Im Südwesten die beachtlichen Nachbarn Piz Scerscen und Piz Roseg, im Norden der Piz Bianco, im Osten der Piz Palü und im Südosten der Piz Zupo. Dazwischen die erregenden Tiefblicke nach Nordwesten auf den Tschiervagletscher und nach Nordosten auf den Morteratschgletscher.

Nebengipfel: Der südliche Vorgipfel, die **Spalla** (rätoromanisch La Spedla, **4020 m**), ist zwar markant, aber wenig selbständig. Er wird bei der Begehung des Normalweges überschritten. Der nördliche Gipfel Piz Bianco (rätoromanisch Piz Alb, auch Piz Alv, 3995 m) bildet den Endpunkt des eigentlichen Biancogrates, von dem der Hauptgipfel nur über den luftigen und nicht leichten Verbindungsgrat (Stellen III) erreicht werden kann.

Andere lohnende Routen: *Biancograt* (AD; so sehr als einmalige Genußtour verschrien, daß das Gedränge den Genuß oft vertreibt; Stellen III, kombiniert, Firn oder Eis bis 50°, von der Tschiervahütte 1450 mH bzw. 7–8 Std. zum Gipfel, davon 600 mH bzw. 4 Std. von der Forcella Prievlusa auf dem eigentlichen Grat).

Spezialführer: SAC, Bündner Alpen, Band 5, Matossi.

Am Gran Paradiso, im Abstieg über den Eselsrücken.

Gran Paradiso, 4061 m

Behäbig liegt er da, dieser höchste Gipfel der Grajischen Alpen, zwischen Mont Blanc im Norden und Dauphiné im Süden, verborgen hinter den ihn umgebenden Bergen. Nur von entfernteren Gipfeln aus wird er in seiner Wucht erfaßbar.

Der Name weckt Vorstellungen von gewaltiger, heiler Welt. Die kann man hier auch durchaus finden, an verträumten Karseen und einsamen Trümmergraten und Firnen, vielleicht sogar mit Blick auf eine der vorzeitlich anmutenden Steinbockherden. Weil jedoch übertriebene Erwartungen nur zu leicht zur Quelle von Enttäuschungen werden, sei auch ganz kantig und ungeschminkt gesagt, daß diese gewaltige heile Welt – trotz (oder wegen) des werbewirksamen Etikettes »Nationalpark« – im Grunde der großen Täler ebensowenig zu finden ist wie auf dem Normalweg zum Gran Paradiso. Was man dort findet, ist die Karawanenstraße auf einen der »leichten« Viertausender. Dieser Ruf garantiert bei seiner Besteigung eine vielköpfige Gesellschaft, bunter gewürfelt und mit mehr Altersklassen als sonst bei Bergen dieser Höhe üblich.

Einer der mühelos zu besteigenden Viertausender dagegen ist er nicht. Die über 2000 Höhenmeter von den Blechwüsten des Parkplatzes von Pont bis zum Gipfel wollen auf eigenen Füßen bewältigt sein. Und bei der ersten Besteigung durch J. J. Cowell und W. Dundas mit den Führern J. Payot und J. Tairraz im Jahre 1860 gab es dazu noch nicht als Stützpunkt das Rifugio Vittorio Emanuele II, dessen Name an den Retter der alpinen Steinböcke und Begründer des Nationalparks erinnert.

Schwierigkeiten: F+. Bis zum Gipfelgrat ein recht eintöniger, fast immer durch die breit ausgelatschte Trasse gekennzeichneter Schutt- und Firnhatsch, mit einem später im Jahr vereisten Hang von 35°. Die letzten Meter auf die beiden Gipfeltürmchen verlangen luftige Blockkletterei (II und I).
Mühen: Hüttenaufstieg 700 mH (2–3 Std.), Gipfelaufstieg 1350 mH (4–5 Std.). Recht lästig ist die nächtliche Überwindung der großblockigen Trümmerhalde gleich hinter der Hütte. Aber auch die Unzuträglichkeiten wegen des Gedränges auf Hütte, Aufstieg und Gipfel sollen nicht verschwiegen werden.
Gefahren: Spalten treten am Gletscher auf der Route nur in homöopathischen Dosen auf und auch sonst sind objektive Fährnisse gering. Wirkliche Gefahren liegen eher in Fehleinschätzungen bezüglich eigenem Trainingsstand und Wetter. Bei schlechter Sicht sind angesichts der beachtlichen Dimensionen des Berges durchaus rasch dramatische Entwicklungen denkbar.
Freuden: Gegenüber den durch Seilbahnen gefügig und mundgerecht konsumierbar gemachten Gipfeln läßt der Gran Paradiso seinen Besteigerinnen und Besteigern die Genugtuung über die aus eigener Kraft erbrachte Leistung. Besonders eindrucksvoll ist der sich nach der Monotonie des Aufstiegs in Gipfelnähe plötzlich nach allen Seiten öffnende Ausblick.

Karten: IGC 1 : 50 000, Nr. 62003 Gran Paradiso; Kompass 1 : 50 000, Nr. 86 Gran Paradiso.
Anreise: Bahn durch das Aostatal bis Sarre, 6 km westlich von Aosta. Bus über das bei Villeneuve, 11 km westlich von Aosta, von der Hauptstraße abzweigende Sträßchen 25 km südlich durch das Val Savaranche hinauf nach *Pont* (1945 m; Hotel, Camping, Großparkplatz).
Hüttenaufstieg: Von Pont auf breitem Steig taleinwärts und bald nach einem in Wasserfällen herabkommenden Bach links (östl.) am Talhang in weiten Kehren durch den lichten Wald aufsteigen. Später über karges Wiesen- und Moränengelände zum originell in Form ei-

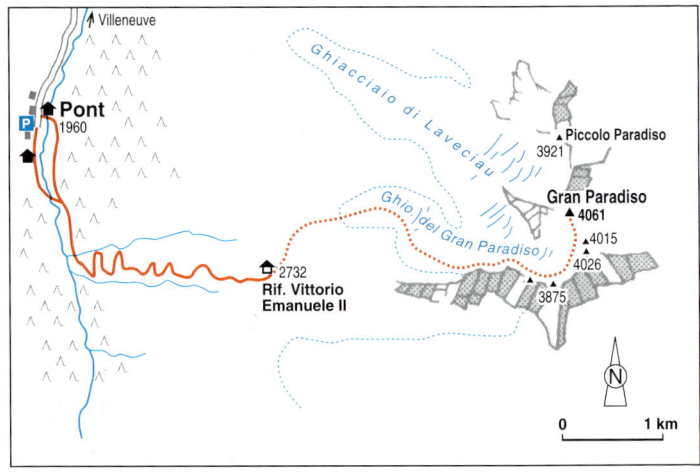

ner Halbtonne gebauten *Rifugio Vittorio Emanuele II* (2775 m; CAI, 143 L, Winterraum mit 43 L, meist überfüllt, bew. von Ende April bis 25. September, Tel. 01 65 - 9 57 10).

Gipfelaufstieg (Westflanke): Von der Hütte in nördlicher Richtung in bei Nacht unerquicklicher Stolperei über das Blockfeld zu den Moränen unterhalb des Gran-Paradiso-Gletschers. Diese hinauf und durch eine Art kleines Tal über Firn ansteigen zur Gletscherzunge. Auf dem Gletscher rechtshaltend empor, zuletzt über einen steilen Eishang links von einem Blockgrat (man kann auch am Grat aufsteigend das Eis vermeiden, Vorsicht wegen lockeren Blöcken) zu einem flacheren Rücken. Über diesen weiter aufsteigen. Er wird weiter oben schmaler (»Eselsrücken«) und leitet am Rand des Gletschers entlang zum Sattel vor den rechts am Rand der Südabbrüche aufragenden Zacken Becco del Moncorvé. Nun in nördlicher Richtung über die steileren Hänge aufsteigen, unter dem Felsgrat des »Roc« entlang zum Bergschrund. Diesen gewöhnlich ohne Probleme überschreiten und an einem kurzen Blockgrat, zuletzt überraschend luftig (I), zum Vorgipfel (Madonna). Der dahinter gelegene, etwa gleich hohe Felskopf am nordwestlichen Ende des Gipfelgrates ist mit weiterer Kletterei (II und I) in etwa 15 Minuten zu erreichen.

Gran-Paradiso-Ostgipfel vom Madonnengipfel.

Aussicht: Im Nordwesten ist das Mont-Blanc-Massiv zu sehen, im Nordosten der Walliser Grenzkamm, im Südwesten das Dauphiné mit der Barre des Écrins und im Süden der Monviso. Beeindruckender Tiefblick in die Ostflanke.

Nebengipfel: Der von den meisten Besteigern allein besuchte **Madonnengipfel** ist, wenn überhaupt, nur wenig niedriger als der Nordwestgipfel. Der gleichfalls von mehreren Felszacken gekrönte **Mittelgipfel (ca. 4015 m)** ist vom Normalaufstieg aus in leichter Kletterei (II und I) rasch zu besteigen. Das gleiche gilt für den als zusammenhängender Grat aufragenden, etwas schwierigeren (II) **Ostgipfel (il Roc 4026 m)**. Der Piccolo Paradiso (3923 m) erhebt sich im vom Hauptgipfel nach Norden ziehenden Grat.

Andere lohnende Routen: *Ostflanke* (AD; II, kombiniert und 50°; 900 mH vom Bivacco Pol).

Nordwestwand (D; Eis oder Firn 50°, 600 mH vom Wandfuß).

Gesamter Nordgrat (D; IV und III, 1700 mH, 15 Std. vom Biv. Leonessa).

Spezialführer: G. Klotz, Gran Paradiso, Gebietsführer, Bergverlag Rother, München 1989.

Barre des Écrins, 4101 m

Im Haut Dauphiné erreichen die Alpen weit im Südwesten noch einmal mit einer Reihe einprägsamer Berggestalten dünnere Luft. Die Zufälligkeiten in der Definition der Meßgrößen lassen einige der schönsten zwar knapp unter der attraktiven Höhenzahl 4000 liegen und allein die Barre des Écrins darüber aufragen, aber als Trabanten der königlichen Barre sind sie unverzichtbare Teile dieses großartigen Ensembles von Zackengraten und düstereisigen Wänden hoch über den Gletschern. Und wer aus rein oberflächlicher Jagd nach den Superlativen verschmäht, sich auch sie als Ziel zu setzen, ist selbst schuld, wenn ihm dadurch köstliche Erlebnisse entgehen. Fast die gesamte Hochgebirgsregion des Massivs ist Nationalpark und so vor Bergbahnbau hoffentlich auf Dauer bewahrt. Dadurch kann diese ursprüngliche Landschaft nur in der Muße des Steigens aus eigener Kraft erlebt werden. Sie wird allerdings – ebenso wie viele andere Bereiche Europas – immer noch durch Unfälle in den wenig westlich bei Grenoble und im Rhônetal installierten Atomreaktoren bedroht.

Die erste Besteigung der Barre gelang 1864 unter Führung des später bei der Erstbesteigung des Matterhorns im Abstieg abgestürzten Chamoniarden Michel Croz und des Schweizer Führers Christian Almer den Engländern A. W. Moore und Edward Whymper. Sie werkelten sich in heikler Stufenhackerei über die Nordflanke und den oberen Teil des Ostgrates hinauf und entrümpelten im Abstieg den damals recht baufälligen Westgrat, über den der heutige Normalweg führt. Whympers Bericht darüber in seinem zum Klassiker gewordenen Buch »Scrambles amongst the Alps« (deutsch: Berg- und Gletscherfahrten in den Alpen) ist heute noch lesenswert. Die schroffe Südflanke wurde bereits 1880 von den einheimischen Führern Vater und Sohn Pierre Gaspard mit H. Duhamel durchstiegen. Die Erkletterung des in grandioser Linie vom Glacier Noir zum Gipfel aufstrebenden Südpfeilers gelang 1944 dem extremen Bergsteigerpaar Jean und Jeanne Franco.

Schwierigkeiten: PD+. Am Gipfelgrat luftige Kletterei in gut ausgeputztem Fels mit Stellen II, meist I. Ansonsten Gletscheranstieg mit Firn bis 40°. Der Bergschrund an der Brèche Lory kann manchmal unangenehm sein.
Mühen: Hüttenaufstieg 1350 mH vom Refuge Cézanne (5 Std.), Gipfelaufstieg 1000 mH (4 Std.).
Gefahren: Auf dem unteren Teil des Gletschers z. T. (milde) Eisschlaggefahr und oben einige mit Vorsicht zu behandelnde Spalten. Ansonsten ein objektiv recht sicherer Anstieg. Von Sturm und Vereisung sollte man sich an diesem Grat jedoch besser nicht erwischen lassen.
Freuden: Der Anstieg von ganz unten aus den Tälern durch die unverbaut erhaltene Landschaft des Naturparks Écrins schafft in seiner Geschlossenheit und allmählichen Steigerung der Eindrücke bis zum Gipfel hin die Voraussetzungen für ein besonders tiefes Erlebnis der Faszination Berg.

Karten: IGN 1:25000, Nr. 241 Massif des Écrins, Meije, Pelvoux, auch IGN itinéraires pedestres et à ski 1:50000, Nr. 6 Écrins et haut Dauphiné.
Anreise: Bahn von Süden über Gap durch das Tal der Durance nach l'Argentière-la-Bessé (16 km südl. von Briançon) oder von Italien über Torino und Susa bis Oulx und dann Bus über Col de Montgenèvre nach Briançon und l'Argentière-la-Bessé. Hierher auch von Westen Bus von Bahnstation Grenoble über Col du Lautaret und Briançon. Per Auto Anfahrt Autobahn Bern – Genf – Grenoble, dann Nationalstraße 91 über Col du Lautaret oder aus der Poebene Autobahn bis

Torino und dann Staatsstraßen bzw. E 13 über Susa – Oulx – Col du Montgenèvre nach Briançon und südlich nach *l'Argentière-la-Bessé* (979 m). Von dort Bus 18 km nach *Ailefroide* (1503 m; Bergdorf überwuchert von Hotels; Camping Tel. 4 92 23 32 00).

Hüttenaufstieg: *Von Ailefroide* nahe dem Talgrund auf Steig 5 km, zunächst an der Asphaltstraße, dann deren Kehren abschneidend, hinauf zum *Refuge Cézanne* (1874 m; Hotel, Parkplatzwüste, meist furchtbar viele Leute).

Über die Schotterfelder und auf Brücke über den Abfluß des Glacier Noir. Danach rechts in Kehren den grasigen Hang hinauf und über einen felsdurchsetzten Sporn und eine Querung zur Zunge des Glacier Blanc. Rechts (ostwärts) davon auf unhübscher Stahltreppe mit Geländer über die Gletscherschliffe hinauf, an der Ruine des verfallenen Refuge Tuckett vorbei, und in nördlicher Richtung zum *Refuge Glacier Blanc* (2550 m, 2–3 Std. vom Refuge Cézanne; CAF, ca. 100 L, bew., weniger überfüllt als Refuge Écrins!).

Weiter immer am Rande des Gletschers aufsteigen. Nach etwa 2 km, hinter dem bis zum Gletscher herabreichenden Felssporn mit dem P. 3016, rechts im Bogen ansteigend zur schon hoch über dem Gletscher sichtbaren Hütte *Refuge des Écrins* (3170 m; CAF, 100 L, bew. im Sommer und Frühjahr und bei gutem Wetter meist knackevoll).

Gipfelaufstieg (Nordflanke und Westgrat): Vom Refuge Écrins hinab zum Gletscher (hierher auch direkt vom Refuge Glacier Blanc, womit man sich den Auf- und Abstieg am Refuge Écrins schenken kann). Am nördlichen Rand des Gletschers weiter aufsteigen bis in die Nähe des zwischen Roche Faurio (N) und Barre des Écrins (S) eingesenkten Col des Écrins. Vor den Felstürmen der Clochetons de Bonne Pierre den von Lawinentrümmern eindrücklich überdeckten steilen Hang in gebührender Eile schräg links aufwärts, um möglichst zügig aus der Schußbahn der oberhalb befindlichen Seraks zu kommen. Dann der meist deutlichen Spur folgend in Richtung auf den P. 3791 des Ostgrates der Barre empor und erst dicht unter dem Bergschrund entlang auf einer weniger geneigten Terrasse nach rechts queren zur Brèche Lory (3974 m, links von der Firnkuppe des Dôme de Neige). Über den Bergschrund und zuerst in der steilen Flanke über Firn und Fels, dann am recht luftigen, schmalen Grat (II, bei Vereisung rasch ungemütlich) hinauf auf den Pic Lory. Nach einer flachen Scharte am wieder schmal und ausgesetzter werdenden Grat zum weit östlich liegenden höchsten Punkt.

Aussicht: Im Osten und Norden in der Tiefe Glacier Blanc, im Süden Glacier Noir. Dahinter gegenüber Pelvoux und Ailefroide, im

Barre des Écrins – an der schmalsten Stelle des Gipfelgrates, dicht unter dem Pic Lory, im Hintergrund links der Hauptgipfel.

Blick von unterhalb des Glacier Noir zum Pic Coolidge (links) und zur über 1000 Meter hohen Südwand der Barre des Écrins.

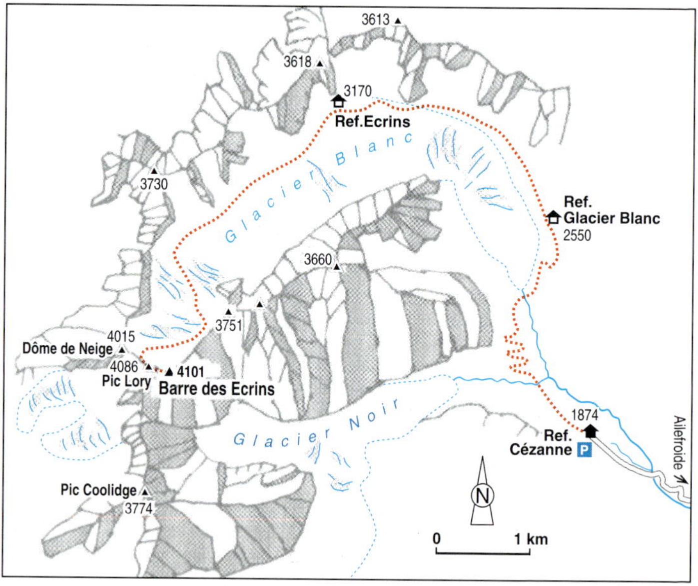
3613
3618
3170
Ref.Ecrins
Glacier Blanc
3730
Ref.
Glacier Blanc
2550
3660
3751
4015
Dôme de Neige
4086
Pic Lory
4101
Barre des Ecrins
Glacier Noir
1874
Ref.
Cézanne
P
Ailefroide
N
Pic Coolidge
3774
0
1 km

**Barre des Écrins von
Nordosten (vorn rechts
das Refuge des Écrins)**

Südwesten Les Bans, im Norden der Roche Faurio und weiter in der Ferne die berühmte Meije.

Nebengipfel: Der durchaus ausgeprägte, felsige **Pic Lory (4086 m)** bildet den Vereinigungspunkt zwischen dem nach Westnordwest zur Brèche Lory und zum Dôme de Miage ziehenden Grat und dem nach Südwesten zum Col des Avalanches gerichteten steilen Grat. Er wird bei der Begehung des Normalwegs überschritten.

Andere lohnende Routen: *Ostgrat* (AD. III und II, kombiniert, Firn bis 50°, 450 mH bzw. 2 Std. von der Brèche des Écrins).

Südwand (AD. Fels mit längeren Passagen III und II, kombiniert, Firn bis 55°, vom Refuge Temple 1700 mH bzw. 6–8 Std., davon 630 mH bzw. 3–4 Std. vom Col des Avalanches).

Südpfeiler (TD. Teilweise V+, weithin IV+, großartige klassische Route, wegen des Fehlens von Auskneifmöglichkeiten ernst, 1100 mH bzw. 6–9 Std. vom Wandfuß).

Spezialführer: H. Eberlein, Dauphiné, Bergverlag Rother, München 1988; G. Rébuffat, Le Massif des Écrins, Denoël, Paris 1974 (klassisch gewordene Monographie, auch deutsch).

Dôme de Neige (4015 m)

Der Karawanengipfel der Écrins gilt jetzt nach der neuen UIAA-Liste als selbständig.

> **Schwierigkeiten:** F –. Gewöhnlich friedliche Gletschertour.
> **Mühen:** Gipfelaufstieg vom Refuge Écrins 900 mH (3 Std.).
> **Gefahren:** Auf dem Gletscher wegen Spalten Seil ratsam.
> **Freuden:** Eindrucksvolle Gletscherwelt.

Gipfelroute: Wie zur Barre des Écrins bis in die Brèche Lory, dann am Firngrat problemlos zum Gipfel stapfen.

Aussicht: Nach Süden durch die Barre recht begrenzt.

Berner Alpen

Die höchsten Berge sind die Berner Alpen nicht, aber sie liegen auf der Wetterseite und mit gewaltigen Steilflanken zum tieferen Vorland. Das bringt besonders intensive Niederschläge und nährt die Gletscher. So wundert es nicht, daß die beiden längsten Eisströme der Alpen (Aletschgletscher und Fieschergletscher) hier zu finden sind.

Im Norden bietet eine hochreichende Bahn ein bequemes Sprungbrett zu einigen der markantesten Gipfel. Aber ansonsten ist weit zu laufen, gerade auch in der Horizontalen, um diese Berge zu erreichen.

Dies gilt vor allem für die Gipfel im Osten der Gebirgsgruppe. Besonders abgelegen, besonders wild, besonders großartig ragen sie auf, die Berge zwischen Grimsel und Fieschergletscher und Eismeer. Aber dafür zählt jeder von ihnen doppelt.

Aletschhorn, 4195 m

Die gewaltige Pyramide des zweithöchsten Gipfels der Berner Alpen beherrscht mit den Hängegletschern ihrer Nordflanke das Firnbecken des mächtigsten Eisstromes der Alpen. Auf den Weiten des sein Tal füllenden Großen Aletschgletschers ist noch der Hauch der Eiszeiten zu spüren, während derer solche Eismassen sich durch alle großen Alpentäler schoben und bis ins Vorland reichten. Aber auch die felsigeren Südseiten werden von Gletschern eingerahmt, in ihren unteren Teilen übersät von Trümmern, die über die recht unterschiedliche Felsqualität des Einzugsgebietes der verschiedenen Gletscharme erzählen.

Bei den heutigen Normalwegen gibt es die Auswahl, ob die Schwierigkeiten mehr im Gletscher oder im Fels liegen sollen. Im ersten Falle bietet sich der Anstieg der Erstbesteiger Francis Tuckett, J. Bennen, P. Bohren und Victor Tairraz von 1859 über den Mittelaletschgletscher und den Nordostgrat an. Dies ist auch die für Skibesteigungen übliche Route. Soll dagegen neben Firn und Eis etwas steilere Felskletterei gefordert sein, dann ist der Anstieg über die Südwestflanke zu empfehlen, der 1879 durch T. Middlemore mit L. Lichti, A. Kummer und einem Träger eröffnet wurde. Beide zusammen ergeben eine großzügige Überschreitung. Eine etwas schwierigere, aber noch großartigere Traversierung bietet sich durch den Aufstieg über die schnittige, schon 1873 von T. Middlemore mit J. Jaun und Chr. Lauener erstmals begangene Haslerrippe im linken Teil der Nordflanke zum Nordostgrat. In jedem Falle bleibt die Besteigung des Aletschhorns nach den Dimensionen und der Vielfalt der Anforderungen ein rundum alpines Unternehmen.

Schwierigkeiten: Bei Aufstieg über den *Nordostgrat* PD. Auf dem streckenweise zerrissenen Mittelaletschgletscher wechselnd je nach Verhältnissen, dann Firngrat und Hänge bis 40°, am Gipfelgrat einige Meter Fels mit Kletterei bis I, kombiniert. Auf der *Südwestflanke* PD+ , mit längeren Passagen Kletterei bis II, im Abstieg bei Schneelage nicht leicht zu finden.
Mühen: Von *Nordosten* 800 mH Aufstieg zum Mittelaletschbiwak (5–7 Std.), von dort Gipfelaufstieg 1200 mH (5 Std.). Von *Südwesten* Hüttenaufstieg 700 mH, 8 km (4 Std.), von dort Gipfelaufstieg 1700 mH (7–8 Std.).
Gefahren: Das Aletschhorn gilt wegen seiner Lage inmitten großer Gletschermassen und seiner isolierten, dem Wind ausgesetzten Lage als ungewöhnlich kalter Berg, was besonders die Mitnahme von Wärme- und Windschutz ratsam macht. An der Südwestflanke am Gipfelaufbau Steinschlag möglich. Gletscherspalten. Sonst objektiv recht sichere Anstiege.
Freuden: Ein herrlich ursprünglicher Berg.

Karten: LKS 1:25 000, Blatt 1269 Aletschgletscher und Blatt 1249 Finsteraarhorn, auch LKS 1:50 000, Blatt 5004 Berner Oberland.
Anreise: Durch das Rhônetal per Bahn oder Auto bis zur Haltestelle **Betten** (830 m; 5 km südwestlich von Fiesch bzw. 10 km nordöstlich von Brig, 3 km von Mörel), Talstation der Seilbahn zur *Bettmeralp* (1950 m); Fremdenverkehrsort auf der Schulter des Bergrückens zwischen dem Tal des Großen Aletschgletschers und dem Rhônetal.
Für die Südwestflanke per Bahn oder Auto durch das Rhônetal bis Brig (684 m), von dort Bus oder Auto 9 km hinauf nach *Blatten* (1322 m, Dorf mit Fremdenverkehr).
Hüttenzustiege: Für den *Nordostgratanstieg* von Bettmeralp hinab zum Bettmersee und auf Steig zum P. 2292 im Bergrücken, der vom Eggishorn nach Südwesten zieht. Dem Weg in Richtung Märjelensee in der Westflanke des Bettmerhorns und mit Blick auf den Großen Aletschgletscher folgen bis fast unterhalb vom Eggishorn. Dort beim P. 2348,6 links absteigen auf den Gletscher, diesen (oft mühsam) über-

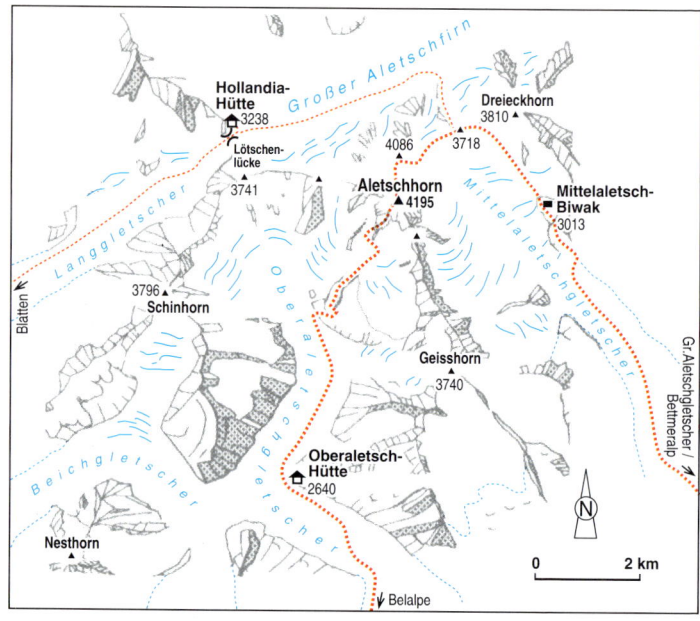

schreiten und zur Einmündung zum Tal des Mittelaletschgletschers. Darin zuerst über Moränenschutt, dann auf dem Eis in der Mitte des Gletschers aufwärts. Oberhalb von 2700 m vor einer stärker zerrissenen Zone rechts ausweichen und auf Steigspuren am östlichen Gletscherufer zum *Mittelaletschbiwak* (3013 m; SAC, 13 L, Decken, keine Küche, kein Holz).

Für den *Südwestanstieg* von Blatten per Seilbahn (oder noch Auto bis Täätsche, 1750 m und dann in 1 Std. auf Zickzacksteig oder Sträßchen zu Fuß) hinauf zur Bergstation Loch auf der Belalp (2094 m). In nordöstlicher Richtung auf breitem Weg zum Hotel Belalp (2130 m). Dahinter einen breiten Zickzackweg hinab und dann begrünte Hänge taleinwärts queren. Später wieder ansteigend zu den Moränenwällen des von links herabkommenden Oberaletschgletschers. Bei etwa 2200 m Höhe werden die Moränen überschritten. Danach auf dem aperen Gletscher etwa 3 km aufwärts bis hinter den Bergsporn, auf dem schon hoch über den Gletscherschliffen die Hütte sichtbar wird. Erst hinter dem Zusammenfluß der verschiedenen Gletscherarme von Nordwesten her auf einem neu ausgebauten Steig (am Beginn rote Markierung; Stifte, Drahtseile und Ketten) über die

steilen Platten 150 mH hinauf zur sehr malerisch, aber als Ausgangspunkt für das Aletschhorn ganz schön unpraktisch gelegenen *Oberaletschhütte* (2640 m; SAC Chassertal, 60 L, im Sommer bew., Tel.
0 28 - 27 17 67).

Gipfelanstiege: Vom Mittelaletschbiwak in nordwestlicher Richtung über spaltenreiche Gletscherhänge hinauf zum Aletschjoch
(3629 m). In westlicher Richtung über den schmalen Wächtengrat
des P. 3718 (auf dem von Norden die eindrucksvolle Haslerrippe
mündet). So gelangt man zu einer breiten Firnabdachung. Über diese
hinauf zum Firnbuckel P. 4086,3. Nach dessen Überschreitung über
einen kurzen Steilhang mit Bergschrund und einen kurzen Firn- und
Felsgrat zum Gipfel.

Von der Oberaletschhütte über den Hüttensteig hinab bis auf den
Oberaletschgletscher. Auf diesem ansteigen bis etwa 2700 m. Danach
an geeigneter Stelle über die Randkluft und auf einer Folge von Bändern und Terrassen (Steigspuren; im Finstern schwierig zu finden)
schräg rechts hinauf zu Grashängen. Zunächst in der Mulde zwischen
einer Felsrippe (links) und einer Moräne (rechts) hinauf. Danach links
durch eine Rinne auf den Rücken des großblockigen Granitsporns.
Daran empor zum P. 3382 an seinem oberen Ende.

Nun mit einer Rechts-Links-Schleife über den Gletscher (Spalten)
zum Fuß des vom Gipfel herabziehenden Felssporns. Zuerst rechts des

**Gipfelaufbau des Aletschhorns vom P. 3718 des Nordostgrates,
vom Ausstieg aus der von Norden heraufführenden Haslerrippe.**

Spornrückens, dann links davon über ein Firnfeld empor zu den steileren Gneisfelsen des Gipfelaufbaues. Etwas rechts der Kante in einer steilen Rinne hinauf und gerade weiter zu einem weniger steilen Firnfeld. Über dieses bald zum Gipfel.

Aussicht: Überwältigender Rundblick. Im Westen zum Bietschhorn, im Norden und Osten auf die anderen hohen Gipfel des Berner Oberlandes, im Süden etwas weiter entfernt zu den Gletschergipfeln des Wallis.

Nebengipfel: Am Nordostgrat die wenig markante Firnkuppe des **P. 4086**, am Westnordwestgrat die kaum bedeutendere Kuppe **P. 4071** und in der westlichen Fortsetzung das Kleine Aletschhorn (3755 m), am Südostgrat der recht markant aufragende Große Gendarm P. 3947.

Andere lohnende Routen: *Nordrippe des P. 3718 (= Haslerrippe) und Nordostgrat* (AD+; Stelle III, meist II und I, kombiniert, und Firn bis 50°, objektiv sicher; 700 mH vom Großen Aletschfirn zum Grat, dann noch 500 mH zum Gipfel, 5–7 Std. von der Hollandiahütte an der Lötschenlücke).

Südostgrat (AD–; II, kombiniert, 1600 mH ab Oberaletschhütte 8 Std.).

Westnordwestgrat (AD+; III und II, 6–8 Std. ab Oberaletschhütte), am interessantesten als Teil der großzügigen *Gratüberschreitung Lötschenlücke – Sattelhorn Aletschhorn – Dreieckhorn* (AD+; bis III; 11–15 Std. von Hollandiahütte bis Konkordiahütten).

Nordflanke (D/TD; rassiger Eisanstieg, bis 50°, aber unten eisschlaggefährdet, 1100 mH, 5–8 Std.).

Spezialführer: SAC, Berner Alpen, Band 3, Blum; für Haslerrippe, Nordflanke und Überschreitung Sattelhorn bis Dreieckhorn siehe auch H. Grossen, Berner Oberland, Pforzheim 1982 bzw. München 1989.

Jungfrau, 4158 m

Der Name dieses Berges beflügelt die Phantasie. Sowohl zu zarter Poesie wie zum platten Kalauer. Wer etwas Originelles dazu lesen will, dem sei Alphonse Daudets klassisch-köstliche Alpinisten-Persiflage »Tartarin sur les Alpes« empfohlen, die in den über 100 Jahren seit ihrer Niederschrift nichts an Frische verloren hat.

Dieser dritthöchste Gipfel der Berner Alpen wirkt besonders in der

Ansicht von Norden. Dort fallen die Wände, Flanken und Firne zum Lauterbrunnental hin mit atemberaubenden 3000 m Höhenunterschied ab. Und diese Seite des Berges ist zusammen mit den Nachbarn Mönch und Eiger an klaren Tagen selbst noch von der eidgenössischen Hauptstadt aus zu sehen. Von Süden erscheint er vergleichsweise weniger grandios, obwohl er sich auch dort noch gut 1000 m über dem Firnbecken des Großen Aletschgletschers erhebt.

Die erste Besteigung gelang 1811 Johann Rudolf und Hieronymus Meyer mit den Walliser Gemsenjägern Alois Volker und Joseph Bortis in einem insgesamt viertägigen Unternehmen vom Lötschental aus. Die Zahnradbahn durch den Eiger und Mönch zum Jungfraujoch wurde 1912 gebaut. Der Ausbruch des 1. Weltkrieges verhinderte zum Glück die Verwirklichung der ursprünglich geplanten Fortsetzung bis hinauf zum Gipfel der Jungfrau. Der Zugang zum Normalweg kann mit der – in Tunnel durchaus landschaftsschonend gebauten – Bahn erheblich reduziert werden. Diesen Gipfel vom Talgrund aus ganz auf eigenen Füßen zu ersteigen, bleibt ein Hammer.

Schwierigkeiten: PD. Auch auf der leichtesten Route sind immerhin Kletterei bis II (meist kombiniert) und Firn oder Eis bis 40° und z. T. 50° zu bewältigen. Spät im Jahr kann der Bergschrund zum Rottalsattel Probleme bereiten.

Mühen: Aufstieg zur Mönchshütte 170 mH, zum Gipfel vom Jungfraujoch 850 mH Aufstieg, beim Rückweg 150 mH Gegensteigung (4–5 Std. von der Mönchsjochhütte). Zugang zu Fuß von Süden von Fiesch aus 1100 mH (3–4 Std., durch Seilbahn vermeidbar) + 750 mH bei 10 km Strecke zu den Konkordiahütten und von dort Gipfelaufstieg von 1350 mH bei 7 km Strecke (5 Std.).

Gefahren: Die Jungfrau ist ein Gipfel mit hohen Unfallzahlen. Dies wird sicher durch die Nähe zur Bahn gefördert, die auch weniger gut vorbereitete (und nicht akklimatisierte!) Menschen zu raschen Taten animiert. Nach Neuschneefall ist die Querung in den Rottalsattel selbst im Sommer nicht selten lawinengefährdet und auch die Wächte am Rottalhorn kann Ärger bereiten. Noch öfter wird die Querung vom Rottalsattel zu den Felsen unterschätzt. Wenn hier alle Leute sorgfältig sichern würden (Eisenstangen), ließe sich mancher Auftrag an die Bergrettung einsparen. Auf den Gletschern herrscht Spaltengefahr. Wegen der gefährlicheren Firnverhältnisse in der zweiten Tageshälfte ist vom Einstieg direkt von der Bahn strikt abzuraten.

Freuden: Bei gutem Wetter oft getrübt durch das vom bequemen Bahnzugang programmierte Gedränge. Die Übernachtung in der Mönchsjochhütte ermöglicht – einige Akklimatisation vorausgesetzt – einen beliebig frühen Start. So läßt sich dem schlimmsten Andrang etwas ausweichen.

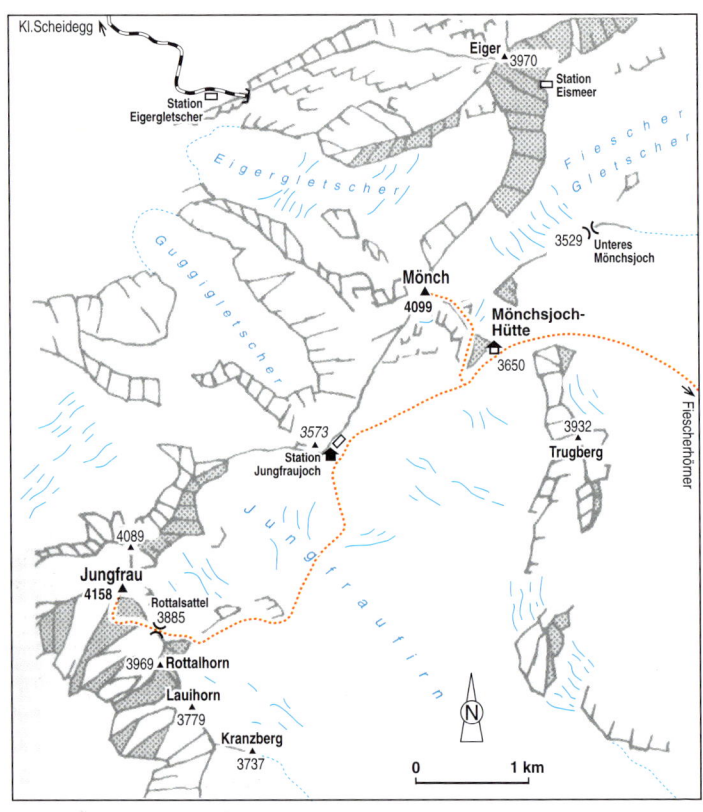

Karten: LKS 1:25000, Blatt 1249 Finsteraarhorn, auch LKS 1:50000, Blätter 5004 Berner Oberland und 264 Jungfrau.

Anreise: Denkbar umweltfreundlich und rasch möglich per Bahn von Bern über Interlaken nach *Grindelwald* (1034 m; mondäner Fremdenverkehrsort, von dort Bahn zum Jungfraujoch). Auto über Interlaken bis Grindelwald, aber mit den üblichen Parkproblemen.

Hüttenzustieg: Vom Bahnhof Jungfraujoch (3475 m) durch den Sphinxstollen und unter der Südflanke des Mönchs queren auf der meist breiten Spur in 1 Std. ins Obere Mönchsjoch zur dort an die Felsen gehefteten *Mönchsjochhütte* (3660 m, privat, 125 L, bew. im Frühjahr und Sommer, Tel. 036-713472). – Zugang zu den Konkordiahütten siehe Grünhorn.

Gipfelaufstieg: Von der Mönchsjochhütte zunächst absteigen zum Sphinxstollen. Dann über den obersten Teil des Jungfraufirns in süd-

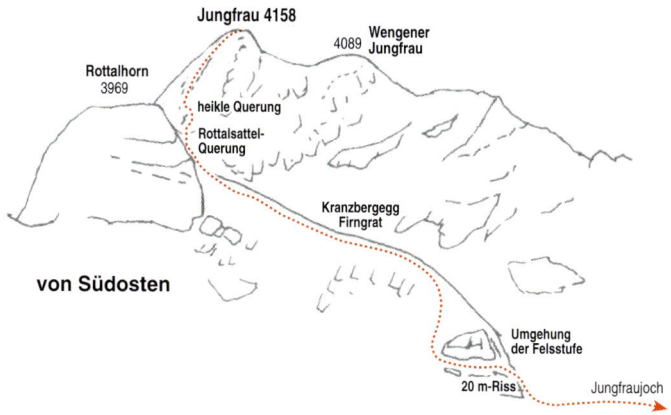

westlicher Richtung, zuletzt über Trümmer, zum P. 3411,1 am Fuß des felsigen Rückens Kranzbergegg.

Über den breiten schuttigen Felsrücken hinauf (Regenmesser) zu einer Steilstufe. Dort an Riß 20 m zu schmalem Band (Abseilstelle für den Abstieg). Auf dem Band unter hoher Wand nach links (S) und dann über plattige Felsen und Firn gerade hinauf auf den Bergrücken. Über diesen auf Firn weiter bis etwa 3800 m. Dann schräg rechts die Nordostflanke des Rottalhorns hoch queren, über den Bergschrund und steil hinauf in den Rottalsattel (3885 m; der früher übliche Aufstieg

**Die Jungfrau vom Mönch-Südwestgrat (links Kranzbergegg,
vorn links unten das Gebäude der Jungfraujochbahn auf der Sphinx).**

direkt vom Jungfraufirn zum Rottalsattel ist wegen großer Bergschründe jetzt gewöhnlich nur noch etwas für Extreme).

Vom Rottalsattel links (in nordwestl. Richtung) etwas aufwärts den steilen Hang queren zu den Felsen (Sichern! Oft Unfälle!). Über diese (mehrere Eisenstangen als Sicherung) in technisch leichter Kletterei und über den 35° steilen Firnhang zu den Gipfelfelsen und zum höchsten Punkt. (Vom Rottalsattel direkt über den 45° steilen Firngrat nur bei ausgesprochen günstigen Verhältnissen – und auch dann heikler.)

Aussicht: Nach Westen gähnender Tiefblick in die wilden Eiswände am oberen Ende des Lauterbrunnentales. Nach Norden hinter der Wengener Jungfrau die grünen Weiten der Zentralschweiz. Im Nordosten der Mönch, im Osten die großen Gletscher und die anderen Hochgipfel des Berner Oberlandes (Fiescherhörner, Grünhorn und dahinter Finsteraarhorn) und im Süden das eindrucksvoll isoliert stehende Aletschhorn.

Nebengipfel: Die **Wengener Jungfrau (4089 m)** bildet das Nordende des Gipfelgrates und zugleich den höchsten Punkt der imposanten Nordwand. Auch das südlich vom Rottalsattel aufragende Rottalhorn (3969 m) und das noch weiter südwestlich gelegene Lauihorn (3779 m) sowie das in der Nordflanke auffallende Silberhorn (3695 m) sind durch gesonderte Namen gewürdigte Sekundärziele.

Andere lohnende Routen: *Innerer Rottalgrat* (= *SW-Grat*; AD; III und II, 1750 + 1400 mH, 6 Std. von der Rottalhütte).

Rotbrettgrat (= *NW-Grat*; D; bei Benutzung der Fixseile III, 1660 + 1500 mH, 9 Std. von der Silberhornhütte).

Guggi-Route (D; Nordflanke über Hängegletscher, ernst, 480 + 1400 mH, 8–10 Std. von der Guggihütte).

Nordostgrat (D+; V und IV, 700 m, 8–9 Std. ab Jungfraujoch).

Spezialführer: SAC, Berner Alpen, Band 4, Hausmann.

Mönch, 4107 m

Der Mönch liegt so dicht am Jungfraujoch, daß die Besteigung auf dem Normalweg ebenso wie die von Breithorn und Allalinhorn hochstaplerische Akzente erhalten hat; denn man lernt dabei lediglich die obersten paar hundert Höhenmeter des Berges kennen. Immerhin sollte das nicht übermütig machen. Nicht bloß, weil die Unterschätzung einer Aufgabe nur zu leicht Ursache für Überforderung und

Mißerfolg wird, sondern auch, weil die technischen Schwierigkeiten so gering gar nicht sind und durch Vereisung oft zusätzlich erhöht werden.

Die erste Besteigung erfolgte im August 1857 durch die bekannten Grindelwalder Führer Christian Almer und Ulrich und Christian Kaufmann mit dem Wiener Sigismund Porges. Das Husarenstück der ersten Begehung der beliebten Route über den Eisnollen gelang dem Berner Edmund von Fellenberg mit den Führern Christian Michel und Peter Egger bereits 1866, lange vor der Entwicklung angemessener Eisausrüstung, ein wahrhaft haarsträubendes Unternehmen (eine als Spezialwaffe mitgeführte 10-Meter-Leiter erwies sich als untauglich). Als Kuriosität ist zu vermerken, daß erst im Jahre 1996 bei einer Nachvermessung festgestellt wurde, daß der Gipfel 9 m höher ist als bisher in den peniblen LKS-Karten eingetragen.

> **Schwierigkeiten:** PD. Felskletterei bis II, kombiniert, und Firn oder Eis bis 45°.
> **Mühen:** Zum Gipfel ab Mönchsjochhütte 500 mH (2–3 Std.).
> **Gefahren:** In erster Linie die Gefahr, die Anforderungen des Berges zu unterschätzen und zu versuchen, ihn ohne Höhenanpassung, Übung und Erfahrung »mitnehmen« zu wollen. Bei Blankeis ist Sicherung über Eisschrauben anzuraten. Achtung auf Wächten am sehr schmalen Gipfelgrat! Nicht alle, die eine Spur legen, legen sie tief genug, aber alle, die eine zu hoch gelegte Spur benutzen, können damit Pech haben.
> **Freuden:** Ein Berg, für den eine kurze Wetterbesserung reicht.

Karten, Skizze, Anreise und Hüttenzustieg: Siehe Jungfrau, Seiten 34 und 35.

Gipfelaufstieg: Vom Oberen Mönchsjoch in südwestlicher Richtung 400 m queren zum Fuß des Südsporns (P. 3651; hierher auch direkt vom Sphinxstollen der Jungfraubahn in Richtung NO ansteigend). Am Sporn über Schutt und Platten (Steigspuren), zuerst auf Kalk, weiter oben in steiler Kletterei auf rötlichem Gneis, am Regenmesser vorbei, zum P. 3887. Hier schließt der Südsporn an den Ostsüdostgrat an.

Nun am Firngrat (Achtung auf Wächten) nach fast waagerechtem Grat (Fels oder Firn) zu einem steileren, felsigen Gratstück. An seiner Kante, bei Vereisung heikel, zu einem weiteren Firngrat. Über diesen, teils von Felsstufen unterbrochen, zu einer steileren Eispassage. Diese führt zum Vereinigungspunkt mit dem von Nordosten heraufkommenden Gratast (Vorgipfel). Am flachen Gipfelgrat südseitig, mit gebührender Vorsicht wegen der Wächten, zum höchsten Punkt.

Mönch (rechts) und Eiger (links) vom Gipfel der Jungfrau.

Aussicht: Die Aussicht wird beherrscht von dem Gegensatz zwischen dem Steilabbruch nach Norden sowie seinen begrünten Vorbergen und den ausgedehnten Gletschern und vereisten Gipfeln im Süden. Im Nordosten ist der Eiger vorgelagert, im Osten die Schreckhorngruppe, im Südosten die Fiescherhörner, das Finsteraarhorn und das Gross Grünhorn. Im Westen gegenüber liegt die Jungfrau, im Südwesten etwas entfernter die Pyramide des Aletschhorns.

Nebengipfel: Der Vorgipfel (ca. 4065 m) ist nur angedeutet.

Andere lohnende Routen: *Südwestgrat* (AD–; direkt vom Jungfraujoch, III und II, 650 mH, 3–4 Std.).

Nordostwand (D; Firn oder Eis bis 57°, meist 45°, 250 mH, 3 Std. vom Einstieg).

Nordwestgrat mit Eisnollen (D; Eis bis 65°, von der Guggihütte 480 + 1300 mH, 7 Std.).

Nordwandrippe (D+ / TD; Lauper-Route; Fels bis V – und Firn oder Eis bis 60°; 1300 mH, 10–12 Std. von Guggihütte bis Gipfel; großzügig, objektiv wenig gefährlich).

Spezialführer: SAC, Berner Alpen, Band 4, Hausmann; für Nordostwand und Nordwandrippe auch H. Grossen, Berner Oberland. Pforzheim 1982 bzw. München 1989.

Gross Fiescherhorn, 4049 m

Von Grindelwald her auch neben der Wucht des Eigers ein Schaustück, vom Ewigschneefeld aus gesehen weniger spektakulär, aber immer ein beachtlicher Gratkamm. Die erste Besteigung erfolgte bereits 1862 durch die Grindelwalder Führer Christian Almer und Ulrich Kaufmann mit dem Engländer A. W. Moore, der später durch die Eröffnung des ersten Anstiegs durch die Brenvaflanke des Mont Blanc bekannt wurde, und seinen Landsmann H. B. George.

Schwierigkeiten: PD; Gletschertour und Kletterei bis II und I.
Mühen: Von der Mönchsjochhütte Gipfelaufstieg 850 mH, aber beim Rückweg gemeine 350 mH Gegenanstieg; von den Konkordiahütten 1350 mH; ab Finsteraarhornhütte 1000 mH.
Gefahren: Auf den Gletschern die üblichen Spaltengefahren, beim Aufstieg von den Konkordiahütten zusätzlich teilweise Eisschlaggefahr, ebenso beim Aufstieg von der Finsteraarhornhütte. Am letzten Hang zum Fiechersattel sollte man wegen Steinschlaggefahr vermeiden, sich unterhalb von anderen Seilschaften aufzuhalten.
Freuden: Hier kommen Skibergsteiger auf ihre Kosten (was sich allerdings schon herumgesprochen hat und zu Ostern und Pfingsten beängstigende Volksaufläufe erzeugt.).

Karten, Skizze, Anreise und Hüttenzustieg: Siehe Jungfrau, Seiten 34 und 35 bzw. Grünhorn, Seiten 41 und 44.
Gipfelaufstiege: *Von der Mönchsjochhütte* in östlicher und südöstlicher Richtung über das Ewigschneefeld abwärts bis auf 3300 m.

Gross-Grünhorn (links) und Fiescherhörner (rechts) vom Gipfel des Finsteraarhorns. Dahinter die Jungfrau (Mitte) und der Mönch (rechts).

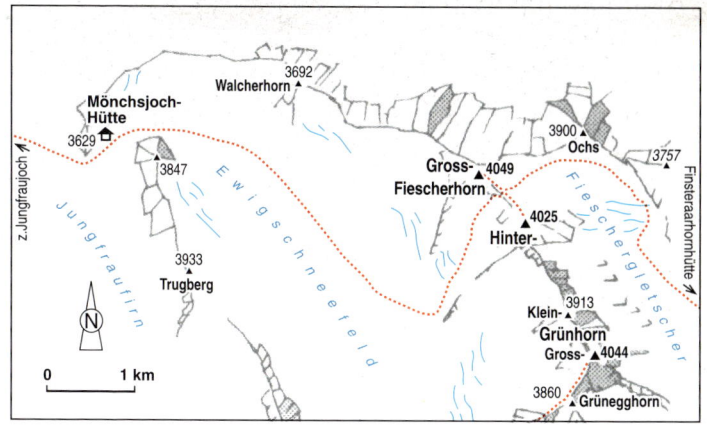

(Hierher auch von den Konkordiahütten durch Aufstieg vom Konkordiaplatz und über einen spaltenärmeren aber etwas eisschlaggefährdeten Bereich rechts, südlich des Eisbruches des Ewigschneefeldes.)

Nun links (nördl.) der vom P. 3981 des Hinter Fiescherhorns zum P. 3415 herabziehenden Felsrippe aufsteigen und linkshaltend unter der Westflanke des Hinter Fiescherhorns empor. Zuletzt am besten links (nordwestl.) der Fallinie des Sattels über den oft großen Bergschrund und dann rechtshaltend über den steilen und oft vereisten Hang zu brüchigen Schieferfelsen. Diese leiten zum Fiechersattel (3923 m, 3–4 Std. von der Mönchsjochhütte).

Von der Finsteraarhornhütte über den oberen Fierchergletscher bis westlich des Punktes P. 3443 der LKS 1249. Nun in nordöstlicher Richtung über den steilen Hang etwa 120 mH empor (oft hungrige Spalten, Eisschlaggefahr). Dann links (nordw.) auf die flacheren oberen Hänge des Gletschers und in Richtung Ochs weiter ansteigen bis etwa 3700 m. Danach in westlicher Richtung hinauf zum Fiechersattel (4–5 Std. ab Finsteraarhornhütte; siehe Skizzen Grünhorn, Seiten 41 und 44 sowie Lauteraarhorn, Seite 55).

Vom Fiechersattel nun gemeinsam weiter am Südostgrat zu einem plattigen Felsturm. Diesen überklettern (III–) oder rechts (ostseitig) in steilem Firn oder Eis umgehen. Danach am Grat in festem Gneis zum Gipfel (4–5 Std. von der Mönchsjochhütte, 5–6 Std. von der Finsteraarhornhütte, 6–7 Std. von den Konkordiahütten).

Gross Fiescherhorn von Süden, vom Grat zum Hinter Fiescherhorn.

Blick vom P. 3718 am Aletschhorn Nordostgrat nach Osten zu den

Aussicht: Im Südosten nebenan das Hinter Fiescherhorn und rechts dahinter das schroffere Gross Grünhorn, im Osten das Finsteraarhorn, im Nordosten hinter dem Ochs das Schreckhorn und das Lauteraarhorn, im Westen der Mönch und nördlich daneben der Eiger und nach Norden der Tiefblick in die imposante und schroffe Fiescherwand – eine Herausforderung für extreme Allround-Bergsteiger!

Nebengipfel: Natürlich kann man das benachbarte Hinter Fiescherhorn so bezeichnen, aber die immerhin über 100 m Schartenhöhe verbieten das netterweise. Der ostnordöstlich gelegene Ochs (auch Klein Fiescherhorn, 3900 m) ist beim Aufstieg von den Finsteraarhornhütten her, zuletzt luftig an einem schmalen Wächtengrat, nebenbei mit zu besteigen.

Andere lohnende Routen: *Nordwestgrat* (AD; III, kombiniert, und Eis bis 50°, 4 km langer Grat vom Unteren Mönchsjoch, oft üppig überwächtet, 4–5 Std. von der Mönchsjochhütte).
Nordrippe zum P. 3804 (TD+; IV und III, kombiniert und ernst, Zustieg über ruppigen Gletscher, dann 1000 mH vom Einstieg, von dort 10 Std.).

Fiescherhörnern (links), den Grünhörnern und dem Finsteraarhorn.
Unterhalb vom Gross Grünhorn und Finsteraarhorn der Konkordiaplatz.

Nordwand direkt (ED; IV kombiniert, Eis bis 65°, 1300 mH, eine der schwierigsten Wände der Alpen).
Spezialführer: SAC, Berner Alpen, Band 4, Hausmann; für Nordwand, H. Grossen, Berner Alpen. Pforzheim 1982, München 1989.

Hinter Fiescherhorn, 4025 m

Der südliche Nachbar des Gross Fiescherhorns ist vom Fiechersattel mit einem zusätzlichen Zeitaufwand von etwa einer Stunde über den Nordwestgrat zu ersteigen (F+). Man hält sich dabei gewöhnlich östlich vom Grat auf den sanfter geneigten Hängen links von den teilweise vor den Felsen tief ausgeblasenen Kolken und erst zuletzt direkt auf dem Firnrücken. Der Aufstieg ist bei gutem Schnee mit Ski bis zum Gipfel möglich. Vom Ewigschneefeld aus kann man auch weiter südlich entlang einer geneigten Felsrippe direkt (großen Felsturm links queren, II) zum markanten felsigen Südgrat-Gipfel P. 3981 m aufsteigen und von dort her den Gipfel überschreiten (PD). Weitere Informationen siehe Gross Fiescherhorn, Seite 39 folgende.

Gross Grünhorn, 4044 m

Formschöner Aussichtsgipfel mit schnittigen Felsgraten hoch über wilden Gletschern. Der Gipfelaufbau besteht aus festem Amphibolit. Die Lage fern von den Bergbahnen und Paßstraßen garantiert der Besteigung auch heute noch nach Länge und Lage wirklich alpinen Charakter.

An den Konkordiahütten läßt sich der Gletscherschwund der letzten 140 Jahre besonders eindrucksvoll wahrnehmen. Zur Zeit des Gletscherhochstandes von 1850 lagen die Felsschultern, auf denen die Hütten errichtet wurden, etwa auf gleicher Höhe wie die Oberfläche des Großen Aletschgletschers. Auch heute noch, nach Abschmelzen des Eises um 100 m, beträgt die Eisdicke am Konkordiaplatz nach seismischen Messungen etwa 900 m.

Die erste Besteigung erfolgte erst 1885 durch den Berner Edmund von Fellenberg mit seinen Führern Peter Egger, Peter Michel und Peter Inäbnit, und zwar vom Ewigschneefeld her.

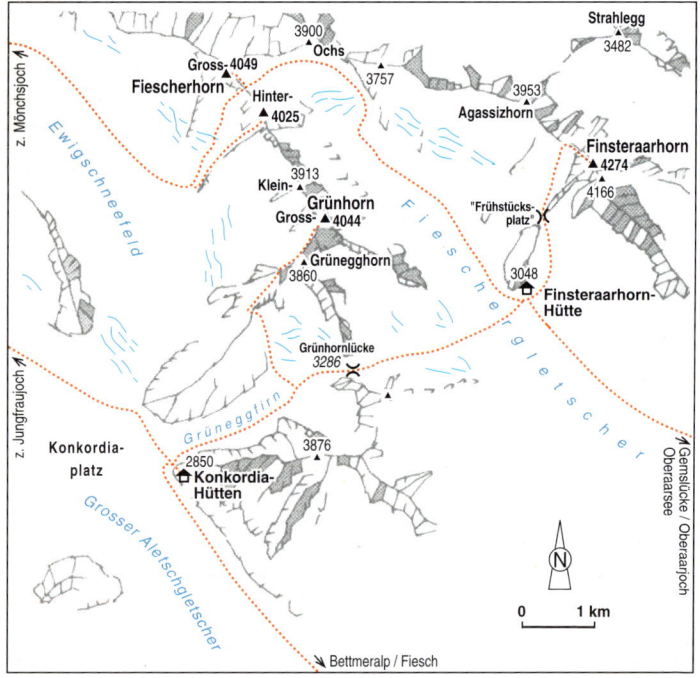

Gross Grünhorn von Südwesten, vom Vorgipfel des Grünegghorns.

Schwierigkeiten: PD+. Beim Zugang bis Grünegghorn Firn bis 40° und leichte Kletterei (Stellen I), am Gipfelgrat teilweise luftige Kletterei bis III– und II, bei Vereisung rasch heikel.
Mühen: Hüttenaufstieg von Seilbahnstation oberhalb Fiesch 750 mH und 12 km, 5 Std. (vom Tal zu Fuß 1100 mH und 4 km bzw. 3–4 Std. mehr). Kann auch durch 2–3 Std. Gletscherabstieg vom Jungfraujoch her über den Jungfraufirn zum Konkordiaplatz ersetzt werden. Gipfelaufstieg 1400 mH.
Gefahren: Am Grüneggfirn einige Spalten, sonst bei guten Verhältnissen ein objektiv sicherer Anstieg.
Freuden: Der Berg bietet so ziemlich alles, was Freunde und Freundinnen des alpinen Bergsteigens schätzen.

Karten: LKS 1:25 000, Blatt 1249 Finsteraarhorn, für Zugang von Süden Blatt 1269 Gr. Aletschgletscher, oder LKS 1:50 000, Blatt 5004 Berner Oberland.
Anreise: Bahn oder Auto durch das Rhônetal bis *Fiesch* (1049 m; nicht zu großer Fremdenverkehrsort mit hübschen alten Häusern im Ortskern, Seilbahn auf das Eggishorn). Für Zugang vom Jungfraujoch her siehe Jungfrau, Seite 34.
Hüttenaufstiege: Von der Mittelstation der Eggishornbahn (Chüe-

Gross Grünhorn und Hinter Fiescherhorn von der Finsteraarhornhütte.

bodenstafel, 2221 m) in nordöstlicher Richtung auf breitem Weg am Hang entlang, später deutlicher ansteigend um einen Bergrücken herum (P. 2386, Blick auf den Fieschergletscher) und danach in westlicher Richtung über die Märjelenalpe hinab zum malerischen Märjelensee, der vor dem Eis des Großen Aletschgletschers aufgestaut ist. Nun auf dem im Sommer aperen Gletscher, zunächst noch durch Spaltenzonen, später fast spaltenfrei, auf dem östlichen Teil des eindrucksvoll weitläufigen Eisstromes in nördlicher und später nordwestlicher Richtung allmählich aufwärts. Bei Nebel erleichtern die Schuttwälle der Mittelmoränen die Orientierung. Nach einigen Kilometern hält man sich stärker zum östlichen Gletscherufer (öfters Querspalten mit Firnfüllungen), geht unter den Hütten vorbei und erreicht dann von Westen her den Beginn der an die fast senkrechten Gletscherschliffe geschraubten Eisenleitern und -treppen. Diese 100 mH ziemlich schweißtreibend hinauf zu den *Konkordiahütten* (2850 m; SAC Grindelwald; 130 L, bew. Frühjahr und Sommer, Tel. 036-55 13 94).

Zugang vom Jungfraujoch her: Von der Station Jungfraujoch durch den Sphinxstollen auf den Jungfraufirn. Über diesen gewöhnlich nahe am östlichen (orogr. linken) Rand unter den Hängen des Trugberges und später den Eisbrüchen des von Osten einmündenden

Ewigschneefeldes entlang. So gelangt man zu den Gletschersümpfen des Konkordiaplatzes. Diese vermeidet man links (O) nahe am Fuß der Felsen des Grüneggs und gelangt von Norden her zu den Eisenleitern.

Gipfelaufstieg (Südwestgrat): Von den Konkordiahütten die dröhnenden Treppen und Leitern hinab und in östlicher Richtung über den Grüneggfirn aufsteigen bis etwa 3000 m. Nun links, nahe am Gletscherrand, etwa 400 mH steiler hinauf. Dann links (westwärts) über Firnhänge und eine kurze Steilrinne auf die nach Südwesten gerichtete Firnabdachung des Grünegghorns. Über diese hinauf zum Vorgipfel (3787 m) und an einem felsigen Grat luftiger, aber leicht, zuletzt in respektablem Abstand von den gelegentlich nach rechts hängenden Wächten, auf den Gipfel des Grünegghorns (3860 m, 3–4 Std. von den Konkordiahütten).

Am steilen Felsgrat hinab in den dahinterliegenden Sattel (ca. 3800 m; hierher auch mit meist ernstem und schwierig zu findendem Gletscherzustieg vom Ewigschneefeld aus; weit zeitraubender, nur im Frühjahr bei reichlich Schnee vorteilhaft). Nun am felsigen Südwestgrat, teilweise in der Flanke links davon ausweichend, zum Gipfel des Gross Grünhorns.

Aussicht: Nach Westen hin eindrucksvoller Blick auf den Ursprung des längsten Alpengletschers mit dem eisigen Aletschhorn und der Jungfrau, nach Osten hin zum gegenüber eindrucksvoll aufragenden Finsteraarhorn. Dazu im Norden die Fiescherhörner und der Mönch.

Nebengipfel: Das südwestlich vorgelagerte Grünegghorn (3860 m) wird beim Normalanstieg überschritten. Das nordwestlich ebenso weit entfernte Klein-Grünhorn (3913 m) wird am wenigsten schwierig vom Ewigschneefeld aus über die Kleine Grünhornlücke und den Nordnordwestgrat (II) bestiegen (5 Std. von den Konkordiahütten).

Andere lohnende Routen: *Nordnordwestgrat* vom Klein-Grünhorn her (D; IV und III, 3–4 Std. von Gipfel bis Gipfel).

Südostgrat-Südostwand (AD+; III, kombiniert, von den Finsteraarhornhütten 1000 mH, 4–6 Std.).

Ostsporn (TD–; V–, kombiniert; lohnende Felskletterei, 650 mH Felshöhe, 7–9 Std. vom Wandfuß).

Spezialführer: SAC, Berner Alpen, Band 4, Hausmann.

Auf dem Großen Aletschgletscher, dem mächtigsten und längsten Gletscher der Alpen, im Zentrum des Berner Oberlandes.

Östliches Berner Oberland

Besonders abgelegen, besonders wild, besonders großartig ragen sie auf, diese Berge zwischen Grimsel und Fieschergletscher und Eismeer. Aber dafür zählt ein jeder von ihnen doppelt.

Schreckhorn, 4078 m

Der schroffeste und schwierigste der Berner Viertausender ist weitgehend ein Felsberg. Trotz seiner beachtlichen Schwierigkeit wurde er bereits 1861 von dem Engländer Leslie Stephen mit den Führern Christian und Peter Michel und Ulrich Kaufmann über das Schreckhorncouloir zum Schrecksattel und den Südostgrat erstmals bestiegen (was heute nur bei reichlichem und gutem Firn anzuraten ist). Den heute üblichen Normalweg über den Südwestgrat fanden 1907 die Briten J.H. Wicks, E.H.F. Bradby und C. Wilson. Die gewaltigen Zustiege vom Endpunkt aller fahrbaren Untersätze machen das Schreckhorn auch heute noch zu einem der anspruchsvollsten Berge der Alpen überhaupt.

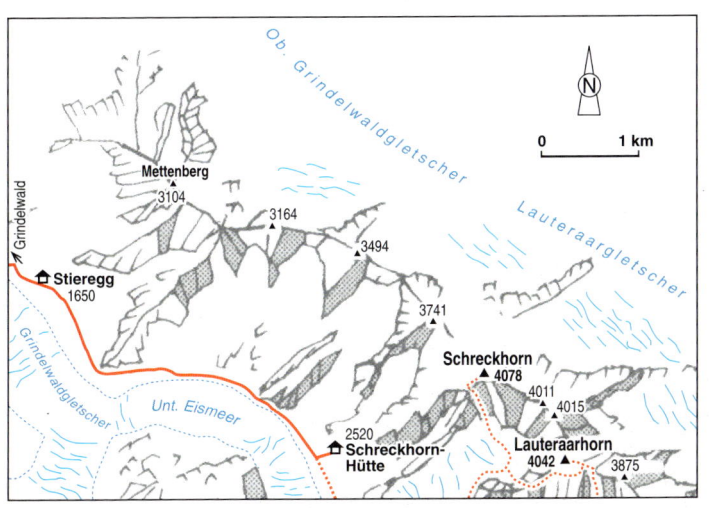

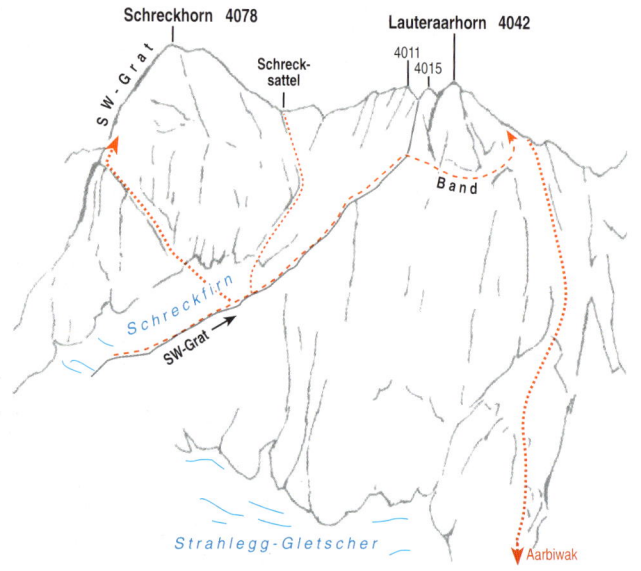

Schreckhorn 4078

Lauteraarhorn 4042

4011
4015

Schreck-
sattel

SW-Grat

Schreckfirn

S W - G r a t

B a n d

Strahlegg-Gletscher

Aarbiwak

Schwierigkeiten: AD+. Felskletterei III und II, kombiniert, aber an den entscheidenden Stellen wegen der sonnigen Lage auch nach Neuschnee rasch wieder aper. Allerdings kann der Übergang vom Gletscher zum Fels in manchen Jahren Probleme bereiten. Wegen der Länge der Kletterei ist erhebliche Ausdauer gefordert. Die neuerlich am Grat angebrachten Bohrhaken werden überwiegend als unangemessene Verschandelung und Banalisierung einer klassischen Route diskutiert.

Mühen: Hüttenaufstieg 1570 mH (5–6 Std.; mit Seilbahnbenutzung 1160 mH, 4–5 Std.), Gipfelaufstieg 1560 mH (davon Kletterei 600 mH; 7–8 Std. bis Gipfel).

Gefahren: Im Gegensatz zum früheren Normalweg durch das Schreckhorncouloir und über den Schrecksattel ist der heute übliche Anstieg über den Südwestgrat bei aperen Verhältnissen objektiv weniger gefährlich. Es sollte jedoch nicht unterschätzt werden, daß im Gletscher auch hier Spalten lauern und es an der Rampe besonders aus den Couloirs Steinschlag geben kann. Ebenso sollten die umstrittenen Bohrhaken nicht vergessen machen, daß man im Gebirge nicht nur runterfallen, sondern auch an Erschöpfung und Auskühlung umkommen kann. Der Griff nach Zielen, die über der momentanen Leistungsgrenze liegen, ist das eigentliche Risiko.

Freuden: Abwechslungsreiche Kletterei an gesundem Gneis, in eindrucksvoller Position.

Schreckhorn und Lauteraarhorn von Südwesten.

Karten: LKS 1:25000, Blatt 1229 Grindelwald, auch LKS 1:50000, Blatt 5004 Berner Oberland. Siehe auch Skizze, Seite 49, obenstehendes Foto und Topo Laueraarhorn, Seite 50.

Anreise: Nach Grindelwald (siehe Jungfrau, Seite 34).

Hüttenaufstieg: Vom Bahnhof Grindelwald Hauptstraße zur Talstation der Pfingsteggbahn. Entweder mit dieser hinauffahren und dann in südwestlicher Richtung auf Steig zum P. 1386 am Hüttenweg. (Oder auch sportlich zu Fuß über die Lütschinenbrücke und auf markiertem Weg hinauf zum Weiler Uf der Halten und südlich der Toldislouwina den Zickzackweg durch den Wald ansteigen zum P. 1386.) In südlicher Richtung den Steig auf einem Band oberhalb von steilen Felspartien weiter zur Bäregg und etwas abwärts zum Gasthaus Stieregg (1650 m, Unterkunft, 2–3 Std. vom Bahnhof Grindelwald). Nun in östlicher Richtung über Gras und Moränen aufwärts und dann wieder in südlicher Richtung weiter zum Bergsporn der Bänisegg. Danach in östlicher Richtung oberhalb des Unteren Eismeergletschers zu den steilen Felsen Rots Gufer. An diesen über Steiganlage (Seile, Stifte, Aluleitern) queren und ansteigen und einige Bäche überwinden. Dann, noch vor den Resten der aufgegebenen Schwarzegghütte, links (ostwärts) über eine Moräne hinauf zur neuen *Schreckhornhütte* (2520 m, SAC Basel, 90 L, bew. im Sommer, Tel. 0 36-55 10 25).

Gipfelaufstieg: Von der Hütte auf das Obere Eismeer absteigen und auf dem alten Hüttenweg zu den Resten der von Lawinen zerstörten Strahlegghütte. In nordöstlicher Richtung über Firn und Schutt hinauf bis etwa 2950 m, dann links zur Scharte oberhalb des P. 2844 auf die brüchige Felsrippe des »Gaagg«. Über diese, teilweise an ächzenden Blöcken, hinauf zu einem Firnfeld (3150 m).

Nun nach kurzem Aufstieg links ansteigend über Firn queren auf den oberen Teil des Schreckfirns und auf diesem im Bogen hinüber zum Fuß des großen Südwandcouloirs. (3 Std. von der Hütte. Der direktere Aufstieg hierher durch das Untere Schreckcouloir ist zwar kürzer, aber objektiv gefährlicher und deshalb nur bei sehr guten Firnverhältnissen ratsam.)

Links vom Couloir über den Bergschrund (spät im Jahr oft spannend, bei guten Verhältnissen Pickel und eventuell auch Steigeisen deponieren möglich) und links queren zur linken Kante am Beginn einer Rampe. Über die Kante der großen, meist mit Firnflecken besetzten Rampe unter den roten Felsen der Südwand schräg links empor (II; bei guten Verhältnissen bequemer über den Firn der Rampe) zu einer Schulter des Südwestgrates (ca. 3800 m). Nun fast immer dicht an der steilen, oben schmaler werdenden Gratschneide (III) weiter bis zu einer abdrängenden Steilstufe. Diese links, in der Westseite, erklettern (III) und am Grat zum Südwestgipfel. Über einen Firn- oder Schutthang und den letzten luftigen Grat (II) zum höchsten Punkt.

Aussicht: Eindrucksvoll ringsum. Im Norden Grindelwald und die

Kalkgipfel des Wetterhornstockes, im Osten der Lauteraargletscher, im Süden der Verbindungsgrat zum Lauteraarhorn und dahinter das Finsteraarhorn, im Südwesten die Fiescherhörner und das Grünhorn, im Westen über den Gletscherbrüchen des Eismeeres der Mönch und Eiger und dahinter ein Zipfelchen der Jungfrau.

Abstieg: Vom südwestlichen Vorgipfel an der Kante 3×40 m abseilen oder in der Westseite 20 m abklettern und dann über Band zur Kante zurück, an der man dann gut weiter abklettern kann zur Schulter am Beginn der Steilrampe (deren Firn zu fortgeschrittener Tageszeit dann nichts mehr taugt, so daß besser an der Kante der Rampe abzuklettern ist).

Nebengipfel: Der **östliche Vorgipfel (ca. 4060 m)**.
Andere lohnende Routen: *Nordwestgrat* (= *Andersongrat*, D; III, kombiniert; 1750 mH bzw. 8 Std. von der Glecksteinhütte zum Gipfel).
Südpfeiler (TD-; V und IV; Genußkletterei für gehobene Ansprüche, vom Wandfuß 600 mH, 5–6 Std.).
Spezialführer: SAC, Berner Alpen, Band 5.

Lauteraarhorn, 4042 m

Dieser südliche Hochgipfel des zehn Kilometer langen Schreckhornkammes steht in jeder Beziehung weiter hinten – weiter hinten im Tal des Grindelwaldgletschers, weiter hinten im Tal des Lauteraargletschers, weiter hinten nach den Höhenzahlen. Und folglich auch in den Gipfelwunschlisten.

Bis 1976 mußte bei einer Besteigung sogar noch ein Freibiwak fest einkalkuliert werden. In den Zeiten der Pioniere war dies natürlich überall selbstverständlich. Die Erstbesteiger, der Geologe Arnold Escher von Linth und die Glaziologen Eduard Desor und Christian Girard, hatten es sich dazu 1842 an einem Riesenblock der Mittelmoräne des Unteraargletschers ungemütlich gemacht. Von dort aus forschten sie unter alpinistischer Führung der Eingeborenen Melchior Bannholzer und Jakob Leuthold an den Gletschern herum und bestiegen dann auch aus Versehen das Lauteraarhorn. Eigentlich war das Schreckhorn ihr Ziel gewesen.

Erst durch den Bau des Aarbiwaks ist die Besteigung mit dem üblichen Komfort einer warmen und trockenen Unterkunft versehen. Zu

Fuß gehen muß man aber allemal noch eine Menge. Falls das Brutal-projekt einer Gigantisierung des Grimselstausees (»Super-Grimsel«) tatsächlich trotz aller Bürgerproteste realisiert werden sollte, wäre der Ausgangspunkt noch erheblich weniger heimelig als heute.

Schwierigkeiten: AD-. Im Südwandcouloir Firn oder Eis bis 40°, am Südostgrat Felskletterei bis II, kombiniert. Das Auffinden des Couloirs ist im Finstern nicht einfach.
Mühen: Biwakzustieg 900 mH und 19 km (7 Std.), Gipfelaufstieg 1300 mH (5–6 Std.), davon 900 mH für Couloir und Grat. (Gipfelaufstieg von der Schreckhornhütte her 1550 mH bzw. 7–8 Std.)
Gefahren: Das Südwandcouloir kann von Gratwächten erheblich bedroht werden. Dies gilt selbst dann, wenn man sich an die Begren-zungsfelsen des Couloirs hält. Im Interesse der Aufrechterhaltung einer kontrollierten Fortbewegung ist die Zeiteinteilung so zu gestalten, daß der Firn des Couloirs auch beim Abstieg noch nicht aufgeweicht ist. Ist der Firn am Morgen weich, sollte man gar nicht losgehen. – Aufstieg »Über das Band« heikel brüchig und obendrein kaum sicherbar. (Der gar nicht zimperliche Schotte Martin Moran: »I would scarce recom-mend it to my worst enemy…«)
Freuden: Eine der abgelegensten Gegenden der Alpen.

Karten: LKS 1:25 000, Blätter 1229 Grindelwald, 1249 Finsteraar-horn, 1250 Ulrichen, auch LKS 1:50 000, Blatt 5004 Berner Ober-land.
Anreise: Bahn von Norden über Bern und Interlaken nach Meirin-gen, von Osten über Chur und den Furkatunnel bzw. von Südwesten durch das Rhônetal über Brig nach Oberwald. Von Meiringen bzw. Oberwald Bus zum *Grimselstausee.* An der Staumauer *Grimselhospiz* (1980 m, Lager für Bergsteiger).
Biwakzustieg: Von der Parkplatzterrasse des Hospiz denkbar prosa-isch den Betontreppenschacht hinab in den Untergrund und über die den Hasliwerken immer noch nicht hoch genug gebaute Staumauer zum Nordufer des Sees. Dort auf Treppen ansteigen und durch einen Tunnel, dann unter dem künstlichen, aber durchaus ansehnlichen Wasserfall eines Zuleitungsstollens durch. Auf hübschen Plattenwegen an prächtigen Zirben vorbei, die ebenso wie die ersten Seillängen der weiter hinten im Tal aufragenden Kletterwunderplatten des El Dora-do im Super-Grimsel ersäuft werden würden. Nach dem (derzeitigen und hoffentlich auch künftigen) Ende des Stausees über Moränen auf den Unteraargletscher und den Markierungen folgend entlang einer Mittelmoräne. (Von dieser weisen die Markierungen später zu einem

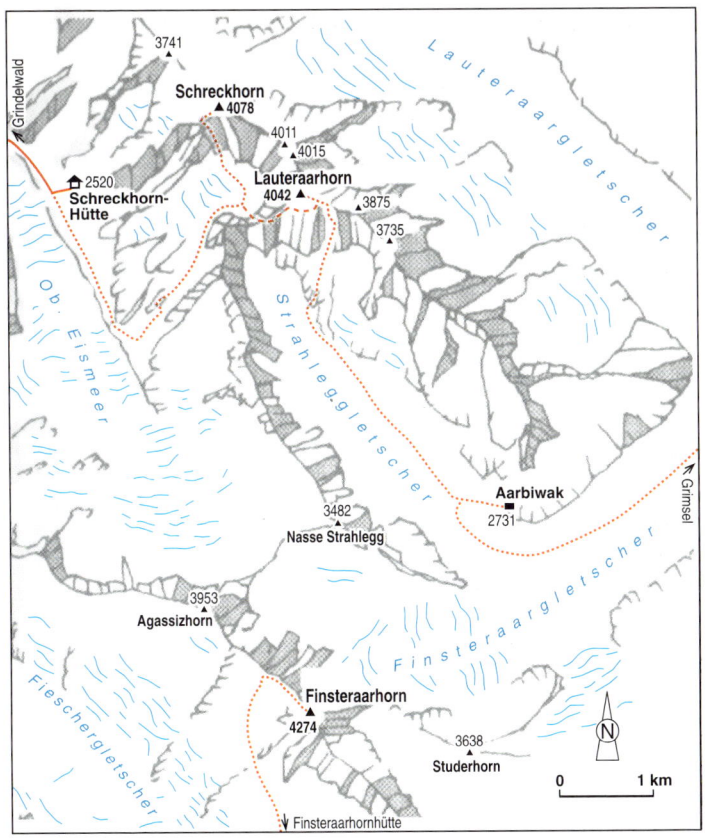

großen Block am nördlichen Gletscherufer, von dem ein Steig auf der
Seitenmoräne weiterführt zur *Lauteraarhütte,* 2392 m, SAC Zofingen,
50 L, im Sommer zeitweise bew., Tel. 0 36 - 73 11 10; 4–5 Std. vom
Grimselhospiz; Leitersteig zum Unteraargletscher.)
Hier an der Mittelmoräne bleiben und später links auf den von Süd-
westen her einmündenden Finsteraargletscher. Diesen entlang der
Mittelmoräne hinauf zur Einmündung des von Nordwesten kom-
menden Strahlegggletschers. Nun den Stangenmarkierungen nach auf
dem ebenen Gletscher bleibend an einer Spaltenzone des östlichen
Gletscherteiles vorbei bis in die Fallinie des Biwaks und erst dann den
Farbmarkierungen nach hinauf zum *Aarbiwak* (2731 m; SAC Pilatus,
17 L, Decken, kein Kochgerät).

Gipfelaufstieg (Südwandcouloir und Südostgrat): Vom Aar-biwak über den Strahleggletscher aufsteigen. Oben an dem Eis eines rechts der Gipfelfallinie in der Flanke eingebetteten und in den Strahl-eggletscher steil einmündenden Gletschers vorbei zur Mündung des markanten Couloirs. Am besten zuerst links davon über Blockwerk empor zu einer Firnschulter (ca. 3250 m). Auf dem Rücken hinauf zur orographisch rechten (westl.) Begrenzungsrippe des Couloirs. Die-se erklettern (I) bis zu einem kleinen Firnsattel westlich von einem markanten Turm (P. 3915; bei guten Verhältnissen hierher auch be-quemer, aber objektiv gefährdeter, insgesamt durch das Couloir). Vom Firnsattel direkt am plattigen Gneisgrat (II) genußvoll zum Gipfel.

Westsüdwestgrat, Variante »Über das Band« und den Südostgrat (Diese Variante erlaubt bei einer Überkletterung des Verbindungsgra-tes vom/zum Schreckhorn die raschere Rückkehr zur Schreckhorn-hütte – wenn alles gut geht. Ratsamer ist jedoch auch danach der län-gere Abstieg durch das Südwandcouloir und von dessen Fuß über den Strahleggpaß.) Aufstiegsbeschreibung: Von der Schreckhornhütte wie zum Schreckhorn bis oberhalb des Gaagg zum Firnfeld bei 3150 m. Nun rechts über Firn oder die links davon liegenden Felsen unterhalb vom P. 3428 zum Strahleggpaß (3345 m). Am etwas brüchigen Grat zu einem Sattel. Dann etwas rechtshaltend über einen steilen Aufschwung (teilweise III- und II) und zu einer großen Schulter (ca. 3750 m). Von hier über Firngrat zum Fuß der Gipfelwand. Nun rechts auf einem wenig ausgeprägten Bändersystem auf- und abstei-gend und teilweise sehr heikel (Stellen II, schauderhaft brüchig) meh-rere Felsrippen und Rinnen queren. Schließlich in Trümmerrinne zum Südostgrat. Daran zum Gipfel (6–7 Std. ab Schreckhornhütte; nach Munter).

Aussicht: Ähnlich wie vom Schreckhorn, beherrschend das im Süd-westen dicht gegenüber aufragende Finsteraarhorn mit seiner wild-erhabenen Ostwand.

Andere lohnende Routen: *Nordwestgrat* vom Schreckhorn her (D; Stellen IV, teilweise leichter, klassische lange Gratkletterei, 5–6 Std. von Gipfel bis Gipfel).

Direkter Westsüdwestgrat (TD; V und IV, prächtige Rißkletterei in der Gipfelwand, knackiges direktes Finish der oben beschriebenen Grat-route, 8–9 Std. von der Schreckhornhütte).

Ostrippe des NW-Gratgipfels P. 4011 (D; IV, 1000 mH vom Fuß der Rippe, 1600 mH bzw. 10–12 Std. von der Lauteraarhütte).

Spezialführer: SAC, Berner Alpen, Band 5.

Lauteraarhorn-Türme, 4015 m, 4011 m

Die beiden sehr markanten Türme im Verbindungsgrat zwischen Schreckhorn und Lauteraarhorn erfüllen nach Schartentiefe, aber auch nach ihrem Charakter als Zielpunkt einer langen klassischen Linie eigentlich auch die Kriterien der UIAA-Liste. Sie sind nur in sehr langer, luftiger Gratkletterei, erreichbar.

Schwierigkeiten: D+ mit längeren Strecken IV, ansonsten meist III in Fels. Später im Jahr oft recht interessanter Bergschrund.
Mühen: Gipfelaufstieg zum Schreckhorn ab Schreckhornhütte 1560 mH (5–7 Std.), Gratübergang etwa 200 mH, bis Lauteraarhorn (bei Gratlänge von etwa 1 km, 4–5 Std.). Abstieg von dort noch weit und mühsam (4 Std. bis auf den Strahlegg-Gletscher).
Gefahren: Der Fels ist nicht überall der beste. Hauptrisiko bleibt jedoch die Abgelegenheit und Länge des Gesamtunternehmens, die absolut sicheres Wetter verlangt.
Freuden: Phantastische hochalpine Szenerie.

Gipfelroute: Vom Schreckhorngipfel am Südostgrat über den Vorgipfel, direkt an der griffigen Gratkante hinab. Kurz vor dem Sattel einige überhängende Grattürme links umgehen (Elliotswängli) und hinab in den Schrecksattel. Nun immer direkt an der Gratschneide über zahlreiche Türmchen zu den beiden großen Lauteraarhorn-Türmen. Die schwierigste Stelle ist ein 5 m hoher Gendarm halbwegs zwischen den beiden Türmen, der über seine linke oder rechte Kante erklettert wird. Abstieg siehe Lauteraarhorn, Seite 54 folgende.
Andere lohnende Routen: *Ostwandrippe von P. 4011* (IV, 1300 mH, 10–12 Std. ab Hütte; plattiger Gneis, objektiv sicher).

Finsteraarhorn, 4273 m

Der höchste Gipfel der Berner Alpen zeigt neben seiner hier alles überragenden Höhe eine bestechende Eleganz der Linien. Ebenso gehören die Gletscherlandschaften der Umgebung zu den imponierendsten der Alpen. Der unten in ein enges Tal gezwängte Fieschergletscher schlägt nach der Länge sogar die großen Eisströme von Mont Blanc und Monte Rosa. Und wenn auch die Zugänge zu diesem

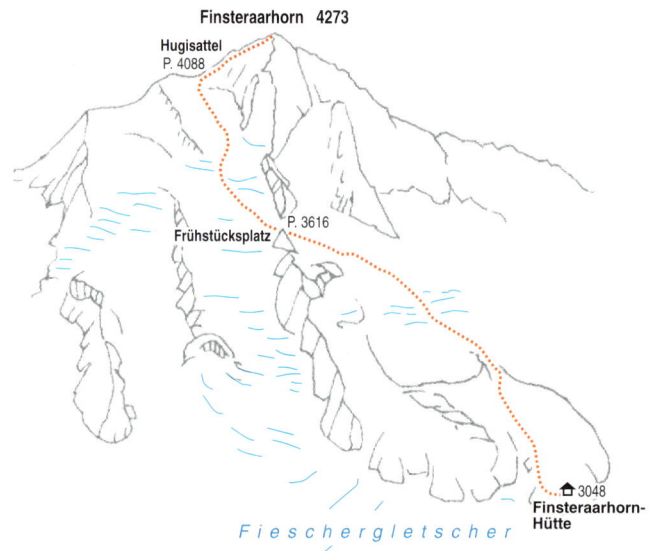

Finsteraarhorn 4273
Hugisattel
P. 4088
P. 3616
Frühstücksplatz
3048
Finsteraarhorn-
Hütte
F i e s c h e r g l e t s c h e r

königlichen Berg nach wie vor meilenweit sind, so wundert es nicht, daß er trotzdem recht häufig bestiegen wird. Allerdings geschieht dies vor allem im Frühjahr, wenn die Ski zumindest die Zugänge erleichtern und die Hütte daher bei gutem Wetter überfüllt ist, während die endlosen Fußhatschereien durch die weitgespannten Gletscherbecken im Sommer gewöhnlich himmlisch unpopulär geworden sind.

Das erste Mal wurde der Berg schon 1812 von Südosten her angegangen. Da der zahlende Gast Rudolf Meyer und Kaspar Huber auf einem Vorgipfel zurückblieben und nur die drei Führer Alois Volker, Joseph Bortis und Arnold Abbühl weitergingen, wurde die von ihnen berichtete Erreichung des höchsten Punktes später angezweifelt. Mit Sicherheit auf dem Gipfel waren im Jahre 1829 – über den heutigen Normalanstieg – die Führer Jakob Leuthold und Johann Währen, während der Geologe und Glaziologe Franz Joseph Hugi wenig unterhalb des Gipfels zurückblieb (dafür jedoch in der Benennung des Hugisattels verewigt wurde). Eine ganz besondere Leistung war die bereits 1904 durch den Führer Fritz Amatter und den Schweizer Gustav Hasler erfolgte Begehung des rassigen 1100 m hohen Ostnordostsporns.

Karten: LKS 1:25 000, Blatt 1249 Finsteraarhorn, auch LKS 1:50 000, Blatt 5004 Berner Oberland. Skizzen siehe Grünhorn, Seite 44, und Lauteraarhorn, Seite 55.

Schwierigkeiten: PD. Bis Hugisattel Gletscheranstieg mit Firn bis 35°, am Nordwestgrat des Gipfelaufbaues luftige Kletterei bis II in festem Gneis (oft vereist, dann deutlich schwieriger).

Mühen: Hüttenzustieg vom Jungfraujoch über Konkordiaplatz 500 mH Aufstieg und 1000 mH Abstieg, 13 km (5 Std.), von den Konkordiahütten 500 mH Auf- und Abstieg (3–4 Std., vom Grimselsee zum Oberaarsee und über Oberaarjoch und Gemschlicke (= Gemslücke, auch Rothornsattel genannt) insgesamt 1500 mH Aufstieg, 7–9 Std., von Fiesch über den Fieschergletscher 2100 mH (8–10 Std.). Gipfelaufstieg 1300 mH (4–5 Std.).

Gefahren: Im Gletscher gelegentlich heikle Spalten, am Gipfelgrat Wächten. Ansonsten objektiv recht sicherer Anstieg.

Freuden: Besonders am Gipfelaufbau, wenn sich das für den höchsten Gipfel eines Gebietes charakteristische umfassende Panorama immer mehr entfaltet und weitet.

Anreise: Bahn oder Auto bis *Grindelwald* (siehe Jungfrau, Seite 34) oder *Fiesch* (siehe Gross Grünhorn, Seite 55).

Hüttenzustiege: Zum Konkordiaplatz siehe Gross Grünhorn, Seite 46. Auf dem Grüneggfirn ostwärts durch die Firnmulden aufsteigen zur Grünhornlücke und jenseits in der Gletschermulde (Spalten) hin-

Am Finsteraarhorn-Nordwestgrat.

Finsteraarhorn-Nordwestgrat vom Huggisattelkopf, P. 4088.

ab auf den Fiescher-gletscher. Nach seiner Überquerung rasch hinauf zu den unterhalb vom P. 3231 am Ostufer gelegenen *Finsteraarhornhütten* (3048 m; 115 L, bew. im Frühjahr und – nicht ständig – im Sommer, Tel. 0 36 - 55 29 55). Hierher auch vom Grimselpaß zum Oberaarstausee (Parkplatz) und über den Oberaargletscher zur Oberaarjochhütte (3258 m) und von dort über die Gemslicke (3335 m), jenseits zuerst steil und dann über Moränen hinab auf den Fieschergletscher und auf diesem ansteigen zu den Hütten.

Gipfelaufstieg (Südwestflanke und oberer Nordwestgrat):
Von den Hütten in nordöstlicher Richtung auf Steig über den felsigen Rücken (oder links davon über Firn) in den Sattel beim P. 3231. Nun in nördlicher Richtung über den Gletscher (Spalten) und rechts von einem Felssporn durch eine Mulde zum Sattel im Felsrücken (»Frühstücksplatz«) am P. 3616 des vom Gipfel herabziehenden felsigen Südwestgrates.

Von hier in nördlicher Richtung auf dem Gletscher links (orogr. rechts, nördl.) des Südwestgrates, oben über Bergschründe, zum Hugisattel (südl. vom P. 4088). Nun zuerst in der Westflanke, weiter oben meist dicht am Nordwestgrat (II), zum Gipfel.

(Wenn am Nordwestgrat Gedränge herrscht, bietet der direkte Aufstieg vom P. 3616 über den Südwestgrat eine im Fels längere, aber bei aperem Fels nur wenig schwierigere Alternative, PD+.)

Aussicht: Im Nordosten Lauteraarhorn und Schreckhorn mit den von ihnen gen Grimselpaß fließenden Gletschern, im Osten die Urner Alpen, im Südwesten – hinter dem Kamm des Wannenhorns – die Walliser Alpen, und im Westen mit seiner schroffen, felsigen Ostwand besonders eindrucksvoll das nahe Gross Grünhorn.

Nebengipfel: Der **Nordwestgratgipfel P. 4088** nördlich vom Hugisattel ist nicht besonders ausgeprägt, etwas deutlicher schon der **südöstliche Vorgipfel P. 4167**.

Andere lohnende Routen: *Südostgrat* (AD; III, kombiniert, und bis Firn 50°, ein Epos von klassischem Grat, 2,5 km lang, 1100 mH, 10–12 Std. von der Gemschlicke bis zum Gipfel).

Ostnordostsporn (D+ bis TD; lange Passagen IV+, elegante klassische Kletterei in gutem Gneis – »der Walkerpfeiler der Berner Alpen«, 850 mH Felshöhe, 8–10 Std. vom Einstieg).

Spezialführer: SAC, Berner Alpen, Band 4, Hausmann.

Auf der Terrasse der Finsteraarhornhütte.

Walliser Alpen

Das Wallis ist das Rückgrat der Alpen. Dieser massigsten Erhebung entragen mehr als die Hälfte der Viertausender dieses ganzen riesigen Faltengebirges. Vom Grenzkamm, in dem die meisten der besonders hohen Berge zu finden sind, ziehen riesige, tief ausgehobelte Täler nach Norden zum Rhônetal, das in den Eiszeiten außerdem noch die Gletscher des Berner Oberlandes aufnahm. Diese Täler sind durch ihre Lage in der Leeseite hoher Berge außerordentlich trocken, so daß die traditionelle Almwirtschaft hier schon früh auf künstliche Bewässerung der Wiesen zurückgriff. Von den ganzjährig wasserführenden Gletscherbächen her wird das Wasser in mit großer Mühe gebauten und unterhaltenen Graben- und Kanalsystemen an den Hängen entlang zu den Wiesen geführt und dort über sich verzweigende Rinnen verteilt.

Wenn auch die neueren Ausbauten den Talorten im Zuge der Hinwendung zum einträglichen Fremdenverkehr teilweise ihr Gesicht geraubt haben, so sind doch immer wieder noch als Zeugen der alten Bauernkultur Gruppen der typischen Holzhäuser und Speicher zu finden, die den Besuchern den Film ebenso rasch durch die Kamera ziehen können wie die hehren firnglänzenden Bergriesen. Besonders, wenn man abgekämpft und marode von diesen ins warme Grün der Täler zurückkehrt und die normale, milde Welt dort unten wieder richtig würdigen kann.

Die Beschreibung der Berge erfolgt zunächst für die zwischen den Tälern liegenden Bergkämme, jeweils von Norden nach Süden, danach für den Grenzkamm von Osten nach Westen.

Östliche Walliser Alpen –
Weissmiesgruppe

Dieser Seitenkamm hat zwei unterschiedliche Gesichter. Das westlich gelegene Saaser Tal ist reichlich erschlossen durch Straßen und Seilbahnen. Die Ostseite dagegen wird nur im Norden vom Simplon her anfahrbar. Ansonsten fußt sie in Tälern, in denen man/frau sich schon müde laufen kann, noch bevor der Fuß der Berge überhaupt erreicht wird.

Lagginhorn, 4010 m

Der nordöstlichste und niedrigste Viertausender der Walliser Alpen – zumindest solange die ernsthaft betriebenen Pläne nicht doch noch realisiert werden, das nördlich benachbarte Fletschhorn von seinen 3993 m durch Baumaßnahmen zum Viertausender zu befördern. Das Lagginhorn erreicht die magische Linie ohne solche Klimmzüge zwar auch nur knapp, aber mit Eleganz. Der Gipfel ragt klein und luftig über erregende Tiefen. Seine erste Ersteigung erfolgte erst 1856 durch den Saaser Pfarrer Johann Joseph Imseng und seinen Knecht Friedrich Joseph Andenmatten sowie weitere sieben Begleiter. Von ihnen waren

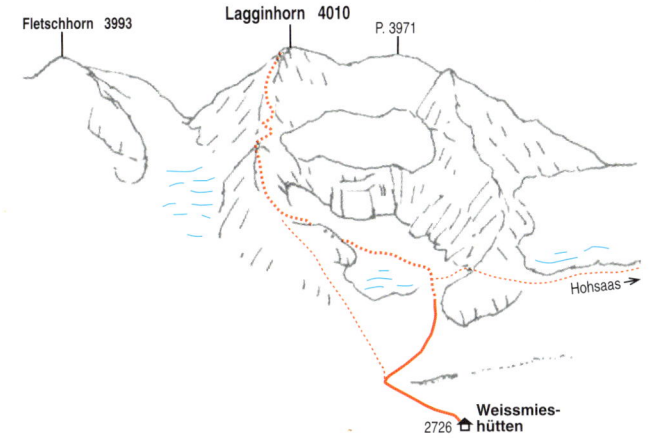

vier Engländer, und ihre Anwesenheit signalisierte schon den Beginn der Entwicklung des Fremdenverkehrs. Die Aufstiegsroute war auch damals der Westgrat. Das Lagginhorn ist im Sommer meist ein recht dunkler Berg. Firnfelder und Gletscher sind hier nur Arabesken in den Gneisflanken.

Schwierigkeiten: PD. Leichte Felskletterei mit einer Stelle II, sonst I und Gehgelände, in gutem Gneis.

Mühen: 1280 mH Aufstieg, 4–5 Std. von der Weissmieshütte ; 960 mH, 3–4 Std. von Hohsaas.

Gefahren: Objektiv recht wenig gefährdeter Anstieg. Einige Spalten im kleinen Lagginhorngletscher, vermeidbar durch Aufstieg über den Sockel des Westgrates. Im oberen Teil eventuell Steinschlag von weiter oben steigenden Partien.

Freuden: Durchaus hübsche Blockkletterei im mittleren Teil des Grates. Offener Rundblick vom Gipfel. Bei sicherem Wetter und aperem Fels ist ein späterer Aufbruch möglich, weil dann unabhängig von Firn aufgestiegen werden kann.

Karten: LKS 1 : 25 000, Blatt 1309 Simplon, LKS 1 : 50 000, Blatt 5006 Matterhorn – Mischabel.

Anreise und Hüttenzustiege: Siehe Weissmies, Seiten 68/69.

Gipfelroute: *Von den Weissmieshütten* über begrünten Rücken und ätzend breit ausgeschobene Rampe in nordöstlicher Richtung zum Gletscherbach. Links (nördl., orogr. rechts) neben diesem Steig auf Moränenrücken aufwärts. Zuletzt in steilen kurzen Kehren zum Beginn des markanten Grates, der zwischen Hohlaubgletscher (S) und Lagginhorngletscher (N) herabkommt. Links (N) über Moränenschutt und Firn aufsteigen, an der Zunge des Lagginhorngletschers südlich vorbei und dann über den Gletscher hinauf zu seinem nördlichen oberen Ende. Dort links (W) auf große Blockterrasse. (2 Std.) Hierher auch *von Hohsaas:* Von der Bergstation in nordöstlicher Richtung etwas absteigend zum Hohlaubgletscher. Unter dessen Zunge entlang querend, den Steinmännchen folgend, über Schutt und Platten (bei Vereisung rasch heikel!) bis auf die andere Seite des Gletschers. Dort schräg links über eine plattige Rampe (Steinmännchen, Stellen II) aufwärts, dann querend und zuletzt wieder aufwärts zum Grat zwischen Hohlaubgletscher und Lagginhorngletscher. Jenseits

Blick vom Lagginhorn nach Osten zur Bernina.

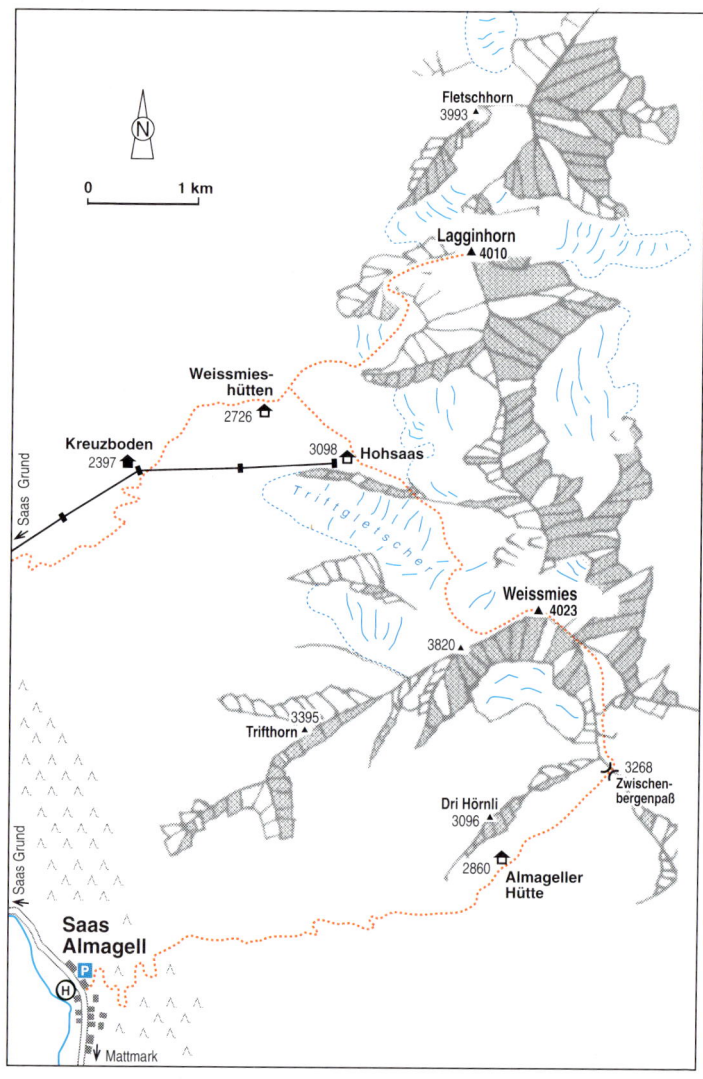

fast eben auf den Lagginhorngletscher. Wie oben beschrieben weiter zur oben erwähnten Blockterrasse. (1 Std.)

Von der Blockterrasse in nördlicher Richtung den malerischen Steinmännern folgend zum Grat (der auch gletscherfrei von unten begangen werden kann). Südlich vom Grat den Steigeisenkratzern und

Steigspuren nach, mit verschiedenen Möglichkeiten, aufwärts in Richtung Berg. Zuletzt direkt auf dem Grat mit einem Hauch von Luftigkeit und Tiefblick zum Fletschhorngletscher weiter (Stelle II an einer Platte) zur Scharte vor dem wenig ausgeprägten oberen Teil des Grates. Über Schutt und Fels empor. Das Firnfeld möglichst tief durch Queren nach rechts vermeiden und hinauf zum Gipfelaufbau. Dort immer nahe der Kante rechtshaltend weiter, zuletzt überraschend luftig, direkt zum höchsten Punkt.

Aussicht: Im Süden beherrschend die nahe Weissmies mit ihrer eisigen Nordwestflanke, auf der gegenüberliegenden Seite des Saaser Tales der gewaltige Kamm vom Monte Rosa bis zum Nadelgrat, im Norden hinter dem nahen Fletschhorn die Berner Alpen, im Osten der Simplon und die Weiten des Engadin sowie in der Ferne die Bernina.

Nebengipfel: Südgipfel (3971 m), wenig markant, im Südgrat.
Andere lohnende Anstiege: *Südgrat* (AD, III u. II, kombiniert, anfangs brüchig), über das Lagginjoch, 5 Std. von Hohsaas.
Nordgrat (AD, III u. II, kombiniert, z. T. Wächtengrat), 2–3 Std. vom Fletschhorn, über das Fletschhornjoch.
Ostsporn (AD+, III, brüchig, 1700 mH), 6–7 Std. ab Biwak.
Spezialführer: SAC, Walliser Alpen, alt Band 4, neu Band 5, Brandt.

Weissmies, 4023 m

Der höchste Berg im nordöstlichen Teil der Walliser Alpen, östlich des Saaser Tales, ist dort zugleich der schönste. Seine eisgepanzerte Nordwestflanke sticht ab gegen die steile, meist apere Gneisflanke der Südseite, über der gewaltige Gipfelgratwächten hervorkragen.
Entsprechend unterschiedlich sind seine Normalwege: Der alte, leichtere, aber ganz auf eigenen Füßen zu bewältigende führt über den Südostgrat. Über ihn wurde der Berg 1856 durch Peter Joseph Zurbriggen und Jakob Christian Heuser erstmals bestiegen. Der mit mehr Gletscher – und einem exponierten Gipfelgrathang – ernsthaftere, aber von einer Gondelbahn stark verkürzte, heute übliche Aufstieg über die Nordwestflanke und den Westgrat.
Der frühe Aufbruch von den Hütten bietet den Vorteil des harten Firns und das Erlebnis der frühen Morgenstunden, obendrein mit der besseren Chance für Fernsicht, bevor die Thermik Wölkchen quellen

Weissmies-Nordwestflanke im Abendlicht, von der Hohsaashütte.

läßt. Wer dagegen so wenig weise sein will, diesen Berg an einem einzigen Tage abzuhaken, der fährt mit der ersten Bahn und versucht dann, hinaufzueilen, bevor der Firn faul wird – ein Wettlauf, den man bei Schönwetter immer verliert.

Schwierigkeiten: PD–. Firn oder Eis, bis 40° steil, oben luftig.
Mühen: Von Hohsaas zum Gipfel 1050 mH in 3–4 Std. Aufstieg. Die Mühen des Hüttenaufstieges können durch Fränkli vermieden werden.
Gefahren: Kurz nach Betreten des Gletschers und am Fuß der Nordwestflanke gelegentlich Eisschlag. Auf dem Gletscher meist einige – besonders im Spätsommer offene – Spalten, jedoch durch die zahlreichen Begehungen fast immer eine ausgelatschte Spur, die besonders am exponierten Gipfelgrat hilft. Dort und am Gipfel große Wächten.
Freuden: Eindrucksvolle Gletscherszenerien. Bei guter Sicht phantastisches Panorama.

Karten: LKS 1:25 000, Blatt 1329 Saas, LKS 1:50 000, Blatt 5006 Matterhorn – Mischabel.
Anreise: Bahn durch das Rhônetal bis Visp und weiter bis Stalden, von dort 14 km mit Bus. Mit Auto von Visp (Rhônetal) über Stalden

und durch das Saastal 21 km nach *Saas Grund* (1559 m, Fremdenverkehrsort mit allen Schikanen, auch Zeltplätze, Verkehrsbüro).
Hüttenzustieg: Gondelbahn über Kreuzboden (2397 m) zum *Hoh-
saashaus* (3098 m) auf dem Bergrücken nördlich oberhalb vom Trift-
gletscher, bei der Bergstation. Gemeinde Saas Grund, 36 L, bew. Ende
Juni bis Anfang Oktober, Tel. 0 28 - 57 18 22.
Oder vom Kreuzboden in 45 Min. auf gutem Steig zu den *Weissmieshütten* (2726 m) westlich vom Lagginhorn unter den großen Moränen. SAC, 124 L, bew. Mitte Juli bis Ende September, Tel. 0 28 -
57 25 54.
Wer der Versuchung Gondelbahn widerstehen kann oder sie verpaßt,
kann auch nördlich der Ortsmitte vom Ortsteil »Unter dem Berg« aus
in vielen Zickzacks zur Triftalp (2072 m) aufsteigen und neben dem
Triftbach weiter hinauf den Kreuzboden und die Hütte erreichen
(1540 mH, 5–6 Std.).
Gipfelroute: Den Steig über den oberhalb der Weissmieshütte gelegenen Moränenrücken in südlicher Richtung hinauf zum Hohsaas-
haus (45 Min.).
Von dort über den flachen Rücken in östlicher Richtung rasch zu einer rechts (S) abwärts führendcn, wenig sensibel aus dem Fels ge-

Weissmies von Norden, vom Lagginhorn.

In der Weissmies-Nordwestflanke.

sprengten Rampe zum Gletscher. Auf diesem zunächst durch eine im Sommer apere Spaltenzone zu einem flacheren Boden und über einen steilen Firnhang empor. Vor breiten Spalten nach rechts und dann die Flanke weiter hinauf. Vor dem Westgipfel (P. 3820) links zu einem Sattel des Westgrates. Links vom überwächteten Grat in der Flanke luftig und praktisch ohne Sicherungsmöglichkeiten zum Gipfel.

Aussicht: Im Süden Portjengrat, Stellihorn und Monte Rosa, im Westen der ganze lange Gratkamm über Strahlhorn, Rimpfischhorn, Allalinhorn, Alphubel, Täschhorn, Dom und Nadelgrat, dazu im Norden das nahe Lagginhorn und die Berner Alpen, im Osten wilde Tiefblicke ins Zwischenbergen- und Laggintal sowie in die Ferne bis Engadin und Bernina.

Nebengipfel: Der wenig selbständige Westgipfel (3820 m) ist mit einem kurzen Abstecher vom Sattel des Westgrates aus zu erreichen.

Andere lohnende Anstiege: *Alter Normalweg von S und SO* (über Almageller Hütte, 2860 m; PD, Kletterei bis I, wenig Firn, 1180 + 1140 mH Aufstieg, insgesamt 7–8 Std.).

Nordgrat (D, IV– und III, zuletzt Firn, 6–10 Std. von Hohsaas).

Spezialführer: SAC, Walliser Alpen, neu Band 5, Brandt.

Der oberste Teil des Weissmies-Westgrates, vom Westgipfel.

Nördliche Walliser Alpen – Mischabelgruppe

Dieser quer zum Grenzkamm verlaufende Grat wird von den beiden großen flankierenden Tälern erschlossen, das Saastal nur über eine Straße, das Mattertal auch durch die Bahn. Hier steht immerhin ein knappes Dutzend Viertausender.

Der nördliche Teil dieses Kammes trägt den Namen »Mischabel«, was zwar etwas exotisch schweizerisch klingt, jedoch ganz prosaisch und lieblos »Mistgabel« bedeutet. Das sollte niemanden abschrecken. Denn in diesem Teil des Bergkammes ist Steigen auf eigenen Füßen Trumpf und die Atmosphäre entsprechend zünftig.

Nadelgrat:
– Dürrenhorn, 4035 m
– Hohberghorn, 4219 m
– Stecknadelhorn, 4241 m
– Nadelhorn, 4327 m

Der nördlichste Viertausender des gewaltigen Gratkammes zwischen dem Saastal und dem Mattertal ist das Dürrenhorn. In der berühmten Überschreitung des gesamten Nadelgrates wird es der erste oder letzte Gipfel. Für sich genommen ist seine Besteigung eine Tour mit recht langem Zustieg und Rückweg. Deshalb wird sie gern mit der von Hohberghorn und Stecknadelhorn (die gleichfalls kaum anders bestiegen werden) sowie dem beherrschenden Nadelhorn kombiniert. Die erste Begehung (von der Domhütte über das Hohberghorn bis zur Lenzspitze und zurück zur Domhütte) erfolgte 1892 unter Führung des bekannten Engadiner Führers Christian Klucker. Die erste Begehung des gesamten Grates von der Lenzspitze bis zum Galenjoch und auch noch über den Galengrat gelang 1916 Adrian Mazlam mit dem bekannten Führer Josef Knubel. Die ersten Besteigungen holten sich am Dürrenhorn im September 1879, der später nach wilden alpinen

**Das Dürrenhorn (rechts oben) vom Festigrat auf den Dom.
In der Tiefe der Hohberggletscher.**

Unternehmungen 1895 im Gebiet des Nanga Parbat verschollene Albert Frederick Mummery und William Penhall mit den starken Schweizer Führern Alexander Burgener und Ferdinand Imseng, am Hohberghorn R. B. Heathcote mit Franz Biner (»Weisshorn-Biner«), Peter Perren und Peter Taugwalder und am Stecknadelhorn im August 1887 der als Steigeisenkonstrukteur bekanntgewordene Oscar Eckenstein mit dem späteren Aconcagua-Bezwinger Matthias Zurbriggen.

Allalingruppe und Mischabelgruppe von Osten, von der Hohsaashütte.

Bei dieser Überschreitung gilt es sorgfältig abzuwägen, in welcher Richtung man sie angeht. Beginnt man/frau die Tour beim Nadelhorn, so liegt dessen scharfgeschnittener Nordostgrat im Zauber des Morgenlichtes, und es läßt sich auch hoffen, den Gipfel noch vor der Entwicklung der Wolken zu erreichen. Jedoch anschließend ist mit den darauf folgenden Gipfeln ein Nachlassen der Eindrücke und als unerquicklicher Abschluß der Rückweg über den inzwischen aufgeweichten Riedgletscher zu gewärtigen. Wird die Tour in der Gegenrichtung angegangen, dann ist der Riedgletscher noch in der morgendlichen Kälte zu queren, am Dürrenhorn der Aufstieg in der Morgensonne zu packen und danach der luftige – und in dieser Richtung fester werdende – Grat bis zum Nadelhorn als eine Folge von Steigerungen zu erleben. Und der Abstieg über den Nordostgrat wartet dann nicht mehr mit Gegensteigungen auf und ist am ausgeprägten Grat selbst bei schlechter Sicht gut zu finden. Natürlich läßt sich auch jedes Detail anders bewerten, und so bietet die Tour schon bei der Planung eine prächtige Gelegenheit zu Streit. Über eines ist jedoch nicht zu streiten: Das Wetter muß für die Überschreitung dieses langen Grates wirklich sicher sein.

Schwierigkeiten: PD/PD+. Die Hauptschwierigkeiten der Tour liegen gewöhnlich im Aufstieg durch die Steilrinne zum Hohbergjoch (besonders spät im Sommer oft großer Bergschrund, Steilrinne bei schlechtem Firn oder Eis in den bröckelnden Felsen nördlich daneben vermeidbar). Am Grat zwischen Dürrenhorn und Nadelhorn Stelle II+, sonst II- und I, kombiniert, teilweise auch Firngrate. Abstieg am Nadelhorn Nordostgrat II- und I, kombiniert.

Mühen: Hüttenaufstieg lumpige 1550 mH (4–5 Std., bis Mittag in der Sonne) direkt von Saas Fee oder nach Fahrt mit der Gondelbahn zur Hannigalpe, 2349 m, noch 1000 mH (3–4 Std.); Gipfeltour bis Dürrenhorn bei Umweg über Ulrichshorn und Riedpaß 1000 mH (4–5 Std., bei direktem Zugang vom Windjoch zum Fuß des Couloirs zum Hohbergjoch 600 mH, aber eventuell Spalten), von dort zum Nadelhorn 500 mH Aufstiege (3–4 Std.). Abstieg Nadelhorn – Hütte 1000 mH (2 Std.).

Gefahren: Sowohl Hohbalmgletscher wie auch Riedgletscher sind mit z. T. unangenehmen Spalten ausgestattet, bei Umweg über Ulrichshorn und Riedpaß werden die markantesten Spaltenzonen umgangen. Am Aufstieg zum Hohbergjoch eventuell Steinschlag. Am Grat auf Wächten achten.

Freuden: Eine landschaftlich besonders eindrucksvolle Gratüberschreitung, die zu den berühmtesten der Westalpen zählt.

Eine häufiger durchgeführte Kurzfassung der Überschreitung ist der Übergang vom Nadelhorn über das Stecknadelhorn bis zum Hohberghorn und wieder am Grat zurück zum Nadelhorn.

Karten, Anreise, Hüttenzustiege: Siehe Nadelhorn.
Gipfelroute: Wie beim Aufstieg zum Nadelhorn in das Windjoch (3850 m; 1 Std. von den Mischabelhütten). Von hier ist bei guten Verhältnissen ein direkter Zugang durch eine Querung des oberen, steileren Riedgletschers zum Fuß der Rinne zum Hohbergjoch möglich. Dazu steigt man zunächst noch etwas in Richtung Nadelhorn an und sucht sich dann den Weg oberhalb der markanten Eisbrüche zum Fuß der Rinne südlich des Dürrenhorns.
(Weiter, aber über friedlicheres Gletschergelände, ist der folgende Zustieg: Über die schmale Firnschneide des Südwestgrates auf das nahe Ulrichshorn, 3925 m, und in nordöstlicher Richtung hinab zum Riedpaß. Nun in westlicher Richtung das weite flache Gletscherbecken des Riedgletschers queren und zum Fuß der Rinne, die südlich vom Dürrenhorn hinaufführt zum Hohbergjoch.)
Über den oft problematischen Bergschrund und entweder im bis 45° steilen Firn oder in den nördlich benachbarten Randfelsen hinauf zum Hohbergjoch (3916 m; 4–5 Std. von den Mischabelhütten).
Vom Joch über die brüchigen Felsen des Südostgrates (II u. I) auf das **Dürrenhorn** (4035 m). Zurück ins Hohbergjoch (1 Std. für Auf- und Abstieg).
Auf dem Grat in südöstlicher Richtung zunächst über Felsen, danach über den breiten Firngrat hinauf zu einem felsigen Aufschwung. Diesen entweder links (O) umgehen oder direkt übersteigen (II) und über Firngrat zum Gipfel des **Hohberghorns** (4219 m). Nun ostsüdöstlich am Firngrat hinab ins Stecknadeljoch (4142 m; 2 Std. vom Hohbergjoch). Der folgende felsige Zackengrat wird rechts (S) auf ansteigenden Bändern passiert (II- und I) und der wenig markante Gipfel des **Stecknadelhorns** erreicht (4241 m; 2–3 Std. vom Hohbergjoch).
Über Fels in einen Firnsattel absteigen und über Firngrat zu einem Gendarm. Diesen direkt überklettern (II+; oder seitlich umgehen, oft Blankeis) und in die dahinter gelegene Firnscharte. Von dort am Nordostgrat rasch auf das **Nadelhorn** (4327 m; 3–4 Std. vom Hohbergjoch). Abstieg siehe Nadelhorn.

Andere lohnende Anstiege: *Gesamter Nadelgrat* vom Dom bzw. der Lenzspitze über das Nadelhorn bis zum Dürrenhorn. AD. Üppige Ganztagsbeschäftigung oder mehr.

Dürrenhorn Nordgrat (vom Galenjoch, AD, III und II, brüchig, langer Zugang oder Abstieg, gehört für Nimmersatte zur ganz vollständigen Überschreitung des gesamten Nadelgrates).

Hohberghorn Nordostflanke: AD, 350 mH, bis 50° steil.

Hohberghorn und/oder Stecknadelhorn von Westen (PD, 5 Std. von der Domhütte über Festijoch und Hohberggletscher und das – nachmittags steinschlaggefährdete – Couloir zum Stecknadeljoch; technisch leichter, aber unüblicher Aufstieg).

Spezialführer: SAC, Walliser Alpen, neu Band 5, Brandt.

Nadelhorn, 4327 m

Der höchste Gipfel im Gratkamm nördlich des Dom entsendet drei markante Grate. Zwischen ihnen fallen nach Südosten und Südwesten felsige, von steilen Rinnen und Rippen gegliederte Gneisflanken ab, während die etwas konkave Nordflanke bis zum Gipfelaufbau von einem Eispanzer überzogen ist. Dieser Berg ist auch im Zeitalter der Seilbahnen im wesentlichen nur auf eigenen Füßen zu erreichen. Die erste Besteigung erfolgte im September 1858 durch die Arbeiter Joseph Zimmermann, Alois Supersaxo, Baptist Epiney und Franz Andenmatten, um ein trigonometrisches Zeichen zu errichten. Dabei wurde vom Windjoch aus über den eleganten Nordostgrat aufgestiegen, der auch heute noch der Normalweg ist.

Schwierigkeiten: PD. An den felsigen Abschnitten des Grates einige Stellen II-, meist I, kombiniert, mit Firn bis 40°.

Mühen: Zur Mischabelhütte von Saas Fee 1550 mH Aufstieg (4–5 Std.), von Hannigalp 1000 mH (3–4 Std.). Gipfelaufstieg 1000 mH.

Gefahren: Insgesamt eine objektiv besonders sichere Route. Auf dem Hohbalmgletscher einige Spalten, die bei richtiger Wegwahl keine Probleme bereiten. Am Grat Wächten.

Freuden: Der Grat ist eine ideale Linie – als Leitlinie für die Orientierung praktisch, sicherungstechnisch hilfreich, frei von Steinschlaggefahr, aber darüber hinaus auch von großer Symbolkraft als Linie direkt hinauf zum höchsten Punkt im Blau.

Karten: LKS 1:25 000, Blatt 1328 Randa, auch LKS 1:50 000, Blatt 5006 Matterhorn–Mischabel. Skizze siehe Lenzspitze, Seite 79, Topo siehe Dom, Seite 83.

Anreise: Mit Bahn bis Stalden, von dort mit Bus 18 km über Saas

Grund (siehe Weissmies, Seite 68) hinauf nach *Saas Fee* (1792 m; recht exklusiver Fremdenverkehrsort, der vor allem den Fußgängern gehört, weil er den Autofahrern gleich am Ortseingang ihre Fahrzeuge abnimmt und in einer vielstöckigen Tiefgarage versenkt).

Hüttenaufstieg: Durch den Ort und vom Leeboden in westlicher Richtung aufsteigen zur Lawinenverbauung am Torrenbach. Durch Tunnel und über den Bach. Danach zu breitem Weg, der in entmutigend vielen Kehren über den Hang der Trift hinaufführt zum P. 2448 im Südostgrat des Distelhorns. Auf dem Gratrücken empor, bis der Steig links (W) weiterleitet in Richtung auf den Fallgletscher. Vor diesem rechts (in nördlicher Richtung) durch Felsgelände (Drahtseile) steil hinauf, zuletzt über einen weniger steilen Hang zu den *Mischabelhütten* (3329 und 3340 m, SAC, AACZ, 120 L, bew. im Sommer, Tel. 0 28 - 57 13 17).

(Von der Bergstation Hannigalpe aus in südlicher Richtung der unübersehbaren Skiabfahrt folgen und nach 150 m rechts auf schmalem Weg etwas abwärts in das Tal des Torrenbaches. Nach der Brücke ansteigend weiter unter der Ostflanke des Distelhorns empor zum P. 2448. Weiter wie oben.)

Gipfelroute: Von den Hütten auf dem Moränenrücken neben dem Hohbalmgletscher aufsteigen, bis dieser bei etwa 3600 m ebener und zahmer wird. Den Gletscher in nördlicher Richtung – mit Blick auf die Nordostwand der Lenzspitze – queren und über einen etwas steileren Firnhang (Spalten) zuerst etwas rechtshaltend aufsteigen (in Richtung Ulrichshorn), später linkshaltend hinauf in das Windjoch (3850 m; 1–2 Std. von den Mischabelhütten).

Am anfangs breiten, später schmaleren Firngrat empor. Weiter oben über felsige Aufschwünge (rechts z. T. umgehbar), immer direkt auf der Gratlinie zum Gipfelaufbau. Links (S) der Gratschneide oder auch direkt zum Gipfel (3 Std. von den Hütten).

Aussicht: Im Süden unterbrechen die nahe Lenzspitze und der gewaltige Dom die Fernsicht, ansonsten weiter Rundblick nach Westen zur faszinierend anzusehenden Weisshorngruppe, nach Norden hinter der Fortsetzung des Nadelgrates zum Berner Oberland und nach Osten zur Weissmiesgruppe.

Abstieg über den Normalweg: Vom Gipfel den Steigeisenkratzern folgend nach Nordosten auf und neben der Gratkante abklettern, dann immer auf dem Grat hinab bis ins Windjoch. Aus diesem südseitig absteigen und über den flachen Firn des Hohbalmgletschers zu dessen Südseite. Dort auf dem Felsrücken links (ostwärts) hinab zu den Mischabelhütten.

Nebengipfel: Der **nordwestliche Vorgipfel (ca. 4290 m)** ist ein unbedeutender Gratbuckel. Dagegen sind im Südgrat der **obere Doppelgendarm (ca. 4280 m)** und der **untere Doppelgendarm (ca. 4270 m)** markantere Zacken, ebenso wie die **untere Südgratkuppe (ca. 4235 m)**.

Andere lohnende Routen: *Nadelgrat* zum Dürrenhorn, s. o.
Südostgrat (von der Lenzspitze über das Nadeljoch, erster und schönster Teil des gesamten Nadelgrates; AD, III in trockenem Zustand, bei Vereisung rasch extrem, 4 Std. von der Lenzspitze).

Spezialführer: SAC, Walliser Alpen, neu Band 5, Brandt.

Lenzspitze, 4294 m

Der südlichste Gipfel des Nadelgrates ist ebenso wie das Nadelhorn eine der für den Gneis typischen dreiseitigen Pyramiden. Von der Saaser Seite aus sticht sie durch das steile Eisschild ihrer zum Feegletscher abfallenden Nordostwand hervor, das allerdings in den letzten Jahren gelegentlich schon einige ausgeaperte Felsen aufweist. Die erste Bestei-

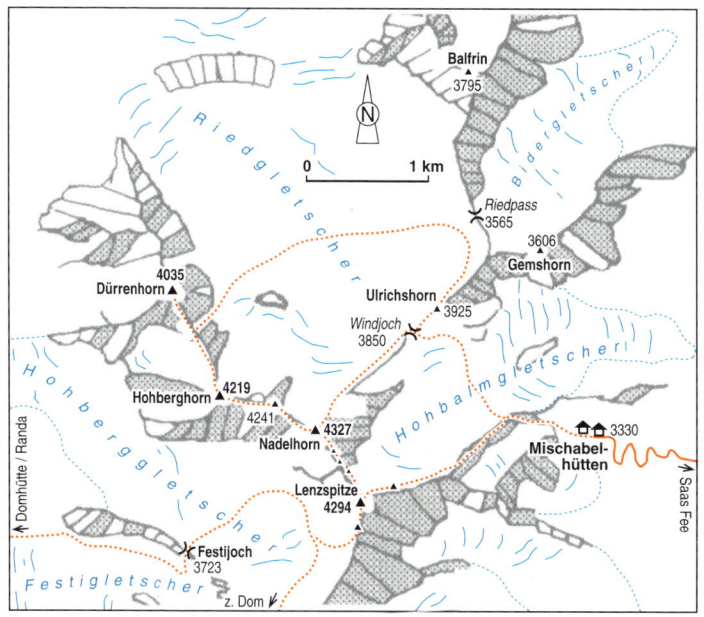

gung erfolgte 1870 durch Clinton T. Dent mit Alexander und Franz Burgener, wobei sie über die steile Nordostflanke zum Nadeljoch und von dort über den Nordwestgrat aufstiegen. Die heute üblichen Normalwege sind der Ostnordostgrat, dessen Erstbegehung Ambros Supersaxo und Theodor Andenmatten mit W. W. Graham 1882 gelang, und der Südgrat vom Lenzjoch aus, den Ambros Supersaxo und L. Zurbriggen mit dem Engländer R. F. Ball 1888 erstmals begingen. Der übliche Abstieg ist die Überschreitung des Zackengrates zum Nadelhorn (= südlicher Nadelgrat, nur bei guten Verhältnissen und sicherem Wetter ratsam) und Abstieg über dessen Nordostgrat. So ergibt sich eine beachtliche Rundtour.

Schwierigkeiten: PD+/AD. Südwestgrat vom Lenzjoch her II+ und II. Übergang zum Nadelhorn luftiger, hochalpiner Grat mit ständigem, leicht lästig werdendem Auf und Ab, teilweise Stellen III, die bei Schneelage und Vereisung rasch ungenießbar werden. Am Ostnordostgrat mehrere Stellen III, weithin II und I, kombiniert.
Mühen: Von der Domhütte 1350 mH (5–6 Std.), von den Mischabelhütten zum Gipfel 950 mH Aufstieg (4–5 Std.). Übergang zum Nadelhorn ca. 200 mH Gegensteigungen (2–3 Std.), dann 1000 mH Abstieg (2 Std.).
Gefahren: An den Graten auf Wächten achten. Im oberen Teil des Nordostgrates und am Südwestgrat etwas brüchiger Fels, aber insgesamt objektiv recht sichere Anstiege, die jedoch durch widrige Verhältnisse oder Wind rasch problematisch werden können. Wirklich schlechtes Wetter können sich normal starke Seilschaften auf den exponierten Graten in dieser Höhe nicht leisten!
Freuden: Der Fels an den schwierigeren Passagen des Nordostgrates und am Übergang zum Nadelhorn ist fest und griffig und gilt als hochalpiner Leckerbissen.

Karten, Anreise, Hüttenzustiege: Siehe Nadelhorn, Seite 77 folgende, bzw. Dom, Seite 82. Skizzen siehe Dom, Seite 85, und Lenzspitze, Seite 79.

Gipfelrouten: Von der Domhütte über den Südgrat: Wie beim Normalweg auf den Dom bis unterhalb des zwischen Lenzspitze und Dom gelegenen Lenzjoches. Nun über einen oben steiler werdenden Firnhang, zuletzt über Schrund, in die links (nördl.) von der tiefsten Einsattelung, links von mehreren Zacken, eingehauene Scharte. Am Grat zunächst überwiegend auf Firn, später auch in Fels, zu einem großen, spitzen Gendarm. Dieser wird rechts (O, Saaser Seite) umgangen und danach wieder zum Grat aufgestiegen. Über diesen weniger schwierig, zuletzt in Rinne der Westseite, zum Gipfel.

Von der Mischabelhütte über den Ostnordostgrat auf Steig über den Felsrücken südlich vom Hohbalmgletscher hinauf, an der Abzweigung der Spur zum Windjoch vorbei und immer auf dem Grat zum P. 3815. (Hierher auch, indem man erst auf dem Hohbalmgletscher weitergeht und dann über eine Firnrinne direkt dorthin aufsteigt.)

Nach einem waagerechten Gratstück wird der Grat steiler. Den ersten Steilaufschwung nordseitig luftig erklettern und dann an dem scharfen, oft überwächteten Grat zum ersten Turm. Über eine Platte empor, bis man rechts zu einem Riß queren kann. Diesen zu Band, dann schräg links in Richtung auf eine Nische und über Wandstufe zum Grat oberhalb. Weniger schwierig am Grat zu einer Scharte und zum großen, nach Süden hin überhängenden Gendarm. Links über die markante große Platte auf ihn hinauf (Eisenstift). Jenseits an schwierigem Riß 5 m absteigen oder abseilen. Über das folgende horizontale Gratstück zum dritten Aufschwung. An dessen Kante steil, aber griffig hinauf und im Zickzack, teils an der Gratschneide, teils daneben, zum Firngrat. Dieser leitet, zuletzt gemeinsam mit dem Südgrat, zum höchsten Punkt.

Im Abstieg können die steileren Stellen des Grates von Felszacken oder Köpfln aus abgeseilt werden (eventuell Schlingen erneuern!).

Übergang zum Nadelhorn (südlicher Nadelgrat): Auf dem nach Nordwesten hin abfallenden Grat über Firn (gelegentlich heikel, auf Wächten achten) und wenig Fels absteigen ins Nadeljoch (4213 m). Danach am felsigen Grat entweder in stetem Auf und Ab über die griffigen Grattürme oder diese seitlich umgehend weiter. Empfohlen wird die folgende Linie:

Den ersten Turm an der Südkante bis zu Überhang, rechts (O) queren und über kleingriffige Platte hinauf zu Scharte. Den zweiten Turm in halber Höhe östlich queren und über Wandl zum Grat. Über Platten zur nächsten, engen Scharte absteigen. Auf dem Grat weiter. Der nächste größere Gendarm wird erklettert, danach hinab in eine tiefe Scharte. Von dieser direkt an der Gratkante auf den Gipfel des Nadelhorns. (Abstieg siehe Nadelhorn, Seite 78.)

Aussicht: Nebenan Dom und Nadelhorn. Östlich gegenüber Lagginhorn und Weissmies und im Westen das Weisshorn.

Nebengipfel: Auf den Graten gibt es jeweils einen besonders markanten Gendarm: Den **Nordgrat-Gendarm (ca. 4240 m)**, den **Südgrat-Gendarm (ca. 4200 m)** und den **Ostgrat-Gendarm (4091 m)**.

Andere lohnende Anstiege: *Nordostwand* (*Dreieselswand*; D; Mischabelhütten – Gipfel 4–6 Std., bis 55°, Wand 500 mH).

Dom, 4545 m

Was für ein Berg – von Osten und Südwesten die höchste in einer Reihe von spitzen Gneispyramiden, von Nordwesten ein weißes Wölkchen im Blau. Der höchste ganz in der Schweiz gelegene Berg. Der Name wäre logisch wegen seiner Höhe oder seiner markanten Gestalt oder auch wegen seiner majestätischen eisigen Nordflanke. Er wurde jedoch nach dem Landvermesser Domherr Berchthold aus Sitten geprägt. Seine erste Besteigung erhielt der Dom am 11. September 1858 durch J. L. Davies mit Johann Zumtaugwald, Johann Kronig und Hieronymus Brantschen, und zwar gleich über den gar nicht so leichten Festigrat. Der leichteste Anstieg ist dagegen die Nordflanke, verschrien als elender Schneehatsch, aber wegen der grandiosen Monotonie der gewaltigen Dimensionen ein eindrucksvolles Unternehmen.

Schwierigkeiten: PD. Im Zustieg zum Festijoch Kletterstellen bis II, ansonsten Gletscheraufstieg, praktisch ohne technische Schwierigkeiten. Festigrat PD+, Firn oder Eis bis 50° steil.
Mühen: Hüttenzustieg 1510 mH (5–6 Std., frühmorgens im Schatten), Gipfelaufstieg 1650 mH (5–7 Std.).
Gefahren: Der Dom ist berüchtigt wegen seiner Höhenstürme. Bei der Querung des Hohberggletschers gilt es, gebührenden Abstand von der Serakzone zu halten, aus der gelegentlich Eistrümmer herabkommen. Ansonsten sind die auf Gletschern üblichen Vorsichtsmaßnahmen ratsam. Bei Nebel und in Sturm oder Schneetreiben versinkender Spur kann die Orientierung rasch sehr problematisch werden.
Freuden: Unterwegssein in einem Gebirgsteil, wo Seilbahnen fern und die Leute durch die Mühen der Aufstiege entsprechend handverlesen sind.

Karten: LKS 1:25 000, Blatt 1328 Randa, auch LKS 1:50 000, Blatt 5006 Matterhorn – Mischabel. Siehe auch Skizze, Seite 85.
Anreise: Bahn ins Matter Tal bis *Randa* (ruhiger Fremdenverkehrsort, wenn nicht gerade mal wieder der Berg gegenüber stürzt; Camping, auch Bus, 33 km von Visp).
Hüttenaufstieg: Von Randa, an der Kirche vorbei, in nordöstlicher Richtung zum Dorfbach. Vor diesem im Wald aufsteigen, später jenseits des Baches zur Baumgrenze. In Kehren weiter über Wiesenhänge zu einem hohen Felsriegel. Diesen über Stufen, Rinnen und Bänder (z. T. Drahtseile) hinauf zu einem kleinen Felsplateau und über Schutt zur nördlichen (orogr. rechten) Ufermoräne des Festigletschers. Auf dieser zur originell in Form eines Bergkristalls gebauten *Domhütte*

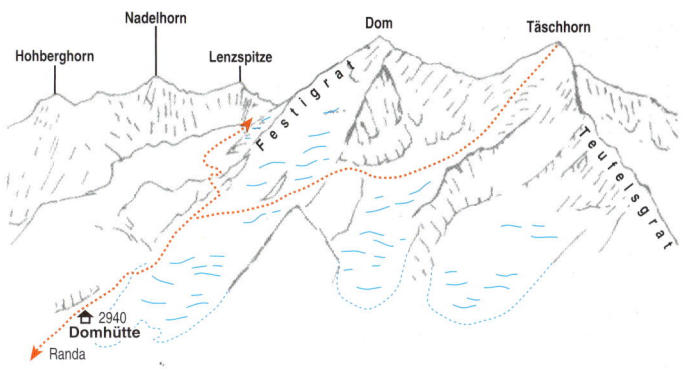

(2940 m, SAC-Sektion Uto, 75 L, Selbstkocherraum und Winterraum, bew. Mitte Juli bis Ende August, Tel. 0 28 - 67 26 34).

Gipfelroute: Von der Hütte über den Moränenrücken weiter ansteigen und nach etwa 30 Min. auf den Festigletscher. Nochmals 30 Min. an dessen nördlichem Rande aufsteigen bis unter das Festijoch. Noch vor diesem, westlich der Fallinie, den Steinmännern nach über den Grat eines kleinen schwarzen Türmchens hinauf zum Grat zwischen Festigletscher und Hohberggletscher. Über steile Felsen südseitig queren in eine kleine Scharte. Von dieser in der Nordseite luftig über ein ansteigendes Bändchen (II) zu einem Absatz und hinab ins Festijoch (3723 m, 2–3 Std. von der Domhütte; auch direkt von unten vom Gletscher erreichbar, steil, aber griffig, II u. I).

Dom Nordwestflanke, rechts Festigrat (vom Nadelgrat aus gesehen).

**Dom von Westen,
mit Festijoch
und Festigrat.**

Vom Festijoch nach Norden etwas absteigend auf den Hohberggletscher und in achtungsvollem Abstand zur Serakzone hinüberqueren unter die Flanken von Hohberghorn und Stecknadelhorn. Dort auf dem Gletscher weiter ansteigen bis unter das Lenzjoch. Nun wieder in südlicher Richtung über die Gletscherhänge in Richtung auf den Sattel zwischen westlichem Vorgipfel und Hauptgipfel. Vom Sattel – oder auch schon vorher direkt ansteigend – zum höchsten Punkt (5–7 Std. von der Hütte).

Aussicht: Im Norden die felsigen Gneisflanken des Nadelgrates, im Süden das nahe und nicht viel niedrigere Täschhorn, im Osten Saaser Tal und Weissmies, im Südosten der Fremdkörper Sommerskizirkus nördlich vom Allalinhorn. Im Westen das prächtige Weisshorn, im Südwesten das Matterhorn.

Nebengipfel: Der **westliche Vorgipfel P. 4479** ist vom normalen Aufstieg aus rasch zu besteigen. Der **Nordostgrat-Gipfel P. 4468** ist mit einem etwas größeren Umweg abseits der üblichen Trasse ohne besondere Schwierigkeiten erreichbar.

Andere lohnende Anstiege: *Festigrat* (vom Festijoch direkt über den wenig ausgeprägten Nordwestgrat, PD, II, oben meist nördlich der Gratschneide im Firn, 3 Std. vom Festijoch).

Nordostgrat (vom Lenzjoch, im unteren Teil bis P. 4468 bis IV+, danach wenig schwieriger Firn, 3–5 Std. vom Lenzjoch).

Südgrat (III, als Teil der Überschreitung vom Täschhorn her lohnend, aber lausig lang in großer Höhe).

Westgrat (IV, selten begangen, 8 Std.).

Spezialführer: SAC, Walliser Alpen, alt Band 4, neu Band 5, Brandt.

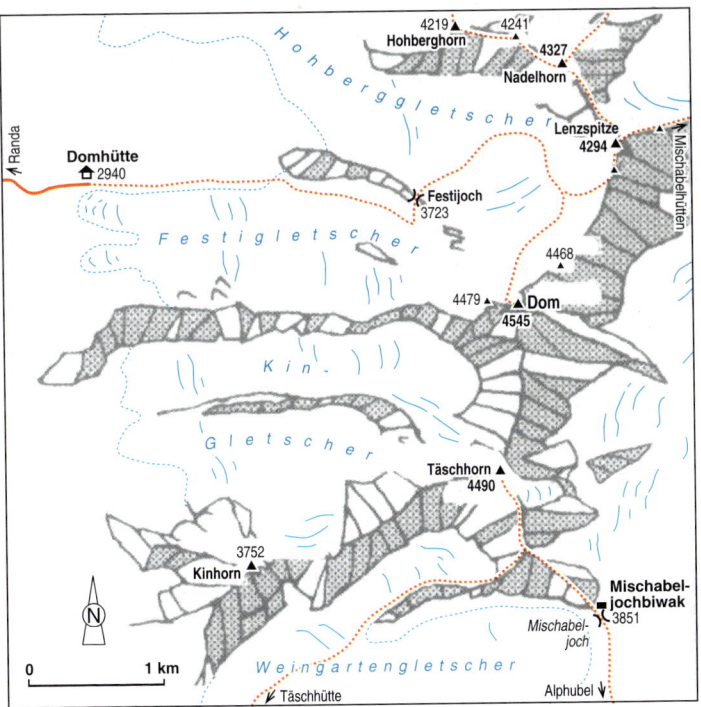

Täschhorn, 4490 m

Das Täschhorn als südlicher Nachbar des Dom stiehlt diesem von Süden gesehen die Schau. Nicht nur, weil es den Dom verdeckt. Die schroffe Südwand sucht in diesem Teil der Alpen ihresgleichen, und ihre erste Durchsteigung durch Franz und Josef Lochmatter und Josef Knubel mit den Engländern V. J. Ryan und Geoffrey Wintrop Young im Jahre 1906 und mit der damals unentwickelten Ausrüstung bleibt eine der unglaublichsten Taten der alpinen Geschichte (und Youngs Aufsatz »Erinnerungen an die Mischabel« eine der packendsten Schilderungen der alpinen Literatur). Auch die anderen Anstiege auf das Täschhorn sind anspruchsvoll: Die Nordwestflanke, über die 1862 die erste Besteigung erfolgte und die ihre Schwierigkeiten (und Risiken) im Eis hat. Der 1876 von J. Jackson mit den Führern Christian und Ulrich Almer begangene Südostgrat, der heute, nach dem Bau des

Mischabeljoch-Biwaks, den Normalweg ausmacht. Und der fast 2 km lange Südwestgrat (»Teufelsgrat«), den Joseph Andenmatten und das englische Ehepaar Mummery schon 1887 begingen.

Schwierigkeiten: AD. Am Südostgrat Stellen III, meist weniger schwierig, aber lang und anfangs etwas brüchig, im Mittelteil Firngrat mit Wächten. In der Nordwestflanke steiler Gletscher mit je nach den Verhältnissen stark wechselnden Schwierigkeiten, meist auch einige Passagen von steiler Eiskletterei, außerdem bis II+ im Fels. Zu den technischen Schwierigkeiten kommen auch oft die der Orientierung, weil der Berg nicht so oft bestiegen wird, daß man mit einer Spur rechnen kann.

Mühen: Hüttenaufstieg zur Täschhütte 1300 mH (4 Std.), 1700 mH Aufstieg zum Gipfel (7–9 Std.). Von der Domhütte über Festi-Kin-Lücke und Nordwestflanke 1700 mH (6 Std.).

Gefahren: Im Zustieg auf dem Weingartengletscher Spalten, am Südostgrat auf der Ostseite meist große Wächten. Nordwestflanke teilweise mit Spalten, von oben ohne Spur heikel zu finden.

Freuden: Besonders am Gipfelaufbau genußverdächtige Kletterei in festem Gneis und phantastischer Position. Ansonsten befindet man sich auf diesem Viertausender unter recht exklusivem Publikum, oder ohne jegliches.

Karten: LKS 1:25 000, Blatt 1328 Randa, auch LKS 1:50 000, Blatt 5006 Matterhorn – Mischabel. Skizzen siehe Dom, Seite 83, und Alphubel, Seite 90.

Anreise: Bahn von Visp/Rhônetal durch das Matter Tal bis *Täsch* (1449 m, Fremdenverkehrsort, auch Zeltplätze und Riesenparkplatz am Ende der Autostraße bzw. dem Beginn der Fußgängerzone des oberen Tales), von Visp 31 km.

Hüttenaufstiege: Von Täsch nördlich vom Täschbach den Weg hinauf nach Täschberg (1696 m) und weiter nach Eggenstadel (1950 m). Noch vor der Brücke Steig am steilen Hang nördlich des Baches zur oberen Täschalp (= Ottavan, 2214 m, privat, 15 L; hierher auch von Täsch mit Pkw über das einspurige Sträßchen südlich vom Täschbach in langen Kehren durch den Wald hinauf oder von der Bergstation Sunegga). Auf dem breiten Weg das Tal weiter hinauf zur am Fuße des vom Alphubel herabziehenden Rotgrates gelegenen *Täschhütte* (2701 m, SAC-Sektion Uto, 60 L, bew. Juni bis September, Tel. 0 28 - 67 9 13).

Gipfelroute: Von der Täschhütte über die Südwestrippe und den oberen Teil des Südostgrates. Zuerst in nordwestlicher Richtung auf gutem Weg unter dem Fuß der Felsen des Rotgrates vorbei. Dahinter

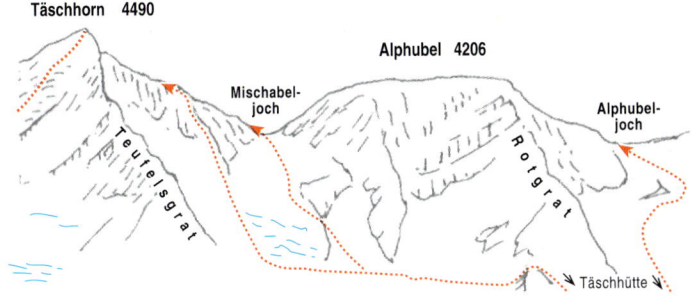

im Tälli in östlicher Richtung ansteigen. Vor dem P. 3195 den Wiss-grat nach Norden hin überschreiten und absteigen auf die weiten Moränenfelder des Weingartengletschers. Zwischen dessen südlichem Teil und einem See in nördlicher Richtung. An den Fußpunkten von zwei vom Alphubel herabziehenden Graten vorbei (P. 3242 und 3250) und über den nördlichen Weingartengletscher zum Fuß eines von Osten (vom Südostgrat des Täschhorns) herabziehenden Seitengrates. Auf diesem über Schutt und Firn ansteigen und zuletzt steiler, aber ohne größere Schwierigkeiten, zum Südostgrat. Diesen erreicht man etwa auf halber Strecke zwischen Mischabeljoch und Gipfel, etwas südlich vom P. 4175.

Auf dem hier breiten Grat ansteigen bis zu einem nach Osten abfal-lenden Couloir. Hier wird der Grat zum Firngrat, der ostseitig stark überwächtet ist. In der linken (W) Flanke (oft vereist) querend und ansteigend zum felsigen Gipfelaufbau. Dort erreicht man wieder die Grathöhe. An dieser über steilen, griffigen, festen Fels genußvoll gera-de zum Gipfel (rechts weniger schwierig, aber brüchig; nach Rau-schel).

Der untere, brüchige Teil des Südostgrates kann auch direkt vom Mischabeljoch aus überklettert werden (wenn man es riskieren will, dort in der Biwakhütte trotz der bei gutem Wetter oft ungemütlichen Überfüllung zu nächtigen). Beim Zugang von Westen umgeht man dabei den unteren Eisbruch des nördlichen Weingartengletschers, in-dem man südlich des Begrenzungsgrates ansteigt und den Gletscher erst über die Scharte P. 3481 der LKS betritt.

Von der Domhütte über die Nordwestflanke: Wie auf dem Normal-weg zum Dom bis unter das Festijoch. Nun den Festigletscher unter der Felsinsel mit P. 3781 durch queren und über einen zuletzt sehr steilen Hang zur Festi-Kin-Lücke (3734 m, 2–3 Std. von der Domhütte; man kann die Querung auch schon bei 3400 m beginnen und in südöstlicher Richtung aufsteigen). Auf dem unteren Teil des Dom-Westgrates etwa 100 mH aufsteigen (bis unten die Domhütte wieder in Sicht kommt). Erst dann auf Bändern schräg abwärts auf den nördlichen Kingletscher. Dessen Firnbecken ansteigend queren zur eigentlichen Nordwestflanke des Täschhorns (3–4 Std. von der Domhütte). Über die von einem recht einfallsreichen Gletscher überzogene Eisflanke nach bestem Finden und Vermögen hinaufsuchen. Oben nach rechts auf den obersten Teil des Teufelsgrates und über diesen an Fels zum höchsten Punkt.

Aussicht: Im Norden der nahe Dom mit seinen Fels-, Eis- und Klamottenflanken, südöstlich unterhalb Alphubel, Allalinhorn und im Süden der ganze Talschluß von Zermatt. Im Osten die Weissmiesgruppe, im Westen die Weisshorngruppe.

Nebengipfel: Der nicht sehr markante **Nordgrat-Gipfel P. 4404** wird bei der Gratüberschreitung zum Dom hin passiert. Der ebenfalls wenig ausgeprägte **Südostgrat-Gipfel P. 4175** wird beim beschriebenen Aufstieg mit überschritten.

Andere lohnende Anstiege: *Überschreitung Täschhorn–Dom* (AD+, III und II, aber meist schmal und luftig, teilweise mit Wächten und sehr lang in großer Höhe, 4–6 Std. von Gipfel bis Gipfel).
Südwestgrat (Teufelsgrat) (D, IV, 1,8 km Grat, 12–15 Std.).
Südwestwand (TD+; 900 mH, 10–15 Std.; ein Stück Alpingeschichte, nicht schön, aber selten – brüchig und gefährlich, auch heute noch ein Horrortrip).

Spezialführer: Siehe Dom, Seite 84. Für Südostgrat M. Vaucher, Walliser Alpen. Pforzheim 1983 bzw. München 1990.

Alphubel, Täschhorn und Dom von der Métro Mittelallalin – Kontraste.

Walliser Alpen – Allalin-Gruppe

*Beherrschte im Bereich der Mischabel-Gruppe ein fast grad-
liniger Gratkamm das Bild, so wandelt sich der Charakter der
Landschaft südlich davon. Die Gletscherbecken dehnen sich
weiter, und die Kammlinie ist stärker aufgelöst.*

*Auch hier ragen Viertausender auf. Mehrere von ihnen sind
jedoch durch Bergbahnen »angefressen« oder zumindest rascher erreichbar. Das macht sie zwar für hektische Überflie-
ger leichter zu greifen, aber gut für das Ambiente ist es nicht.*

Alphubel, 4206 m

Ein Berg mit zwei sehr verschiedenen Gesichtern. Von Osten ein riesi-
ger, auf den ersten Blick etwas langweiliger Schneebuckel, von Westen
ein schroffer Felsberg mit Wänden und Gratpfeilern. Aber bei nähe-
rem Hinsehen sieht auch die zuerst simpel wirkende Ostseite gar nicht
mehr ganz so harmlos aus. Und besonders in den letzten Jahren haben
die sich dort im Feegletscher auftuenden Spalten den Besteigerkara-
wanen gelegentlich ganz schön zu schaffen gemacht.

Der Alphubel ist von Osten ein Berg mit Bahnzugang. Zusätzlich zu
der Seilbahn auf die Längflue hat der Bau der Tunnelbahn (Métro)
zum Mittelallalin für den Alphubel noch eine Alternative zum alten
Aufstieg gebracht, die hier gleichfalls aufgenommen wird. Die Métro
alpin am Mittelallalin hat allerdings den Nachteil, daß dort keine
Nächtigungsmöglichkeiten bestehen und damit ohne Biwak kein
wirklich früher Aufbruch möglich ist. Daher bietet sich an, den Aufstieg auf der alten Route von Längflue her und den Abstieg über das
Feejoch zur Métro alpin, wie beschrieben, zu nehmen.

Die erste Besteigung des Alphubels erfolgte 1860 von Täsch her über
das Alphubeljoch und den Südostgrat, und zwar durch den damals
28jährigen englischen Theologen Leslie Stephen (der später das geflü-
gelte Wort von den Alpen als »Playground of Europe« prägte und damit schon früh die Entwicklung des Alpinismus, Tourismus und
Fremdenverkehrs erahnte), einem weiteren Briten und den Führern
Melchior Anderegg und Peter Perren. Dieser Anstieg ist noch heute
die leichteste Route für alle, denen die seilbahnfreie Besteigung der
Viertausender eine Ehrensache ist.

Schwierigkeiten: PD-. Normalerweise ist die Ostseite ein Schnee-hatsch, auch als Skitour beliebt. Besonders in fortgeschrittener Saison ist allerdings mit Spalten zu rechnen. Beim Gratübergang vom Feejoch her sind dagegen derartige Probleme gering, dafür ist am Feechopf eine etwa 50 m lange kombinierte Passage (II) zu überwinden. Außerdem ist der obere Teil des Südostgrates oft blank vereist. Bei schlechter Sicht auch auf der Südostroute schwierige Orientierung. Und große Schwie-rigkeiten, auf dem Gipfelplateau überhaupt den höchsten Punkt zu finden.

Mühen: Hüttenaufstieg zur Längflue 1170 mH (den angesichts der verführerischen Seilbahn kaum noch einer geht), von dort 1330 mH (4–5 Std.) in Schlangenlinien durch die Spaltensysteme zum Gipfel. Abstieg zum Mittelallalin bzw. zur Métro alpin 860 mH (mit 110 mH Gegensteigungen, 2–3 Std.).

Gefahren: Den Spalten auf dem Feegletscher trägt man am besten durch eine gute Zeitplanung Rechnung, die eine Rückkehr ermöglicht, bevor der Firn weich wird. Bei schlechter Sicht und Verwehen der Spur große Orientierungsprobleme.

Freuden: Die Südostroute bietet am Grat landschaftlich bei weitem schönere Eindrücke, dafür allerdings auf dem oberen Feegletscher auch den herzlich trivialen Rummel des Skizirkus, in dem man sich als Bergsteiger/in reichlich deplaziert vorkommt.

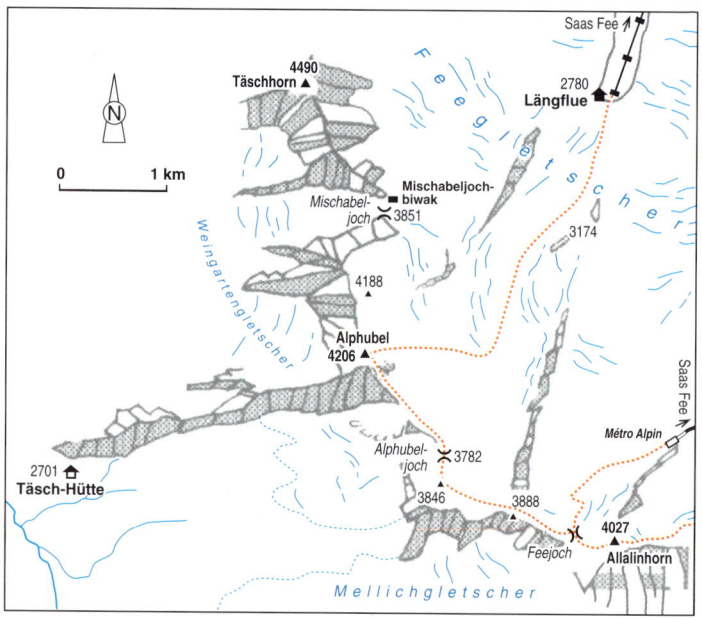

Karten, Anreise, Spezialführer: siehe Nadelhorn, Seite 77 folgende, und Täschhorn, Seite 86 folgende.

Hüttenaufstieg: Durch Saas Fee, an den (noch von den Hochgipfeln gesehen als ätzende Fremdkörper auffallenden roten) Tennisplätzen und der Talstation der Felskinn-Bahn vorbei und auf einer alten Mittelmoräne des Feegletschers (Gletscheralp) unter der Bahn hinauf zum Spielboden (2447 m, Mittelstation der Seilbahn von Sass Fee). Den Steig in Kehren weiter empor zu einer Felsstufe und danach über Schuttgelände zur Bergstation der Seilbahn und zum *Bergsteigerheim Längflue* (2870 m, privat, ganzjährig bew., 220 L, Tel. 0 28 - 57 21 32).

Gipfelrouten: Von Längflue über den Feegletscher in südsüdwestlicher und südlicher Richtung an der Felsinsel P. 3173.7 vorbei, teilweise etwas spannend durch Spaltenzonen, immer in ehrfurchtsvollem Abstand unter der gewaltigen schrägen Felsmauer entlang, von der öfters spektakuläre Eislawinen die Langeweile des Gebirges eindrucksvoll beleben. Von etwa 3600 m an steigt man direkt über die steiler werdenden Osthänge, bei 4000 m oft mit einer großen Spalte, auf das weitgespannte Gipfelplateau und zum höchsten Punkt.

Abstieg über Alphubeljoch–Feechopf–Feejoch zum Mittelallalin: Vom Hauptgipfel zuerst auf dem Normalweg nach Osten bis unter den obersten Steilhang. Dann mit einer langen, fallenden Querung nach Süden ins Alphubeljoch (3782 m; hierher auch direkt über den SO-Grat). In südlicher Richtung ansteigen auf die flache Kuppe P. 3846 und nun in östlicher Richtung über einen Sattel und eine Abdachung auf den markanten Feechopf (3888 m). Jetzt etwas heikler am Grat (II) weiter und hinab ins Feejoch (3826 m; Abstecher zum Allalinhorn möglich). Von dort auf der immer breit ausgetretenen Karawanenstraße hinab zum schrecklich aufdringlichen Skizirkus und zur Métro alpin am Mittelallalin.

Nebengipfel: Der **Nordgipfel P. 4188** ist eine flache Kuppe etwa 500 m nördlich vom höchsten Punkt. Der nochmals 300 m weiter vorgeschobene, gelegentlich als Nordostgipfel bezeichnete P. 4128 ist nur eine Firnschulter.

Andere lohnende Anstiege: *Südostgrat von Westen* (bis auf den oft vereisten Gipfelhang leicht, 1500 mH Aufstieg, 4–5 Std. von der Täschhütte; Route der Erstbesteiger).
Westgrat (Rotgrat) (AD, III und II, fester Fels und kombiniert, 5–7 Std. von der Täschhütte).
Nordgrat (AD, III-, 1–2 Std. vom Mischabeljoch).
Nordgipfel Westgrat (D+, IV+, nicht ganz perfekter Fels, aber objektiv sicher, 8–9 Std. von der Täschhütte).

Allalinhorn, 4027 m

Die Bergbahn hat es zum »Altweiberviertausender« gemacht (und natürlich auch zum »Altmännerviertausender«). An sich ist ihr oberer Teil als Tunnelbahn (Métro alpin) zwar durchaus so landschaftsschonend gebaut, wie es nur geht: Ohne Masten, ohne Gondeln, ohne Geratter und Geknatter, sicher auch wartungsfreundlich. Beim Blick aus dem Fenster der getreppten Wagen bekommt man sogar einen interessanten Einblick in die Strukturen des einst bei der Gebirgsbildung unter Hitze und Druck plastisch gewesenen Gesteins. Trotzdem bleibt die Ballung so vieler Menschen am Zielpunkt ökologisch unverträglich und der als Skizirkus von Pistenraupen verlärmte und von Liftmasten verstellte Gletscherkessel in dieser Landschaft eine Brutalität.

Die Route der Normalwegkarawanen führt im ersten Drittel durch diese Gegend, in der sich normale Bergsteiger als Fremdkörper fühlen. Erst auf den letzten paar hundert Metern wird es hochalpin. Allerdings auch nur im Stil von Völkerwanderungen und Volksläufen. Deshalb ziehen Menschen, denen das Allalinhorn so zu billig-banal geworden ist, heute gern den Aufstieg über den landschaftlich großartigen Hohlaubgrat vor. Ebenso ruhig ist der Anstieg über Allalinpaß und Südwestgrat geworden, über den 1856 der Saaser Pfarrer Johann Josef Imboden mit Franz Josef Andenmatten und E. L. Ames den Berg zum ersten Male bestiegen und der früher als Normalweg diente. Der reizvolle Hohlaubgrat wurde erstmals im Abstieg begangen, und zwar 1882 durch Heinrich Dübi mit Alphons und Peter Supersaxo, im Aufstieg dann 1887 durch H. W. Topham und G. H. Rendall mit Aloys Supersaxo.

Allalinhorn-Hohlaubgrat – am Steilhang oberhalb vom P. 3597.

Schwierigkeiten: F. Am Normalweg nur Firn (kurze Stellen an Spalten bis 50°, am Gipfelhang 40°, oft mit Eis). Am Hohlaubgrat PD+, vor dem Gipfel 30 mH Felsstufe (II), sonst nur leichte Blockkletterei (I) und Firn oder Eis bis 40° (auch längere Strecken).

Mühen: Am Normalweg von der Métro am Mittelallalin 580 mH Aufstieg auf breiter Trasse (2 Std.); dorthin vom Tal zu Fuß unter der Seilbahn und über den Skizirkus aufzusteigen würde nicht nur körperliche Strapazen, sondern auch eine ganze Menge ästhetischer Leidensfähigkeit verlangen. Über den landschaftlich erheblich schöneren und vor allem ursprünglichen Hohlaubgrat werden von der Britanniahütte 1050 mH Aufstieg (4–5 Std.) verlangt.

Gefahren: Am Normalweg im ersten Teil vor allem das Risiko, von einem tempobesoffenen Skifahrer über den Haufen gefahren zu werden. Im Aufstieg zum Feejoch einige Spalten, deren Brücken auch erst beim 1000. Passanten einbrechen können. Als (subjektive) Gefahr gewichtiger sind allerdings die Verlockungen an Untrainierte und Unerfahrene, wegen des geringen Höhenunterschiedes von der Seilbahnstation auch ohne die nötige Akklimatisation und Ausrüstung den Aufstieg erzwingen zu wollen. Am Hohlaubgrat ist die Felsstufe am Gipfelaufbau mit drei Eisenstiften gut gesichert (Klemmkeile zusätzlich möglich).

Freuden: Für viele Menschen ist dies der einzige Viertausender, den sie je besteigen, oder der letzte, den sie sich zutrauen können – und solange derart übererschlossene Berge seltene Ausnahmen bleiben, ist ihnen das auch zu gönnen.

Anreise: Siehe Weissmies, Seite 68, und Nadelhorn, Seite 77.

Karten: LKS 1:25 000, Blatt 1328 Randa, für Britanniahütte auch LKS 1:25 000, Blatt 1329 Saas; auch LKS 1:50 000, Blatt 5006 Matterhorn-Mischabel.

Hüttenaufstieg: Normalweg vom Mittelallalin ohne Übernachtungsmöglichkeit. Zustieg für den Hohlaubgrat üblicherweise von der Mittelstation Felskinn in östlicher Richtung (Warnschilder: Sie geraten jetzt ins Hochgebirge …) über eine brutal in den Gletscher gefräste Rampe zum Egginerjoch und etwa in gleicher Höhe auf einer ähnlichen künstlichen Rampe weiter zur am Sattel zwischen dem Hinterallalin-Ostgrat und dem Kleinen Allalin (3070 m) gelegenen *Britanniahütte*, 3030 m, SAC, 113 L, bew. Februar bis Oktober, Tel. 0 28 - 57 22 88.

Gipfelrouten: Vom Mittelallalin über das Feejoch zuerst auf Pisten in südwestlicher Richtung der unübersehbaren Spur nach über den anfangs steilen Gletscher (einige Spalten mit steilen Oberlippen) hinauf zum Feejoch (3826 m). Nun am besten mit einem weiten Rechts-

Rückblick von der Schulter bei P. 3837 des Hohlaubgrates.

bogen über den Gipfelhang ansteigen und dann von Südwesten her zum Gipfelgrat und Gipfel.

Von der Britanniahütte über den Ostgrat (Hohlaubgrat): In südwestlicher Richtung auf Steig schräg abwärts und rechts auf den Hohlaubgletscher. Zunächst etwas rechtshaltend (NW) um eine Spaltenzone, später nach links (S) hinüber sanft ansteigend zum Blockgrat. Bei aperen Verhältnissen unterhaltsam, aber ohne Schwierigkeiten (I), immer auf dem Grat empor (gelegentlich mobile Blöcke). Nach einem steileren Abschnitt am besten links nahe an den immer höheren Südostabbrüchen, wo der Fels am ehesten ausgeapert ist, zu einem steilen Firn- oder Eishang. Über diesen hinauf zum Gratgipfel P. 3597. Mit kurzem, aber markantem Abstieg hinab in einen Sattel. (Hierher auch weniger interessant und weiter – und im Vergleich zu

Gipfelaufbau des Allalinhorn-Hohlaubgrates.

aperem Fels mühsamer – über den Gletscher nördlich um den unteren
Teil des Grates herum.)

Über einen langen steilen Hang (oben links oft Wächten) zur Ost-
schulter (mit P. 3837) und über drei kürzere Steilaufschwünge, mit beachtlichen Tiefblicken über die Südwand, an den Gipfelaufbau heran.
An einem grobgriffigen Riß und über einige Wandstufen (Eisenstangen) rasch zum östlichen Ende des Gipfelgrates und in wenigen Minuten zum höchsten Punkt.

Aussicht: Großartiger Rundblick mit Mischabelgruppe im Nordwesten und den nahen Nachbarn Rimpfischhorn und Strahlhorn im Süden sowie dem bereits erwähnten herben Schönheitsfehler auf der
Nordseite.

Abstieg über den Normalweg: Am besten vom östlichen Ende

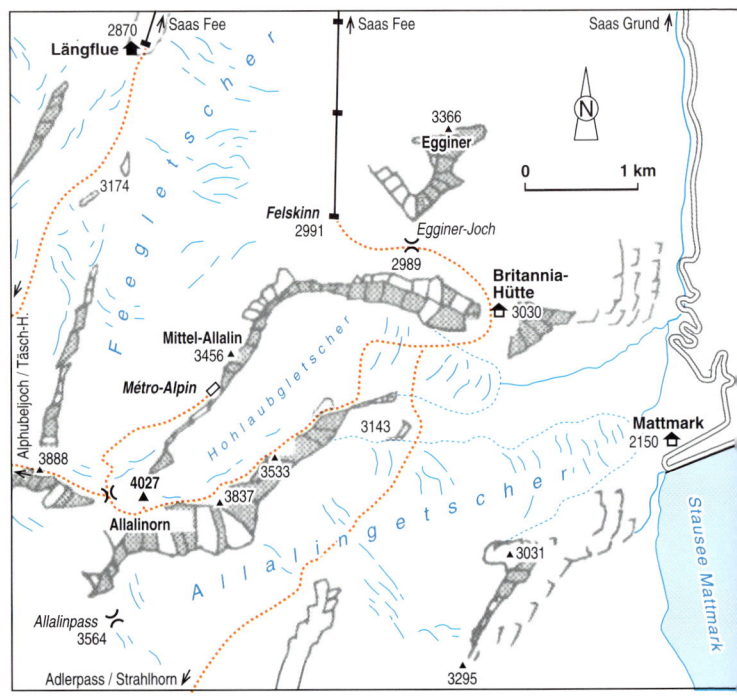

des Gipfelgrates zuerst südwestwärts absteigen. Bald rechtshaltend hinunter ins Feejoch. Von dort nordseitig den steilen Gletscher hinab und auf den flacheren Böden rechts zum Skizirkus und zur Métro. (1 Std.)

Nebengipfel: Der Ostgratgipfel P. 3597 und der weniger markante Ostschultergipfel P. 3837 sind beim Aufstieg über den Hohlaubgrat rasch mit zu ersteigen.

Andere lohnende Anstiege: *Südwestgrat* (PD, vom Allalinpaß – erreichbar von der Britanniahütte oder von der Täschhütte in 3 Std. – 500 mH, 2 Std., Stellen II).

Nordostgrat (AD+, direkt ab Métro, Eis bis 50°, 580 mH, 3 Std.).

Nordostwand (TD, extreme Eisroute links vom Grat, mit hoher Serakzone bis 60–90° steil, 430 mH, 8 Std.).

Südwand (Fels bis IV, kombiniert, 600 mH, 4 Std. vom Einstieg).

Spezialführer: SAC, Walliser Alpen, neu Band 5, Brandt; M. Vaucher, Walliser Alpen, Carta Pforzheim 1983 bzw. München 1990.

Berggasthaus Flue (2618 m; privat, 20 B, 30 L, bew. in der Ski- und Sommersaison, Tel. 0 28 - 67 25 51).

Hierher auch von Zermatt per Tunnelstandseilbahn bis Sunnegga (2288 m), von dort per Seilbahn bis Blauherd (2560 m) und in südöstlicher Richtung abwärts zum Stellisee, weiter s. o.

Gipfelroute: Von Flue in östlicher Richtung den Weg in Richtung Adlerpaß entlang dem Bach etwa 1 km aufwärts bis zu kleinen Moränenseen. Nun den Steig schräg links aufwärts über die Wiesen- und Schutthänge der Üsseri Rimpfischwäng und zuletzt durch Blocklabyrinth und über Mergelhänge oder Firn hinauf zum Sattel Pfulwe (3155 m; zwischen Spitzi Flue, 3260 m, im Westen und P. 3314 im Osten). Der P. 3314 wird nordseitig umgangen, indem man über ein Firnfeld eine wenig markante Schulter erreicht und von dieser die Nordostflanke quert zum Längfluejoch (3270 m). Danach den breiten, von Felsen durchsetzten Firnrücken empor (hierher auch vom Talschluß oberhalb der Täschhütte in südöstlicher Richtung über Moränengelände und den unteren Längfluhgletscher aufsteigend). Anschließend über den breiten, felsdurchsetzten Bergrücken und später an der wenig ausgeprägten Gratkante (II und I) zum wenig selbständigen verfirnten Westgipfel P. 4009 und dem dahinter gelegenen Rimpfischsattel (3985 m, 4 Std. von Flue; hierher auch von der Britanniahütte oder von der Täschhütte über den Allalinpaß und über den Mellichgletscher, unter der Westflanke querend, in 5 Std.).

In östlicher Richtung über rasch vereisenden Firnhang und eine Rinne zwischen zwei Felsrippen, am besten an den rechten (südl.) Begrenzungsfelsen, etwa 70 m hinauf (geradeaus weitergehen sieht verlockend aus, leitet aber in einen unerquicklichen Verhauer!). Nun links (nördl.) hinausqueren über heikle Bänder und eine Wandeinbuchtung zu einer Scharte im Westgrat des Vorgipfels. Direkt an der festen und griffigen gestuften Gratkante, oben einmal rechts auf eine Platte ausweichend (II+), luftig auf den Vorgipfel und in die dahinter gelegene Scharte (schmaler Firngrat, Wächte; bei gutem Firn auch den Grat nördlich umgehend direkt hierher). Über luftigen Grat rasch zum Gipfel (1–2 Std. vom Rimpfischsattel).

Aussicht: Das gewaltige Zermatter und Saaser Panorama kombiniert. Im Norden Mischabelgruppe und Allalinhorn, im Osten das von dieser Seite recht monoton weiße Strahlhorn, im Süden das Monte-Rosa-Massiv, besonders mit der Nordwestabdachung des Nordend und der von Eisbalkonen dekorierten Nordwestflanke des Liskammes, im Südwesten Breithorn und Matterhorn, im Nordwesten das Weisshorn.

Der südliche Vorgipfel und der Südschulter-Gipfel (links unten) vom Hauptgipfel des Rimpfischhorns. In der Ferne (von links nach rechts) Monte Rosa mit Signalkuppe, Nordend und Dufourspitze, Liskamm, Castor und Pollux sowie Roccia Nera.

Nebengipfel: Der **Westgipfel P. 4009** wird beim Aufstieg überschritten. Außer dem gesondert beschriebenen **Großen Nordgrat-Gendarm P. 4108** gibt es im sägezahnartigen Nordgrat außerdem weitere fünf weniger markante Kleingipfel: **1. Zacken ca. 4120 m, 2. Zacken ca. 4130 m, 3. ca. 4140 m, 4. ca. 4160 m, 5. (= nördlicher Vorgipfel) ca. 4175 m**. Nach Süden sind der kecke **südliche Vorgipfel ca. 4180 m** und der noch selbständigere **Südschulter-Gipfel ca. 4150 m** vorgelagert.

Andere lohnende Routen: *Nordgrat* (AD, Stellen III, Gendarm Südkante direkt auch IV; vom Allalinpaß 4–5 Std.

Ostflanke (D, Stellen IV, meist III, kombiniert; vom Adlerpaß 3–4 Std.; ermöglicht eine – recht ruppige – Kombination mit einer Besteigung des Strahlhorns).

Nordwestflanke (klein aber fein, 300 mH, Eis bis 55°).

Spezialführer: SAC, Walliser Alpen, alt Band 4, neu Band 5, Brand; für Nordgrat auch M. Vaucher, Walliser Alpen, Pforzheim 1983 bzw. München 1990.

Strahlhorn, 4190 m

Vom Moropaß und aus dem Ofental fällt die Ostwand als gewaltiges Felsdreieck auf, aber auf dem Normalweg über die vergletscherte Nordseite ist dies ein Schneehatschberg. Kein Wunder, daß sich hier der Gedanke an ein Paar flotte Ski auch bei nur mäßig Skibegeisterten aufdrängt (wenn auch Skibesteigungen bis zum letzten Meter auf Brettern nur bei sehr guten Verhältnissen üblich sind). Die erste Besteigung fiel 1854, in der »goldenen Zeit des Alpinismus«, unter Führung von Franz Joseph Andenmatten und Ulrich Lauener an die Engländer J. Grenville und Christopher Smith.

Der Aufstieg von Westen zum Adlerpaß ist im Winter Teil der letzten großen Etappe der Haute Route. Im Sommer dagegen haben ihn in den letzten Jahren wilder werdende Spaltensysteme ins Gerede gebracht, so daß er jetzt gemieden wird.

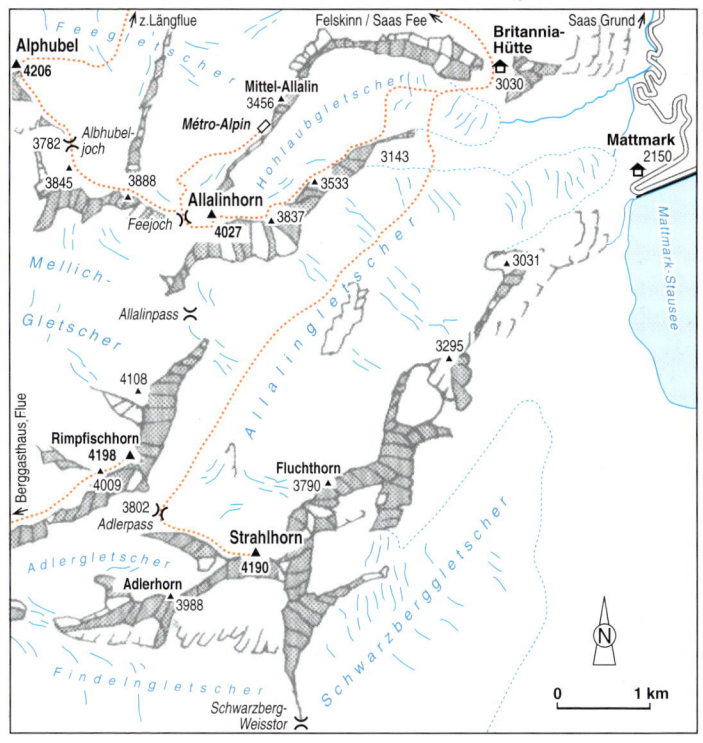

Strahlhorn (links) und Rimpfischhorn (rechts, mit Nord-Gendarm)

Schwierigkeiten: PD-. Technisch ein purer Hatsch. Bei Nebel und Verlust der Spur ist die Orientierung nicht einfach, weil man auf dem Allalingletscher den Fuß der Südostflanke des Rimpfischhorns wegen der Eisbrüche nicht durchgehend als Leitlinie benutzen kann (Kompaß!).
Mühen: Hüttenzustieg bei Benutzung der Seilbahn zum Felskinn etwa 30 Min., Gipfelaufstieg 1250 mH (4–5 Std.).
Gefahren: Weitläufiger Gletscher mit allerlei gut getarnten Falltüren.
Freuden: So richtig genüßlich nur mit Ski.

Karten: LKS 1:25 000, Blätter 1348 Zermatt und 1328 Randa, auch LKS 1:50 000, Blatt 5006 Matterhorn–Mischabel. Spezialführer siehe Rimpfischhorn, Seiten 98 und 100.
Hüttenzustieg: Zur Britanniahütte siehe Allalinhorn, Seite 93.
Gipfelroute: *Von der Britanniahütte* in westlicher Richtung auf Steig am Hang abwärts zum Hohlaubgletscher. Diesen bei etwa 3000 m queren zum Fußpunkt des vom Allalinhorn herabziehenden Hohlaubgrates (P. 3143). Nun auf dem Allalingletscher parallel zu den vom Hohlaubgrat nach Südosten abbrechenden Wänden aufsteigen, über den flacheren Gletscherboden unter der Einmündung des vom Allalinpaß herabkommenden Eisstromes durch, und dann unter den Ost-

vom Hohlaubgrat auf das Allalinhorn.

wänden des Rimpfischhorns vorbei (Spalten!) hinauf zum Adlerpaß (3789 m). Nun auf dem anfangs ausgeprägten, oben in einen breiten Rücken übergehenden Nordwestgrat über P. 3957 und P. 4128 zum Gipfel.

Nebengipfel: Die Punkte P. 4128 und P. 4143 sind beim besten Willen nur Grataufschwünge und nicht »Gipfel(chen)«. Markant ist das Adlerhorn (3988 m).

Andere lohnende Routen: *Nordostgrat* (AD, eventuell mit Überschreitung des Fluchthorns; Firnanstieg, am Gipfelaufbau Fels bis II, 1250 oder 1330 mH, 4–5 Std. ab Britanniahütte).

Südwestgrat (AD, im Sommer meist am Adlergletscher problematisch, gut mit Besteigung des Beinaheviertausenders Adlerhorn zu verbinden; 1600 mH, 6 Std. ab Gasthaus Flue).

Südflanke: (AD+, teilweise II, meist kombiniert, und Firn, vom Schwarzberg-Weisstor über Felswand, Firnterrasse und Gipfelwand, vom Rifugio Sella über Neues Weisstor und Schwarzberg-Weisstor 1200 mH, 5 Std. bzw. 1600 mH, 6–7 Std. vom Berggasthaus Flue).

Spezialführer: SAC, Walliser Alpen, neu Band 5 Brandt.

Nordwestliche Walliser Alpen

Diese Berge zwischen Mattertal und Val d'Hérens sind ein Juwel an Ursprünglichkeit. Keine Bergbahnen verschandeln die Berghänge. Kein rascher Wochenendverkehr überrennt das Gebirge. Hier sind schon die Hütten hoch und die Steige dorthin weit. Und die Berge ganze Berge, ohne Zweigniederlassungen der Zivilisation gleich vor dem Gipfel.

Bishorn, 4153 m

Das Bishorn ist dem Weisshorn nördlich angelagert und mit seinen nur 95 m Schartenhöhe dorthin nicht übermäßig selbständig. Es gilt als einer der weniger anspruchsvollen Viertausender, ist allerdings ganz so anspruchslos auch nicht. Denn immerhin muß der gesamte Zustieg seilbahnfrei vom Tal erlaufen werden, und das Tal ist weit unten. Der Gipfel erhält dank der bescheidenen Schwierigkeiten seiner Nordwestflanke auch in der Skisaison oft Besuch. Zum ersten Male bestiegen wurde er erst 1884 durch Joseph Imboden und J. M. Chanton mit den Engländern G. S. Barnes und R. Chessyre-Walker.

Schwierigkeiten: F+. Firnhatsch, am Gipfelgrat ein wenig leichte Kletterei (I).
Mühen: Hüttenaufstieg stramme 1580 mH (5 Std.), Gipfelaufstieg 900 mH (2–3 Std., Aufbruch um 5 oder 6 Uhr genügt).
Gefahren: Gletscher haben immer Spalten. Im Aufstieg zum Gipfelgrat Vorsicht mit Wächten zur Nordostwand hin ratsam.
Freuden: Der einmalige Blick vom Gipfelgrat auf das nahe Schaustück Weisshorn.

Karten: LKS 1 : 25 000, Blätter 1327 Evolène und 1328 Randa, auch LKS 1 : 50 000, Blatt 5006 Matterhorn – Mischabel.
Anreise: Bahn durch das Rhônetal bis Sierre, von dort Bus oder Auto 28 km durch das Val d'Anniviers bis *Zinal* (1680 m; Fremdenverkehrsort mit maßvoller Erschließung und erfreulich ursprünglicher Umgebung, Zeltplatz).
Hüttenaufstieg: Vom südlichen Ortsende, vor dem Zeltplatz von der Häusergruppe Les Doberts, in östlicher Richtung auf markiertem

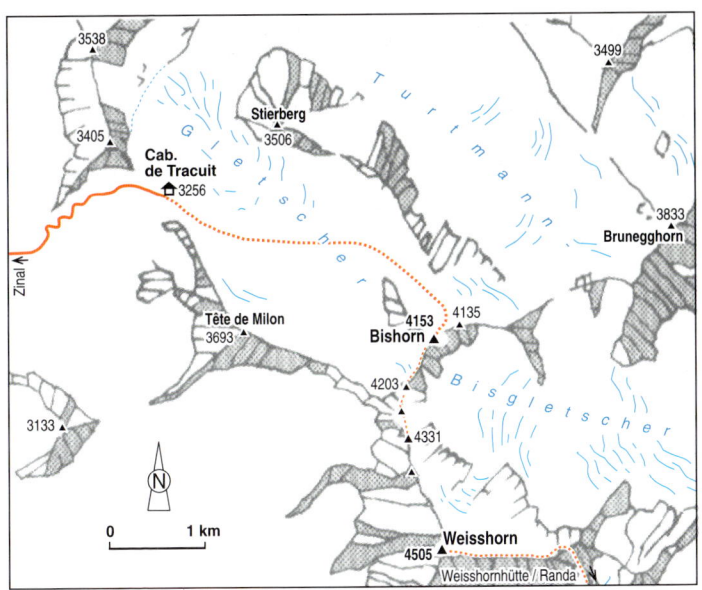

Zickzackweg hinauf zur Alpe Tracuit (Chiesso, 2061 m). Oberhalb zunächst noch in weiten Kehren, später südlich bis nahe an den Torrent du Barmé heran und zur Alm Combautanna (2578 m). In nordöstlicher Richtung über karger werdende Hänge hinauf zur beim Col Tracuit dicht vor dem Turtmanngletscher gelegenen *Cabane de Tracuit* (3256 m; SAC Chaussy, 140 L, bew. Mitte Juni bis Mitte September, Tel. 027-651500).

Gipfelroute (Nordwestflanke): Von der Hütte ostwärts über den Turtmanngletscher und auf dessen östlichem Arm – mit gebührendem Abstand zu den nach Nordosten gerichteten Abbrüchen (eventuell Wächten) – über die Abdachung der Nordwestflanke empor zur Scharte zwischen den beiden Gipfeln. Rechts über den oft mit Wächten behängten Grat zum höchsten Punkt.

Aussicht: Im Süden durch das nahe Weisshorn beherrscht, im Osten Mischabel-Gruppe, im Norden Berner Oberland.

Nebengipfel: Markanter Ostgipfel **Pointe Burnaby, 4135 m.**
Andere lohnende Routen: *Nordostwand* (TD, Eiswand mit Passagen bis 70–90°, 650 mH, 4–6 Std. vom Bergschrund).
Südwestgrat vom Weisshornjoch (PD, II, 3 Std.).

Weisshorn, 4505 m

Die grandiose Pyramide, von Nordosten ein weißes Dreieck, von Südosten und Südwesten felsig mit Firncouloiren und nur nach Neuschneefall eisig weiß, an der Nahtstelle der steilen Flanken mit atemberaubend scharfgeschnittenen Graten – der Idealberg schlechthin. An Bekanntheit kann das Weisshorn mit dem Matterhorn zwar nicht mithalten, aber es steht auch nicht so werbewirksam direkt vor einem großen Talort herum und entfaltet seine volle Pracht nur denen, die sich die Mühe machen, die Höhen aufzusuchen.

Die erste Besteigung gelang 1861 dem Iren John Tyndall (dessen erste Vorstöße am Matterhorn dort in der Namensgebung für einen Gratzacken Niederschlag fand) mit Hilfe der Führer J. J. Bennen und U. Wenger auf dem heutigen Normalweg von Randa her und über den Ostgrat. Schon 1895 wurde der Südgrat, der anspruchsvollste der Weisshorngrate, durch Joseph Biner und Ambros Imboden mit dem Engländer Edward Broome bewältigt. Den gesamten Nordgrat überschritten 1898 H. Biehly und H. Burgener. Der Younggrat auf den Grand Gendarme des Nordgrates wurde 1900 von dem englischen Alpinpoeten Geoffrey Wintrop Young mit den Zinaler Führern Louis und Benoît Theytaz begangen (und von den letzteren zu einem – inzwischen wieder beseitigten – Klettersteig ausgebaut). Mit Josef und Gabriel Lochmatter und Josef Knubel sowie dem »Indianer« V. J. E.

Weisshorn und Bishorn von Osten, vom Festigletscher.

Am Weisshorn-Ostgrat – der Turm P. 4178 am oberen Ende des Felsgrates. Links Mischabelgruppe mit Nadelgrat, Dom und Täschhorn, rechts vom Turm das Allalinhorn.

Ryan zusammen beging Young auch die Südwand in einer gewaltigen Diagonale direkt zum Gipfel. Und die mit dräuenden Seraks bestückte Nordostflanke gelang 1909 gleichfalls Young, zusammen mit seinem bewährten Führer Josef Knubel (vgl. Knubel-Riß in der Grépon-Ostwand) und dem als Elbsandsteinkletterer bekanntgewordenen Oliver Perry-Smith.

Im Gegensatz zu vielen anderen der höchsten Alpenberge ist hier bis heute nicht nur der Normalweg genauso vielseitig schwierig geblieben, sondern auch immer noch jeder der über 3000 Höhenmeter vom Tal genauso zwingend auf eigenen Füßen zu bewältigen wie damals. So bleibt das Weisshorn einer der anspruchsvollsten großen Alpengipfel überhaupt.

Schwierigkeiten: AD. Felskletterei mit längeren Stellen III, meist II und I und Firngrat bis 45° steil.

Mühen: Nur lumpige 1500 mH Hüttenaufstieg (5 Std.) und 1600 mH Gipfelaufstieg (6–7 Std., nicht zu früh aufbrechen wegen Orientierungsproblemen beim Zustieg zum Frühstücksplatz).

Gefahren: Auf dem Gletscher die übliche Vorsicht wegen Spalten, am Grat Wächten. Steinschlaghelm ratsam, besonders für den Abstieg vom Frühstücksplatz über die brüchige Flanke zum Schaligletscher. Dort die Rinnen meiden und statt dessen an die Felsrippen halten.

Freuden: Einen Berg zu besteigen, der gelegentlich und ohne nennenswerten Widerspruch als »schönster der Alpen« (oder gar der Erde) gefeiert wird und der in einem so phantastisch unberührten Gebirgsteil liegt – wem das bei entsprechendem Wetter nicht ein Fest wird, der/die ist entweder überfordert oder ein Dumpfling.

Karten: LKS 1:25 000, Blatt 1328 Randa, auch LKS 1:50 000, Blatt 5006 Matterhorn – Mischabel.

Anreise: Bahn oder Auto von Visp im Rhônetal 23 km bis *Randa* (1408 m; kleiner Ort mit sanftem Fremdenverkehr, unter Verzicht auf Bergbahnen).

Hüttenzustieg: Von der Bahnstation Randa die Talstraße 200 m nach Norden und auf Brücke über den Bach zu den Eienhütten. Oberhalb von diesen bei Weggabelung links. Durch Wald in Zickzacks hinauf bis kurz vor die Hütten des Rötiboden (1970 m). Nun rechts und ansteigen zur Jatz-Alpe (ca. 2280 m). In westlicher und südwestlicher Richtung über Grashänge, zwei Bäche queren und über weitere Hänge schräg ansteigend zur *Weisshornhütte* (2932 m; SAC Basel, 40 L, bew. Mitte Juli bis Mitte September, Tel. 028-671262).

Gipfelroute (Ostgrat): Auf Steig nordwestwärts zum östlichsten Becken des Schaligletschers (= Fluhgletscher). Dieses schräg links überschreiten zu einer Felsrippe, die vom Ostgrat herabzieht. Durch eine markante Firnrinne bzw. beim Bach (Einstieg rechts, oben nach links) auf die Rippe. Links neben der Rippe über Firnhänge zum Felsriegel am oberen Ende. Dort rechts über Firn und Platten (II; ausgeapert schwieriger) luftig zu einer Schulter. Über kurzen Firn- und

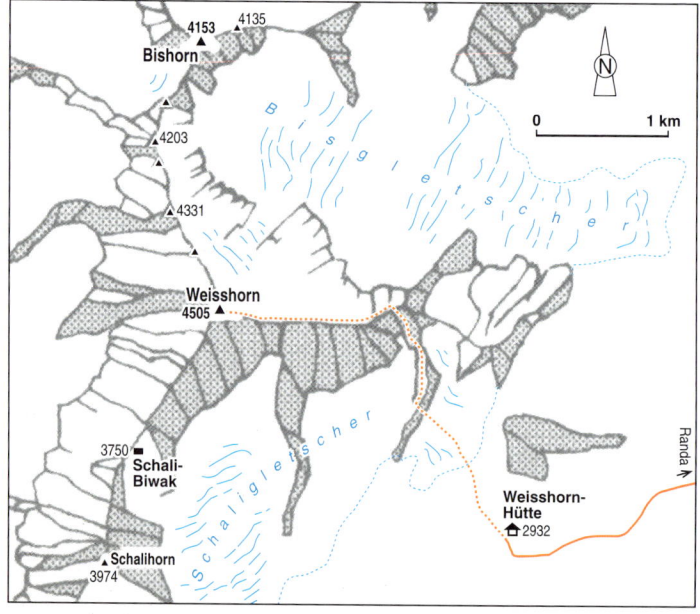

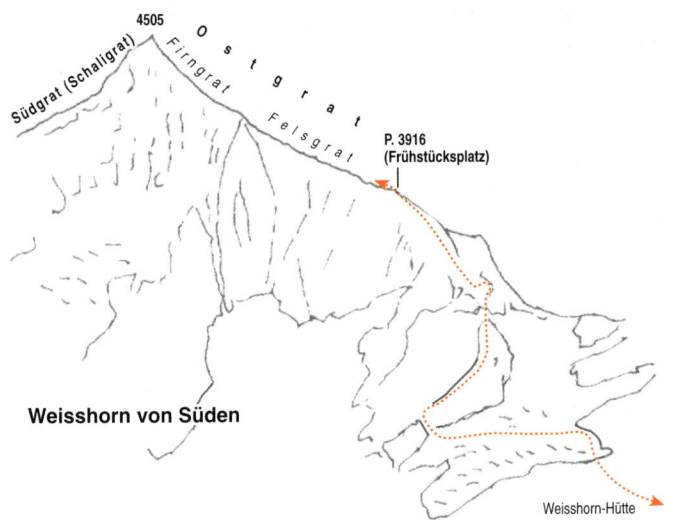

Weisshorn von Süden

Labels in figure: 4505 · Südgrat (Schaligrat) · Ostgrat · Firngrat · Felsgrat · P. 3916 (Frühstücksplatz) · Weisshorn-Hütte

Schuttrücken zu einer Felswand. Am besten einige Meter gerade hinauf und dann auf einem links abwärts führenden Band zu einer Terrasse mit markantem Steinmann. Von hier im Zickzack mehrere hundert Meter über die Kante eines Trümmersporns hinauf zum unteren felsigen Teil des Ostgrates (P. 3916; Frühstücksplatz; 3 Std. ab Hütte). Nun auf dem luftigen Grat über zahlreiche Steilstufen und Gendarmen empor. Die meisten von ihnen werden überklettert, nur der schon kurz über dem Frühstücksplatz stehende schwierige Lochmatterturm (Eisenstangen) meist links (südl.) umgangen. Der oberste Turm wird rechts (nordseitig) gequert und danach der obere Firngrat erreicht (gut 1 Std. vom Frühstücksplatz). An diesem, zuerst überschmale Schneide, teilweise steil hinauf zum Gipfel.

Aussicht: Im Osten über dem Matter Tal die Mischabelgruppe, im Süden die ganze Versammlung der Gipfel des Talschlusses von Zermatt, im Südwesten die Dent Blanche. Wer hier heraufsteigt, kennt sie alle.

Am Weisshorn-Ostgrat – Tiefblick vom Firngrat auf den Felsgrat.

Nebengipfel: Der oberste **Ostgratturm P. 4178** wird bei der Begehung des Ostgrates gewöhnlich umgangen, der tiefer gelegene **Lochmatterturm (ca. 4050 m)** entweder direkt an der Kante oder südseitig erklettert. Am Nordgrat tritt der gesondert beschriebene **Grand Gendarm P. 4331** deutlich hervor. Der weiter oben auch noch vermessene **P. 4362** und die weiter nördlich unterhalb vom Grand Gendarm gelegenen Gratgipfel **oberer** und **unterer kleiner Nordgratkopf** bei **ca. 4190 m** und **ca. 4180 m** sowie die vermessene **Nordgratkuppe P. 4203** und der **Signalkopf P. 4108,9** sind dagegen nur bescheidenere Graterhebungen.

Andere lohnende Routen: *Nordgrat* (AD+, III+, kombiniert, Firn 45°; 450 mH ab Weisshornjoch, 8 Std. ab Cabane Tracuit).
Südgrat (*Schaligrat*; D, elegante Kletterei bis IV, 750 mH ab Schalibiwak, dorthin abenteuerliche Zugänge; von dort 5–7 Std. zum Gipfel).
Nordostrippe (D, überwiegend klassische Eistour, 7–10 Std.).

Spezialführer: SAC, Alpes Valaisannes, vol. III.

Weisshorn –
Grand Gendarme, 4331 m

Dieser markante, über 35 m tief abgetrennte Felsturm im Nordgrat des Weisshorns ist ein stolzes Sekundärziel, das unbegreiflicherweise nicht in die UIAA-Liste der 4000er aufgenommen wurde, obwohl es sämtliche Bedingungen dafür locker erfüllt. Die erste Besteigung erfolgte im Zuge der ersten Überschreitung des Weisshorn-Nordgrates. Ein markanter Klassiker ist der Young-Grat (siehe Weisshorn, Seite 106).

Schwierigkeiten: AD+. Längere Passagen III+ und III in luftiger Felskletterei. Nur mit einer satten Portion Glück in wirklich guten Verhältnissen zu haben.
Mühen: Wie auf das Bishorn 1580 + 900 mH, und dann am N-Grat noch 400 mH Aufstieg und 150 mH Abstieg zusätzlich (5–6 Std. ab Hütte). Dazu kommt der Abstieg auf dem gleichen Weg oder per Überschreitung des Weisshorngipfels und den Ostgrat hinab.
Gefahren: Wer sich hier von richtigem Schlechtwetter erwischen läßt, der ist nicht zu beneiden.
Freuden: Die Exklusivität eines der abgelegensten Gipfels der Alpen.

Route: Vom Bishorn über den leichten Firngrat nach Süden hinab ins Weisshornjoch (4058 m). Am Grat zunächst über Firn zum P. 4203 (vom Bishorn 1 Std.). Nun über schwierige Stufe (III) abseilen, über den unteren kleinen N-Grat-Gendarm, eine weitere schwierige Stufe hinab (III oder abseilen) und über den weniger schwierigen, aber brüchigen oberen kleinen Gendarm zum Fuß des großen Steilaufschwungs des Grand Gendarm. Hier am besten ca. 5 m nach links in die O-Flanke queren und dann in einer kaminartigen Verschneidung schwierig (III+) hinauf zum Grat, der bald zum Gipfel des Grand Gendarm leitet. Die Fortsetzung des Nordgrates zum Gipfel des Weisshorns ist weniger schwierig.

Weitere lohnende Routen: *Young-Grat* (D, elegante Felskletterei bis IV, sollte aper sein, alte Eisenstifte von einem schon lange abgebauten Klettersteig als Sicherung brauchbar, 6–8 Std. vom Ref. Ar Pitetta).

Zinalrothorn, 4221 m

Verdammt schmal und aus festem Gneis ist dieser Berg, und das macht ihn zu einem erregenden Ziel für Kletterbegeisterte. Als Leslie Stephen und F. Crowford Grove sich 1864 von Jakob und Melchior Anderegg als erste hinaufführen ließen, geschah dies auch gleich über den gezackten und höllisch luftigen Nordgrat. Der heutige Normalweg auf das Zinalrothorn (oft auch nur als »Rothorn« bezeichnet) über Südostgrat und Gabel und den oberen Teil des Südwestgrates wurde 1872 von Alexander Burgener, Ferdinand Imseng und Franz Adermatten mit Clinton T. Dent und G. A. Passingham gefunden. Die deutlich schwierigere und als hochalpine Genußtour ersten Ranges bejubelte Erkletterung des gesamten Südwestgrates (Rothorngrat) gelang C. R. Gross mit dem Führer R. Taugwalder im Jahre 1901. An

Schwierigkeiten: AD-. Teilweise luftige Felskletterei bis III, meist II und I. Bei Vereisung oder Neuschnee für normal belastbare Bewerber/innen rasch unbegehbar.
Mühen: Hüttenaufstieg 1600 mH (4–5 Std.), Gipfelaufstieg 1050 mH (4–5 Std.).
Gefahren: Im unteren Teil des Grates auf Wächten achten. Am Couloir und am Gipfelgrat oft heikel vereiste Passagen.
Freuden: Genußvolle Kletterei in gutem Gneis, am Gipfelgrat in einmaliger Position.

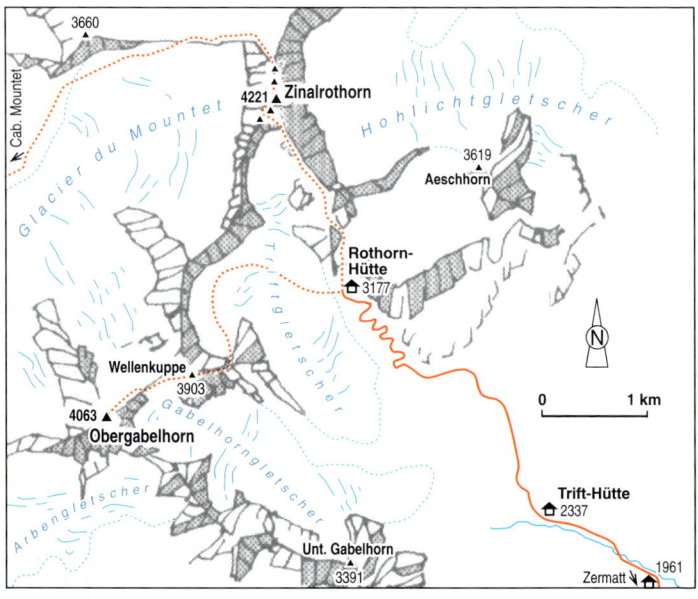

den rechten Teil der Ostwand wagten sich 1909 Geoffrey Wintrop Young mit seinen bewährten Führern Knubel und Marcus und seinem Landsmann C. D. Robertson und durchstiegen sie zum Nordgrat unterhalb der Sphinx. Der steile direkte Südostgrat (Kanzelgrat) wurde in zwei Etappen 1928 von E. R. Blanchet und Kaspar Mooser unter allerlei Materialeinsatz begangen. Die atemberaubend jähe, aber auch brüchige Ostwand gelang 1945 André Roch, Robert Gréloz und Ruedi Schmidt auf einer direkten Route.

Anders als bei vielen anderen ist an diesem edlen Berg kein Meter durch Bergbahnen erleichtert und mit dem Zustieg vom Tal die volle Herausforderung des ganzen Berges erhalten.

Karten: LKS 1 : 25 000, Blätter 1327 Evolène, 1348 Zermatt, 1328 Randa, auch LKS 1 : 50 000, Blatt 5006 Matterhorn – Mischabel.

Anreise: Nach *Zermatt*, siehe Dufourspitze/Monte Rosa, Seite 128.

Hüttenaufstieg: In Zermatt vom Bahnhof etwa 5 Minuten durch

Am Einstieg des Zinalrothorn-Südostgrates. Links die »Gabel« am oberen Ende des Couloirs. Der scheinbar höchste Punkt ist die »Kanzel«, rechts davon der etwas zurückliegende Hauptgipfel.

den Ort und dann in westlicher Richtung nördlich vom Triftbach aufsteigen. Später südlich vom Bach an der Flanke der Triftschlucht steil hinauf zum Gasthaus Edelweiß (1961 m, in der LKS als »Alterhaupt« verzeichnet). Nun am Hang der malerischen Schlucht, später wieder auf das nördliche Ufer wechselnd, zum altehrwürdigen Trifthotel (2337 m; einige L).

Auf breitem Weg über einen Wiesenboden und Hänge zum Vieliboden und zur seichten, aber malerischen Pfütze des Triftsees (2579 m). Danach auf der nördlichen Seitenmoräne des Triftgletschers in einigen Dutzend Kehren hinauf. Zuletzt über Firn zur vor dem Felssporn Eseltschuggen, einem Ausläufer des Zinalrothorn-Südostgrates, gelegenen *Rothornhütte* (3178 m; SAC Ober-Aargau, 104 L, bew. Ende Juni bis Mitte September, Tel. 0 28 - 67 20 43).

Das berüchtigte Couloir zur Scharte rechts des Doppelzackens der »Gabel« wird normalerweise nur gequert und danach über die daneben befindliche Felsrippe aufgestiegen.

Zinalrothorn –
Stau an der
Binerplatte.

Gipfelaufstieg (Südostgrat):

Von der Hütte in nördlicher Richtung am westlichen Gletscherrand, rechts neben der Felsstufe, aufsteigen. Zuletzt von rechts her an der niedrigsten Stelle über die Stufe hinauf. Den Hang waagerecht nach links queren und über Felsstufe auf einen breiten Blockrücken. Diesen hinauf und zuletzt linkshaltend über einen Firnhang auf den Grat, wo dieser nach links biegt (und rechts einer zum Oberen Äschhorn hinüberzieht; P.3786, Frühstücksplatz). Am schmaler werdenden Grat über Firn (Wächten) zum P.3912. Nun an

Zinalrothorn von SO (nur Gipfelaufbau)

Fels: die erste Steilstufe am besten links umgehen und am schmalen Grat weiter. Vor der nächsten Stufe links (südseitig; Klemmkeile zur Sicherung nützlich) in der Flanke queren zu dem markanten Couloir (Steinschlaggefahr von Partien oberhalb). In seinem Grunde (nur bei gutem Firn und wenn niemand oberhalb ist) oder besser an den linken Begrenzungsfelsen (III–) kletternd zur markanten Scharte des Südwestgrates, rechts von einem zweigipfligen Gendarm (=»Gabel«; 3 Std. von der Hütte).

Nun etwa 30 m am Grat zum Absatz am Fuß eines Steilaufschwungs. Hier links durch einen Spalt absteigen zur »Binerplatte«. An schrägem Riß (Haken) über diese hinweg und an oder neben Felsrippe luftig hinauf zum Grat (III). Nach flachem Gratstück einen Gendarmen links (westseitig) ausgesetzt queren zur Scharte vor dem Vorgipfel (=»Kanzel«). Diesen rechts (hoch über der weltentief abbrechenden Ostwand) gutgriffig auf Band queren und über Platte und ein letztes Gratstück zum Gipfel (1–2 Std. von der »Gabel«).

Aussicht: Der Gipfel ist hoch genug, um umfassenden Rundblick zu ermöglichen, niedrig genug, um mehrere der Nachbarberge als mächtig zur Geltung zu bringen. Im Norden beherrscht das Weisshorn den Blick. Im Westen ragen über dem Gletscherkessel von Mountet Dent Blanche und Grand Cornier. Im Südwesten das Obergabelhorn, im Süden hinter der Wellenkuppe das Matterhorn und östlich anschließend die Pracht von Breithorn, Liskamm und Monte Rosa. Im Osten gegenüber Allalin- und Mischabelgruppe.

Nebengipfel: Im Südwestgrat der Vorgipfel (»**Kanzel**«; ca. **4200 m**) und an der »Gabel« ein markanter gabelförmiger **Gendarm (ca. 4100 m)**, im Nordgrat der auffällige Buckel des »**Bosse**« (ca. **4150 m**) und die erregend schmale Zackenschneide der »**Sphinx**« (ca. **4100 m**) sowie die eher durch den Gratknick markante Schulter (»**Épaule**«, P. **4017 m**). Alle diese Punkte sind wenig selbständig und mit Ausnahme der Epaule nicht einmal genau vermessen.

Andere lohnende Routen: *Nordgrat* (AD, III+ und II; 1400 mH bzw. 5 Std. von der Cabane du Mountet).

Südwestgrat (*Rothorngrat*; D, IV und III+, vom Feinsten nach Kletterei – in bestem Gneis – und Position; 370 mH, 3–4 Std. ab Ober-Rotjoch, 1100 mH bzw. 7 Std. ab Rothornhütte).

Kanzelgrat (TD–, V und IV+; schwierigere und direktere Variante zum Normalweg; 4–5 Std. ab Einstieg).

Direkte Ostwand (TD, bis V+, 8 Std. vom Wandfuß).

Spezialführer: SAC, Alpes Valaisannes, vol. III.

Obergabelhorn, 4063 m

Eine ebenmäßige vierseitige Pyramide, mit eisstarrender Nordostseite und sonniger Südwand. Es gibt Leute, die diesen Berg in einer Rangliste der »schönsten Berge der Alpen« noch vor Weisshorn und Matterhorn ganz an die Spitze setzen. Wenn solche Entscheidungen für Superlative überhaupt sinnvoll sind, weil wir ja viel mehr vom Leben haben, wenn wir uns ganz auf die Freuden und Erfahrungen aus unseren gerade verfolgten Zielen konzentrieren...

Die erste Besteigung wurde 1865 durch Jakob Anderegg mit A. W. Moore und Horace Walker von Osten vom Gabelhorngletscher her durchgeführt. Nur einen Tag später erreichten Peter Taugwalder und Josef Vianin mit dem wenig später am Matterhorn abgestürzten Sir Francis Douglas über den Nordnordwestgrat (Coeurgrat) den Gipfel. Der bekannte Westsüdwestgrat (Arbengrat) fiel 1874 an H. Seymour Hoare und E. Hulton mit Johann von Bergen, J. Moser und Peter Rubi. Der zu Unrecht vernachlässigte Südostgrat (Gabelhorngrat) gelang 1877 Edward Davidson und J. W. Hartley mit Johann Jaun und Peter Rubi. Den heutigen Normalweg über den Nordostgrat von der Wellenkuppe her begingen 1890 erstmals L. Norman-Neruda mit dem Engadiner Führer Christian Klucker. Dieser Anstieg wurde erst ab 1918 populär, nachdem man den Großen Gendarm durch das Fixseil entschärft hatte. Die Genußkletterei durch die Südwand eröffnete 1892 Daniel Maquignaz mit seinem Klienten J. P. Farrar. Die erste Begehung des faszinierenden Eisschildes der Nordwand gelang 1930 den Österreichern Hans Kiener und Rudolf Schwarzgruber.

Schwierigkeiten: AD-. Felskletterei an der Wellenkuppe bis II+, am Übergang zum Obergabelhorn bis III (bei Benutzung des Fixseiles am Kluckerturm), meist II und I, kombiniert, und Firngrat mit bis 50° steilen Flanken. Erhebliche Unterschiede der Schwierigkeit je nachdem, ob eine gute Spur und Stufen vorgefunden werden oder nicht.
Mühen: Hüttenaufstieg 1600 mH (5 Std.), Gipfelaufstieg 850 mH (5–6 Std.).
Gefahren: Gletscher im Zustieg zur Wellenkuppe, Wächten am Verbindungsgrat zum Obergabelhorn.
Freuden: Ein schöner und alpiner Berg.

Karten, Skizze, Anreise, Hüttenaufstieg: Siehe Zinalrothorn, Seite 112.
Gipfelaufstieg (Nordostgrat): Von der Rothornhütte in nordwest-

Obergabelhorn von Norden, von der Cabane de Montets.

licher Richtung links vom Felssporn Eseltschuggen losgehen und in einem weiten Linksbogen unter dem obersten Eisbruch des Triftgletschers (Spalten!) durch und unter dem Trifthorn vorbei zu einer Schneeschulter im Ostnordostgrat der Wellenkuppe (ca. 3650 m). Den ersten Grataufschwung links (S) umgehen zwischen Fels und einen Firnfleck und nach Querung eines kleinen Couloirs an wenig schwierigen Felsen hinauf zum Grat. Dann auf diesem ca. 100 m bis zu einem felsigen Gratkopf. Diesen an Firn links umgehen. Danach immer am hübsch plattigen Grat über einen letzten Aufschwung und zum Gipfel der **Wellenkuppe** (3903 m).

In westlicher Richtung auf dem anfangs breiten, aber bald schmaler werdenden Firngrat zum Fuß des Großen Gendarms (Kluckerturm). Über meist vereiste Platten (III) zum Fixseil und mit dessen Hilfe die restlichen 20 m hinauf auf den Gipfel des Gendarms. In der steilen Flanke des links (südseitig) oft stark verwächteten Firngrates zunächst in einen kleinen Sattel, dann steil empor zum felsigen Gipfelaufbau. Knapp rechts der Gratkante an griffigem Fels zum höchsten Punkt.

Aussicht: Südlich gegenüber Matterhorn und Dent d'Hérens in aller Majestät, im Westen die Dent Blanche, im Nordosten das Zinalrothorn – alle durch die größere Höhe besonders eindrucksvoll anzusehen. Dazu im Südosten und Osten in etwas größerer Entfernung die Berge des Zentralkammes mit Breithorn, Liskamm und Monte Rosa sowie die Gipfel des östlich des Mattertales nach Norden ziehenden Kammes mit der Mischabelgruppe.

Nebengipfel: Der Große Gendarm (P. 3870 m) im Ostgrat.

Andere lohnende Routen: *Westsüdwestgrat* (*Arbengrat*; AD, bis III+, 1200 mH bzw. 6 Std. von der Cabane du Mountet; oberer Teil auch vom Arbenbiwak aus begehbar).

Nordnordwestgrat (*Coeurgrat*; AD, III, kombiniert, und Eis bis 50°; 6 Std. ab Cabane du Mountet, hochgepriesen).

Südostgrat (*Gabelhorngrat*; AD+, 850 mH, 4 Std. vom Arbenbiwak).

Südwand (AD, IV und III, in festem Gneis, 850 mH bzw. 6 Std. vom Arbenbiwak).

Nordwand (TD-, Eis oder Firn bis 55°, zuletzt kombiniert deutlich steiler, Schwierigkeit stark schwankend, 1250 mH von der Cabane du Mountet, 500 mH vom Einstieg).

Dent Blanche, 4356 m

Eine gewaltige, sehr freistehende, nach Norden etwas schief verschobene Gneispyramide. Die kühnen, luftigen und unverschämt langen Grate sind genau auf die vier Himmelsrichtungen ausgerichtet. Zwischen ihnen fallen abweisende, kaum gegliederte Wandfluchten ab.

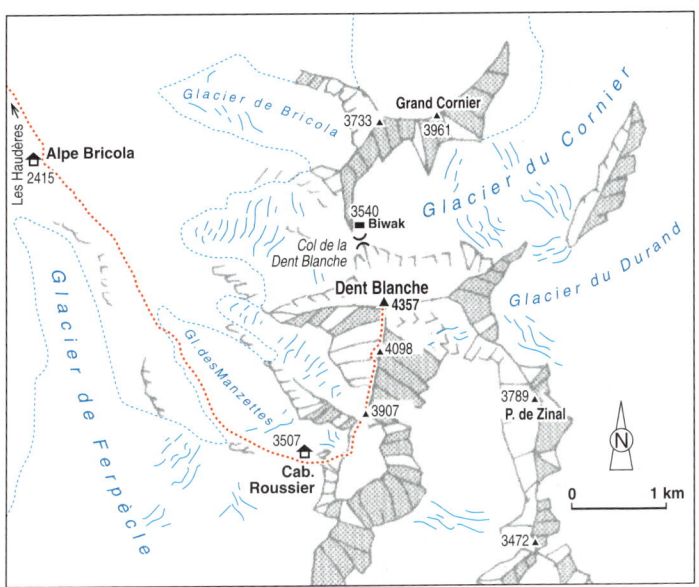

Die erste Besteigung erfolgte 1862 durch Jean-Baptiste Croz und Johann Kronig mit den Engländern Thomas Stuart Kennedy und William Wigram. Sie benutzten für ihren Aufstieg den Südgrat, der auch heute als – recht anspruchsvoller – Normalweg dient. Er ist jetzt allerdings durch eine sehr hoch gelegene Hütte erleichtert. Der ganz schön groß geratene und von solchem Zugangskomfort verschont gebliebene Viereselsgrat wurde bereits 1882 von Ulrich Almer und A. Pollinger mit den Engländern J. Stafford und G. P. Baker überschritten. Der technisch noch etwas schwierigere Ferpèclegrat fiel 1889 an A. Pollinger mit dem Klienten W. Gröbli. Die erst 1930 von K. Schneider und F. Singer durchstiegene und 1966 von Michel und Yvette Vaucher begradigte Nordwand ist eine der wildesten Unternehmungen des Wallis überhaupt.

Schwierigkeiten: AD. Fels bis III, kombiniert, im Firn bis 35°.
Mühen: Vor allem erst einmal der Hüttenaufstieg von gut 1700 mH (5–7 Std.), danach Gipfelaufstieg 850 mH (3–6 Std.).
Gefahren: Am Grat teilweise große Wächten. Stark dem Wind ausgesetzte, auf lange Strecke hin nicht leichte Kletterei.
Freuden: Ein königlicher, nach wie vor sehr alpiner Gipfel.

Am Dent-Blanche-Südgrat. Oben ist der Grand Gendarme zu erkennen.

Karten: LKS 1:25 000, Blätter 1327 Evolène und 1347 Matterhorn, auch LKS 1:50 000, Blatt 5006 Matterhorn–Mischabel.

Anreise: Bahn bis Sitten im Rhônetal, von dort 33 km mit Postbus nach *Les Haudères* (1450 m; ruhiger, erfreulich sanfter Fremdenverkehrsort, auch Zeltplatz). Noch 7 km mit Auto über La Forclaz und Salay zum Parkplatz Ferpècle (hinter Salay, vor Brücke).

Hüttenaufstieg: Zuerst auf der Zufahrtsstraße zu den Wasserableitungssystemen einige Minuten ansteigen. Noch vor dem Bach links durch Wald und auf gutem Steig in südöstlicher Richtung über Wiesenhänge stetig ansteigen zur Alpe Bricola (2415 m; urige alte Steinhütten und ein geschlossener, vor sich hingammelnder Hotelbau). In gleicher Richtung weiter über zunehmend karger werdendes Gelände oberhalb der Zunge des Glacier de Ferpècle ansteigen. Schließlich hinauf auf die Moräne des von der Dent Blanche herabkommenden Glacier des Manzettes. Dessen Vorfelder und Zunge mühsam queren und dann nahe seinem südlichen Rande parallel zu dem Platten- und Blockrücken des Roc Noir über Firn hinauf. Später in gleicher Richtung über eine Eiskuppe ansteigen zur am Fuß eines Felsgrates gelegenen *Cabane de la Dent Blanche* (= Cabane Roussier; 3507 m; SAC Jaman, 40 L, bew. Mitte Juli bis Anfang September, Tel. (0 27-2 83 10 85); hierher auch von der Schönbielhütte mit Aufstieg über die unübersichtlichen und steinschlaggefährdeten Felsflanke der Wandflue, bis II, 1000 mH, 3–4 Std.)

Gipfelaufstieg (Südgrat, Wandfluegrat): Gleich hinter der Hütte an dem felsigen Grat und über einen Eishang hinauf zum weiten Sattel der Wandfluelücke (3703 m; hier geht das Matterhorn auf). Nun nordwärts über leichten Blockgrat zur Firnkuppe des P. 3907. Danach am schroffer werdenden Grat hinauf bis zum Fuß des markanten Grand Gendarme. Schräg links (westl.) etwa 50 m über Platten und in einer Art Rinne zur Scharte rechts von einem markanten seitlichen Zacken. Von dieser Scharte in einer seichten, meist vereisten Wandeinbuchtung (»Couloir«, III, 3 Eisenstangen zur Sicherung und zum Abseilen) steil hinauf in die Scharte hinter dem Grand Gendarm (direkt von unten an Kante IV).

Die nächsten Gratürme können direkt überklettert werden, jedoch ist es meist leichter, den 2. rechts (O) und den 3. links (W) über oft vereiste Platten zu umgehen. Vor dem letzten Turm (= Gendarme de la corde) 20 m nach links (W) queren und über ein 2 m hohes Wandl und eine meist vereiste Verschneidung wieder hinauf zum Grat. Danach am weniger schwierigen Firngrat (gelegentlich Wächten) zum Gipfelkreuz.

Dent Blanche von Westen, von der Aiguille de la Tsa.

Aussicht: Phantastischer Rundblick von Mont Blanc und Grand Combin bis Monte Rosa, Weisshorn- und Mischabelgruppe. Besondere optische Attraktion bleiben das von hier etwas ungewohnt, aber nicht weniger eindrucksvoll anzusehende Matterhorn und die Dent-d'Hérens-Nordwand.

Nebengipfel: Der unselbständige, aber markante **Grand Gendarme (4098 m)** im Südgrat ist von der schmalen Scharte oberhalb in nicht leichter Kletterei rasch zu ersteigen.

Andere lohnende Routen: *Ostgrat* (*Viereselsgrat*; D, III+ und III, kombinert, ein echter Hammer; 1500 mH bzw. 11–15 Std. von der Cabane du Mountet).

Westgrat (*Ferpèclegrat*; D+ , Felskletterei bis IV+, IV und III, kombiniert, 850 mH bzw. 7 Std. vom Einstieg).

Nordgrat (TD+, Fels bis V+, kombiniert, grimmig, gefährlich, 950 mH bzw. 12–15 Std. vom Wandfuß).

Spezialführer: SAC, Alpes Valaisannes, vol. III; für die Grate auch M. Vaucher, Walliser Alpen. Pforzheim 1983 bzw. München 1990.

Östlicher Walliser Grenzkamm
Monte-Rosa-Gruppe

Auf dem Hauptkamm der Alpen verläuft auf der Wasserscheide zugleich die Grenze zwischen der Schweiz und Italien. Hier liegen die höchsten Gipfel eindrucksvoll aufgereiht: Im Osten das breite Massiv des Monte Rosa, danach der schmalere und fast gradlinige mittlere Abschnitt und schließlich, weit abgesetzt, im Westen der Grand Combin.

Nordend, 4609 m

Der dritthöchste Alpengipfel besitzt als Teil des Monte-Rosa-Stockes mit einer Schartentiefe von 94 Metern nur begrenzte Selbständigkeit. Er hat jedoch einen weithin selbständigen Zugang und ist auch nur unter Schwierigkeiten mit der Besteigung des Hauptgipfels zu verbinden. Vor allem müssen die Bewerber die Route auf dem Gletscher häufig selbst finden, denn oft wird sie nicht gegangen, und der Wind und Sonne verwischen die Spuren rasch.

Nachdem bereits mehrere Seilschaften in den Vorjahren den Silbersattel erreicht hatten und am Grat an den damals offenbar beachtlichen Schründen abgeblitzt waren, erfolgte die erste Besteigung im Jahre

Schwierigkeiten: PD+. Gletscheranstieg, mit je nach Verhältnissen recht unterschiedlichen Anforderungen (oft ohne Spur!), am Gipfelaufbau Stellen II und I.

Mühen: Hüttenzustieg von der Gornergratbahn 300 mH Abstieg und 250 mH Aufstieg (2–3 Std., mit Ski 3–4 Std; von Zermatt zu Fuß 4–5 Std.), Gipfelaufstieg 1820 mH (6–7 Std.).

Gefahren: Die Festigkeit der Spaltenbrücken ist im oberen Teil gewöhnlich nicht von Karawanen getestet. Wer am Gipfelgrat die meist nach Osten hängenden Wächten nicht respektiert, kann runde zweieinhalbtausend Meter tief runterfallen. Die Zeitplanung sollte so gestaltet werden, daß der Abstieg über den Gletscher gegen 13 Uhr beendet ist!

Freuden: Der schöne, selten besuchte Gipfel hält für die Besteiger/innen gewöhnlich auch die volle Palette der Orientierungsschwierigkeiten bereit und ermöglicht entsprechend größere Erfolgserlebnisse als ein Berg mit fertig trassierter Route.

Nordend von Süden, von der Dufourspitze.

1861 durch die Engländer E. und T. F. Buxton und J. J. Conwell mit dem französischen Bergführer Michel Payot und dem Schweizer Bergführer Binder. Die erste Erkletterung vom Jägerhorn her über den Nordostgrat (Cresta Santa Catarina) im Jahre 1906 durch Franz und Josef Lochmatter mit dem Engländer V. J. E. Ryan war für die damalige Zeit ein herausragendes Unternehmen, und wer diesen Anstieg geht, sollte wissen, daß die Erstbegeher keinen einzigen Haken verwendeten.

Karten, Anreise, Hüttenzustiege: Wie Dufourspitze, siehe Seite 128.

Gipfelaufstieg: Von der Monte-Rosa-Hütte (2795 m) wie beim Normalweg zur Dufourspitze bis zur Mulde vor der Abdachung der »Satteltole« (ca. 4100 m). Nun die meist gespurte Trasse verlassen und links (östl.) weiter im Gletscherbecken zwischen Nordend (links, N) und Dufourspitze (rechts, S) durch ein System großer Firnspalten und über einen Bergschrund hinauf zum Silbersattel (4515 m, jenseits der Ausstieg aus der Monte-Rosa-Ostflanke).

Auf der Westseite des meist nach rechts (O) überwächteten Südgrates ansteigen, dabei einen kleinen Gratbuckel (P. 4542) überschreiten und zuletzt über Felsen (II und I), zum Gipfel.

Aussicht: Der gebogene Verlauf des Grates ermöglicht nach Südosten einen imponierenden Tiefblick in die höchste Eisflanke der Alpen. Das Panorama ist im Süden durch die nahe Dufourspitze etwas eingeengt, ansonsten jedoch gewaltig.

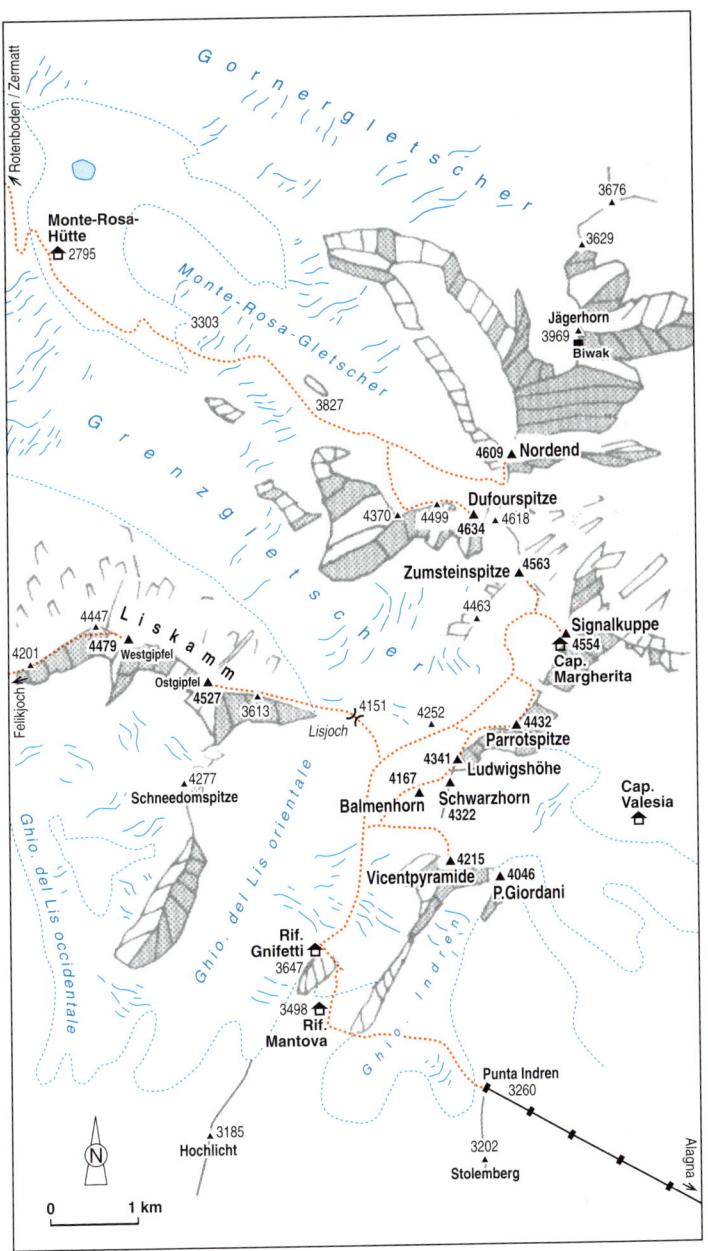

Nebengipfel: Die kleine Rückfallkuppe **P. 4542 m im Südgrat**, die bei dem beschriebenen Aufstieg überschritten wird.

Andere lohnende Routen: *Nordwestbollwerk* (II, kombiniert, Firn bis 40°; vom Monte-Rosa-Gletscher nördlich vom P. 3696 Firn und eine rötliche Felsrippe zum P. 4071; 1000 mH von Einstieg bzw. 1800 mH ab Hütte, von dort 7–8 Std. bis Gipfel).

Morshead-Sporn (AD, Stelle IV, sonst II und kombiniert, vom P. 4200 am Fuß der Westflanke direkt zur nordwestlichen Firnabdachung; 2–3 Std. vom Einstieg).

Nordostgrat (= *Cresta Santa Catarina*; TD, V und IV, meist auch kombiniert, 700 mH vom Bivacco Città di Gallarate am Jägerhorn, davon 450 mH schwierig, 5–7 Std. vom Biwak zum Gipfel, großzügiger klassischer Anstieg).

Ostwand (D+, IV und III und Eis bis 60°, 2300 mH, vom Rif. Marinelli 1580 mH, von dort 9–12 Std., großartige Linie).

Übergang zur Dufourspitze (AD, Stellen III, kombiniert, über den Grenzgipfel und Gipfelgrat, 2 Std. vom Silbersattel).

Spezialführer: SAC, Walliser Alpen, Band 3, Brandt.

Dufourspitze, 4634 m

Der Monte Rosa ist das mächtigste Bergmassiv der Alpen – denn daß der Mont Blanc höher in den Himmel ragt, verdankt er nur dem extrem harten Granit, aus dem er besteht. An Bergmasse dagegen wird er vom Monte Rosa und seinen Trabanten glatt geschlagen.

Die Besteigung der Dufourspitze über den Normalweg ist auch im Vergleich mit dem Mont-Blanc-Normalweg erheblich anspruchsvoller, zumal die Hauptschwierigkeiten erst am luftigen Gipfelgrat liegen. Die erste Ersteigung erfolgte 1855 durch eine beachtliche Karawane, bezahlt von dem Engländer Charles Hudson (der zehn Jahre später bei der ersten Besteigung des Matterhorns im Abstieg abstürzte), John Birkbeck, Stephenson und den Brüdern Smythe, wobei den Engländern der Weg gebahnt wurde durch die Bergführer Zumtaugwald aus Zermatt und Ulrich Lauener aus Lauterbrunnen. Benannt wurde der Gipfel 1863 nach dem Herausgeber des ersten exakten Schweizer Landkartenwerkes. Die klassische Route durch die 2500 m hohe, von Erich Vanis sogar mit Himalaya-Dimensionen verglichene Ostflanke wurde schon 1872 durch die internationale Seilschaft der Engländer Richard und William Pendlebury und Charles Taylor mit dem

Schweizer Ferdinand Imseng, dem Österreicher Gabriel Spechtenhauser und dem Italiener Giovanni Oberto eröffnet.

Schwierigkeiten: PD+. Langer Auftakt als Gletscherhatsch, am Gipfelgrat Kletterei bis II+, meist I, kombiniert, an ausgesetztem und von Steigeisenkratzern gerundetem Fels, mit Eis bis 40° steil.

Mühen: Zur Hütte von der Gornergratbahn 300 mH Abstieg, 250 mH Aufstieg (2 Std.; von Zermatt zu Fuß zusätzlich 1220 mH, dann insgesamt 5–6 Std.), Gipfelaufstieg 1880 mH (5–7 Std.).

Gefahren: Auf dem Gletscher normalerweise breite Spur, aber bei Nebel und verwehter Spur ernsthafte Orientierungsschwierigkeiten und gesteigerte Gefahr von Spaltenstürzen. Am Gipfelgrat im ersten, leichteren Teil kaum natürliche Sicherungsmöglichkeiten, was besonders bei den hier häufigen Höhenstürmen erhebliche Risiken schaffen kann. Am Gipfelaufbau im schwierigeren Teil gute Köpfl und Zacken. Besonders am Gipfelgrat ist winddichte Kleidung oft von entscheidender Wichtigkeit. Der lange Abstieg über den Gletscher sollte tunlichst bis etwa 13 Uhr beendet sein, bevor der Schnee faul wird und die Spaltenbrücken aufweichen.

Freuden: Ein Gipfel, den man/frau sich ehrlich errackern muß und dessen Besteigung deshalb besonders tiefe Befriedigung verschafft. Dazu kommt ein phantastischer Rundblick – wenn man ihn hat.

Am Gipfelgrat der Dufourspitze. Blick vom höchsten Punkt zum westlichen Vorgipfel, in der Tiefe der Gornergletscher.

Karten: LKS 1:25 000, Blatt 1348 Zermatt; LKS 1:50 000, Blatt 5006 Matterhorn–Mischabel.

Anreise: Mit Bahn über Visp/Rhônetal – Stalden – Täsch durch das Matter Tal hinauf nach *Zermatt* (1606 m; traditionsreicher und exklusiver Fremdenverkehrsort mit allen Schikanen, aber auch Jugendherbergen und Naturfreundeheim, Alpines Museum mit allerlei Greuelobjekten). Autos müssen leider draußen bleiben (in Täsch, ganz verlassen auf dem riesengroßen Parkplatz).

Hüttenzustieg: Von der Station Rotenboden (2815 m) der Gornergratbahn südwärts am Riffelsee und Riffelhorn vorbei den Weg in einer Mulde hinab. Danach in östlicher Richtung den allmählich abwärtsführenden Steig zum Gornergletscher. Dessen im Sommer aperes Eis überschreiten (Markierungen), den Blockwall der Mittelmoräne überqueren und auf dem hier spaltenarmen Eis des Grenzgletschers zu den Gletscherschliffen des östlichen Gletscherufers. Vor einem Spaltensystem betritt man die Felsen und steigt auf dem guten Weg in langen Kehren hinauf auf die Ufermoräne und zur *Monte-Rosa-Hütte* (2795 m, SAC, 128 L, bew. von Mitte März bis Mitte September, Tel. 0 28 - 67 21 15).

Gipfelroute: Von der Hütte zuerst auf der Ufermoräne, dann den Steinmännern folgend über die Gletscherschliffe und den Schutt der Unteren Plattje und über eine Steilstufe auf die Obere Plattje (3200 m).

Blick vom Monte-Rosa-Gletscher auf Plattje und unteren Gornergletscher. In der Ferne Dent Blanche, Obergabelhorn und Wellenkuppe.

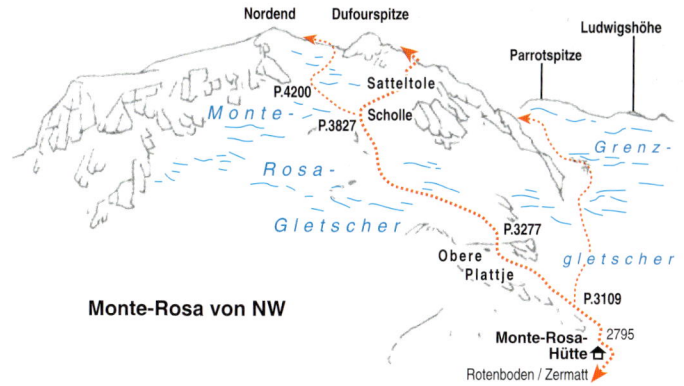

Nordend Dufourspitze Ludwigshöhe Parrotspitze

P.4200 Satteltole

Monte- Scholle P.3827 *Grenz-*

Rosa-

Gletscher P.3277

Obere Plattje *gletscher*

Monte-Rosa von NW

P.3109

2795

Monte-Rosa-Hütte

Rotenboden / Zermatt

Über den Monte-Rosa-Gletscher aufwärts, schon bald etwas linkshaltend durch ein Spaltensystem und dann über die Gletschermulde rechts (südl.) der langgestreckten Felsinsel mit dem P.3827 empor. Über den Steilanstieg der »Scholle« gelangt man zum Fuß der breiten Abdachung der »Satteltole«. Über diese hinauf, zuletzt steil, in den Sattel P.4359 im Westgrat der Dufourspitze.

Nun am Grat zunächst an einer meist vereisten Schneide, dann über wenig gegliederten Fels, auf den felsigen Gratbuckel (P.4499). Jenseits etwas absteigen und über Firnhang und Fels auf den Vorgipfel. Nun am felsigen, durch Zacken und Blöcke gegliederten Grat zunächst abwärts in eine Scharte und über steile, grobgriffige und von über 100 Jahren Steigeisenverschleiß zerkratzte Risse und Stufen ziemlich steil, am besten zuletzt links der Gratkante, direkt auf den Gipfel.

Aussicht: Ringsum nur niedrigere Gipfel, aber gleich in der Nähe eine ganze Versammlung von Trabanten, besonders im von der Signalkuppe nach Westen zum Liskamm ziehenden Walliser Grenzkamm. Eindrucksvoll vor allem der Tiefblick auf Grenzgletscher und Monte-Rosa-Gletscher. Im Westen Matterhorn und Weisshorngruppe.

Nebengipfel: Der **Grenzgipfel P.4618** am 150 m entfernten östlichen Eckpunkt des Gipfelgrates wird gelegentlich sogar als selbständiger Gipfel geführt (was allerdings doch etwas bemüht wirkt). Dazwischen gibt es noch einen **Gratturm, ca. 4630 m**. Diese beiden Erhebungen können bei der Überschreitung des Grates zur Zumsteinspitze und Signalkuppe hin betreten werden. Außerdem sind im Westgrat der vom höchsten Punkt etwa 60 m entfernte **Vorgipfel (ca. 4600 m)**, der **obere Westgratgipfel P.4499** und der westlich vom

Sattel gelegene **untere Westgratgipfel (ca. 4385 m)** zu unterscheiden. Die beiden erstgenannten werden bei der Begehung des Normalweges überschritten, der letztgenannte ist vom Sattel P. 4359 aus rasch zu erreichen. Unterhalb vom Westgratgipfel gibt es noch als recht schroffe Felsgestalten den **oberen Südwestgratturm, ca. 4120 m** und den **unteren Südwestgratturm, 4026 m**.

Andere lohnende Routen: *Abstieg über Grenzgipfel und Zumsteinspitze zur Signalkuppe* (AD, III und II, 3 Std. bis Cap. Marghérita).

Übergang vom Silbersattel über den Grenzgipfel zur Dufourspitze (AD, III und II, kombiniert, oft durch Eis und Schnee erschwert, 2 Std. bis Hauptgipfel).

Übergang von der Zumsteinspitze über den Grenzgipfel zur Dufourspitze (AD, III und II, kombiniert, 2–3 Std.).

Südrippe (= *Cresta Rey*, AD, III– u. II, ideale Linie, steiler Fels, rasch aper, langer Gletscherzugang, dann 400 mH Kletterei, vom Einstieg 3 Std.).

Ostflanke (D+, mit 2400 mH die gewaltigste Eisflanke der Alpen; um 50–55°, bei direktem Ausstieg über die Felsrippe auf den Grenzgipfel auch Kletterei bis III+; durch Eisschlag sehr gefährdet, besonders bei lauem Wetter; 9–12 Std. ab Rif. Marinelli).

Spezialführer: SAC, Walliser Alpen, neu Band 4, Brandt; für Cresta Rey siehe M. Vaucher, Walliser Alpen. Pforzheim 1983 bzw. München 1990.

Zumsteinspitze, 4563 m

Diese Felspyramide ist nur ein Tüdelchen zwischen Dufourspitze und Signalkuppe – aber in was für einer Position! Von Nordosten gesehen krönt sie mit die mächtige Monte-Rosa-Ostflanke, von Westen gesehen steht sie am Ursprung des wilden Grenzgletschers. Und eine Schartentiefe von über 100 m sichert auch die Berechtigung, sie als einen selbständigen Gipfel zu bezeichnen. Die Besteigung ist durch die Nähe der Capanna Marghérita vergleichsweise harmlos gemacht – soweit Viertausenderbesteigungen überhaupt harmlos werden können. Als Joseph Zumstein und Gefolge am 1. August 1820 nach Aufstieg über den Grenzgletscher vom Firnplateau des Colle Gnifetti her die erste Besteigung unternahmen, war dies noch einer der entlegensten Orte der Alpen.

Schwierigkeiten: F –. Gehgelände in Firn, kurz vor dem Gipfel auf einige Meter bis 40° steil mit etwas Fels.
Mühen: Wer den Aufstieg zur Signalkuppe hinter sich hat, überwindet die 111 mH vom Colle Gnifetti allemal.
Gefahren: Bei schlechter Sicht am Colle Gnifetti sehr sorgfältige Orientierung unerläßlich.
Freuden: Noch ein ganz hoher Gipfel »gemacht«. Und was für ein Ausblick.

Karten, Anreise, Hüttenzustieg: Siehe Signalkuppe, Seite 132.
Gipfelaufstieg: Von der Capanna Marghérita in wenigen Minuten hinab zum Colle Gnifetti. Von dort in nordwestlicher Richtung ansteigend, zuletzt an kleinem Grat zum Gipfel.
Aussicht: Im Norden zum Greifen nah der Gipfelaufbau der Dufourspitze, im Osten die zwei Dutzend hundert Meter Tiefen ins Tal von Macugnaga, im Süden die Signalkuppe vor den Weiten der Po-ebene und im Westen die Berge des Zentralkammes, von den Mini-viertausendern wie Parrotspitze, Ludwigshöhe und Schwarzhorn über den wuchtigen Liskamm und die Mauer des Breithorns bis zu Matterhorn und Dent Blanche. **Nebengipfel:** Am Sockel des Südwestgrates überfirnter Buckel **P. 4463**, vom Colle Gnifetti rasch und leicht erreichbar.
Andere lohnende Routen: *Nordgrat* vom Grenzsattel (links überwächteter Firngrat mit Felsstufe, II, kombiniert, 30 Min.).
Übergang von der Dufourspitze über den Grenzsattel (III und II; 2 Std.).

Signalkuppe (Punta Gnifetti), 4554 m

Der Gipfel ist zwar etwas niedriger als die Zumsteinspitze, bildet jedoch den topographisch sehr markanten Knotenpunkt zwischen dem Grenzkamm und dem nach Norden über Nordend – Strahlhorn – Mischabelgruppe bis Stalden ziehenden Gratkamm. Von der Ebene und den Vorbergen aus gesehen erscheint die schroffe Felsbastion der Signalkuppe als die beherrschende Erhebung. Der Name Punta Gnifetti erinnert an den Pfarrer Giovanni Gnifetti aus dem Dörfchen Ala-

Dufourspitze, Zumsteinspitze (davor) und Nordend (rechts) von der Signalkuppe.

gna am Fuße des Berges und seine sieben Führer und Träger, die 1842 den heute üblichen Aufstieg über das Lisjoch fanden.

Der Bau der 1893 von der italienischen Königin Marghérita eingeweihten Capanna Marghérita (1980 durch einen riesigen, zweistöckigen, mit Kupferblech beschlagenen Holzkasten ersetzt) hat die bergsteigerische Situation grundlegend verändert. Denn dieses höchstgelegene Bauwerk Europas bietet bei unsicherem Wetter einen hochgelegenen Zufluchtsort. Jetzt herrscht hier nicht mehr so viel Gipfel-Feeling und schon gar nicht Bergeinsamkeit, jedoch ist diese Gegend immerhin nach wie vor Fußgängerzone. Inzwischen hat sich nun endlich eine ökologisch und ästhetisch angenehmere Entsorgung finden lassen: Statt die Fäkalien einfach als originelle Begrüßung den Ankommenden über den Hang unter der Hütte entgegenkollern zu lassen, werden sie nun per Hubschrauber abgeflogen.

Karten: LKS 1:25 000, Blatt 1348 Zermatt (nur bis zur italienisch-schweizerischen Grenze Signalkuppe – Parrotspitze – Liskamm), LKS 1:50 000, Blätter 284 Mischabel und 294 Gressoney, auch 5006 Mat-

Rechts der obere Teil der Monte-Rosa-Ostflanke und in der Ferne die Mischabelgruppe.

terhorn – Mischabel (nach Süden nur bis Vincentpyramide). Skizzen siehe Monte-Rosa-Gruppe, Seite 125.

Anreise: Von Süden über Borgosesia Bahn bis nach Varallo (456 m). Hierher per Auto von der Simplonpaß-Straße her über Domodossola und Omegna/Lago d'Orta – Passo La Colma (942 m), dann das Valle della Sesia aufwärts (auch Bus) 35 km bis *Alagna* (1190 m, Fremdenverkehrsort, Camping).

Hüttenaufstieg: *Von Alagna* aus widersteht heutzutage kaum noch einer der Versuchung der Seilbahn. Aufstieg zu Fuß zunächst vom oberen Ortsende über den Ortsteil Rusa und durch Wald unter der Seilbahn hinauf und das ganze Tal des Olenbaches aufsteigen zum Colle d'Olen (2864 m, 4 Std.). Den nördlich gelegenen Corno del Camoscio östlich auf Steig umgehen und danach am Bergkamm weiter bis vor den Monte Oliveto/Stolemberg. Dessen Gipfelaufbau wird in der Westflanke auf Steig abwärts umgangen zum Col de la Pisse. Auf einem Rücken in nördlicher Richtung weiter (an verfallener Hütte vorbei) und gegenüber von Steinmann über Scharte auf den Gletscher Ghiacciaio Indren. Über diesen hinauf zur *Punta Indren*

(3260 m, hübsch häßliche Bergstation der Seilbahn von Alagna; zu Fuß von dort 6 Std.).

Den als mickriges Sommerskigebiet mißbrauchten Gletscher in nordwestlicher Richtung queren und über eine Fels- und Trümmerstufe den Steig schräg hinauf zu Moränenhängen. Diese leiten bald zum *Rifugio Città di Mantova* (3498 m, Bergführervereinigung Gressoney, 112 L, bew. Ende März bis Mitte April und Mitte Juni bis Mitte September, Tel. 01 63 - 7 81 50), 1 Std. von Punta Indren.

Über die Moränenhänge weiter hinauf, dann die ausgedünnte Zunge des Ghiaccio Garstelet überschreiten und über eine felsige Flanke zum auf einem Felssporn, zwischen dem kleinen Ghiaccio Garstelet und dem wildzerrissenen Eisstrom des Ghiaccio del Lis Orientale, gelegenen *Rifugio Gnifetti* (3647 m; CAI, 277 L, bew. Mitte April bis Mitte September, Tel. 01 63 - 7 80 15).

Von Zermatt zunächst zur *Monte-Rosa-Hütte* (s. Dufourspitze). Von dort wie zur Dufourspitze den Steig über die Plattje empor, dann jedoch südöstlich vom P. 3109 rechts auf den Grenzgletscher. Auf diesem ansteigen (viele Spalten) zum P. 3472 am Fuß einer Felsinsel und südlich neben ihr hinauf zum P. 3699. In südöstlicher Richtung weiter empor zum Fuß der Parrotspitze. Nun gemeinsam mit der Route vom Rif. Gnifetti (6–7 Std. von der Monte-Rosa-Hütte).

Gipfelroute: Vom Rif. Gnifetti in nordöstlicher Richtung über den von tiefen Spalten zerrissenen Gletscherboden, wo der Ghiaccio Garstelet abzweigt. Dann westlich der Vincentpyramide stetig ansteigend hinauf in Richtung auf das Lisjoch. Noch vor diesem in östlicher Richtung aufsteigen, an der Felsinsel des Balmenhorns und dem

Signalkuppe von Norden, von der Zumsteinspitze.

Schwarzhorn vorbei, zu dem flachen Sattel zwischen der Ludwigshöhe (rechts, S) und der flachen Gletscherkuppe P. 4252 (links, N). Nun unter der Nordflanke von Ludwigshöhe und Parrotspitze in der weiten Gletschermulde aufwärts, unter der Signalkuppe schräg links ansteigend zum Colle Gnifetti und von dort über den nordwestlichen Hang schräg ansteigend zum Gipfel der Signalkuppe.

Aussicht: Nach Westen die Kleinviertausender des Grenzkammes und danach Liskamm, Matterhorn, Dent Blanche und Zinalrothorn, nach Norden wie zum Greifen nahe Dufourspitze, Zumsteinspitze und Nordend (mit dem oberen Teil der Ostflanke) sowie in der Ferne Mischabelgruppe und Strahlhorn. Von der schmalen Terrasse der Südseite aus schwindelerregender Tiefblick in die felsige Südwand und über die Vorberge zu den Weiten der Poebene. Der atemberaubende Tiefblick nach Osten zum Signalgrat bietet sich vom Toilettenfenster.

> **Schwierigkeiten:** F –. Gletscherhatsch bis in große Höhe.
> **Mühen:** Bis Punta Indren fast nie gestiegene 2100 mH Aufstieg (wegzukaufen mit der Seilbahn von Alagna). Von dort 400 mH zum Rifugio Gnifetti und weitere 900 mH durch die bei Schönwetter gleißenden Hohlspiegel der Gletscherbecken zum Gipfel. Eine weitere, vielen unerwartete Mühe wird für alle weniger gut Akklimatisierten die Übernachtung in dieser ungewohnt hochgelegenen Hütte – you have been warned!
> **Gefahren:** Orientierung bei schlechter Sicht und verwehter Spur problematisch. Heikle Spaltenzone wenig oberhalb vom Rifugio Gnifetti. Über die Querung an der Parrotspitze und Signalkuppe gibt es einige gelegentlich kalbende Seraks. Die große Höhe dieser Hütte ist oft Anlaß für den Ausbruch von Bergkrankheit.
> **Freuden:** Zwar wird gern über das Gedränge in der Hütte gestöhnt, aber dafür ist dies ein Ort, an dem man den Zauber atemberaubender Abend- und Morgenstimmungen in Muße in sich aufnehmen kann, ohne das Drum und Dran von Biwakvorbereitungen und -verrichtungen.

Nebengipfel: Im Ostgrat gibt es dicht unter der Hütte einen markanten **Gendarm, ca. 4545 m** und nahe dem Passo Signal den Gratgipfel P. 3769. Die nach Südwesten hin vorgelagerten Erhebungen werden fast alle – mit teilweise dürftiger Begründung – als selbständige Gipfel gezählt.

Andere lohnende Routen: *Südwestgrat* (I und Firn bis 45°, 250 mH vom Seserjoch, 1 Std.).

Ostgrat (= *Cresta Signal*; III und II, kombiniert, fast 1000 mH, 6 Std. vom Biv. Resegotti, mit urlangem Zustieg von 2000 mH, 7 Std. ab Alagna).

Parrotspitze, 4432 m

Der mit 140 m Schartentiefe durchaus selbständige Gipfel westlich der Signalkuppe wird meist nur in Verbindung mit dieser – gewöhnlich als Überschreitung – bestiegen. Von Westen erscheint er als ebenmäßige Firnpyramide mit scharfgeschnittenem Gipfelgrat, von Süden als verblüffend dunkler Felsberg. Die erste Besteigung ging 1863 an die Führer Melchior Anderegg und Peter Perren mit ihren britischen Klienten R. S. Macdonald, F. C. Grove und M. Woodmass.

> **Schwierigkeiten:** PD –. Firngrat mit einem Anflug von Luftigkeit.
> **Mühen:** Vom Normalanstieg zur Signalkuppe zusätzlich 170 mH, 1 Std. für Auf- und Abstieg.
> **Gefahren:** Vorsicht am Grat kann nicht schaden, ansonsten friedlich.
> **Freuden:** Eleganter Gipfelgrat .

Karten, Skizzen, Anreise, Zustiege: Siehe Signalkuppe, Seite 132.
Gipfelaufstieg: Von der Aufstiegsspur zur Signalkuppe vor dieser östlich rasch zum Seserjoch (4296 m, zwischen Signalkuppe und Parrotspitze) und dann über den anfangs noch breiten Nordostgrat zum Gipfel.
Aussicht: Durch die nahe und höhere Signalkuppe und Zumsteinspitze beengt.
Andere lohnende Routen: *Westgrat* (Firnschneide, bis 40°, 1 Std. mit Abstieg nach Nordosten).
Nordnordwestflanke (50° Firn/Eis, 200 mH; klein aber nett).

Ludwigshöhe, 4341 m

Wenig selbständiger, überfirnter Buckel im Südwesten der Parrotspitze und von dieser durch das Piodejoch getrennt. Meist nur in Verbindung mit den Nachbargipfeln beim Aufstieg zur oder Abstieg von der Signalkuppe besucht. Erste Besteigung durch den Landvermesser Ludwig van Welden 1822.

> **Schwierigkeiten:** Firn bis 40°.
> **Mühen:** Gering, 48 mH bzw. 20 Min. extra.
> **Gefahren:** Kaum.
> **Freuden:** Noch ein Viertausender abgehakt.

Aufstieg: Wie Signalkuppe, Seite 132, bis Höhe des Schwarzhorns und nun direkt zum Gipfel (oder im Abstieg direkt von der Parrotspitze).
Nebengipfel: Nordwestlich vorgelagerter Gletscherbuckel, P. 4252.

Schwarzhorn (Corno Nero), 4322 m

Zwar auch nicht ein sehr selbständiger Gipfel, aber ein in der Form markanter Felskopf in schöner Position südlich der Ludwigshöhe. Erste Besteigung 1873 durch Marco Maglionini und Albert de Rothschild unter beachtlichem Aufwand an Führern und Trägern.

> **Schwierigkeiten:** Kurz aber herzhaft, Firn bis 50° und etwas Fels.
> **Mühen:** Zusätzlicher Höhenunterschied von der Trasse zur Signalkuppe etwa 30 mH, 30 Min. zusätzlich (vom Rif. Gnifetti 720 mH, 2–3 Std.).
> **Gefahren:** Kaum. Der Steilhang hat Auslauf.
> **Freuden:** Hübsch keck anzusehender Aussichtsbalkon.

Karten und Zustieg: Siehe Signalkuppe, Seite 132.
Aufstieg: Über die steile, aber kurze Nordwestflanke oder den felsigen Südwestgrat (I) zum Gipfel.

Balmenhorn, 4167 m

Ein Viertausender mag das sein, ein Berg ist es nicht. Daß dieses Felsinselchen sich beharrlich in Tourenlisten hält, ist nur als Ergebnis eines verselbständigten Sammeltriebes erklärbar. Auf jeden Fall gibt es dutzendweise prägnantere Nebengipfel als nun ausgerechnet diesen Nunatakker – wenn denn wirklich ein Bedarf nach Erzeugung weiterer Viertausender bestehen sollte. Auch daß dieser seine bergseitige Scharte kaum ein Dutzend Meter überragende Zacken mit einer riesengroßen Christusstatue und einer – zwar erneuerten, aber meist grauslich verdreckten – Biwakschachtel dekoriert ist, erhöht seine alpinistische Bedeutung nicht. Es ist nur logisch, daß er nicht in die UIAA-Liste aufgenommen wurde.
Zustieg: Siehe Signalkuppe, Seite 132, vor dem Lisjoch noch deutlicher nach Osten halten. Vom Rifugio Gnifetti 1–2 Std.(560 mH).

Vincentpyramide, 4215 m

Dieser dem Hauptkamm südlich vom Schwarzhorn vorgelagerte Gipfel ist zwar niedriger, aber weit selbständiger als die Erhebungen an diesem Teil des Hauptkammes. Wegen der Nähe beim Rifugio Gnifetti bietet er sich als ideale Eingewöhnungstour an. Oder als Kurzanstieg bei unsicherem Wetter. Die erste Ersteigung des Berges erfolgte 1819 durch den damaligen Besitzer der Goldminen um Alagna, Johann Nikolaus Vincent, mit zweien seiner Bergleute und einem Jäger.

> **Schwierigkeiten:** Simple Firnhänge.
> **Mühen:** Vom Rif. Gnifetti 600 mH Aufstieg (2 Std.).
> **Gefahren:** Am Gletscher ist die übliche Vorsicht ratsam, besonders im Spaltensystem gleich hinter der Hütte.
> **Freuden:** Ein schöner Auftakt für größere Taten, sei es in den nächsten Tagen oder noch am gleichen Tage bei der Überschreitung auch der oberhalb liegenden Gipfel zur Signalkuppe hin, die von dem vorgelagerten Punkt appetitanregend anzusehen sind. Oder ein Gipfel, am Ende der Überschreitung schon etwas mühsam, aber mit Gelegenheit zu Nachlust beim Blick zurück.

Karten, Anreise, Hüttenaufstieg: Siehe Signalkuppe, Seite 132.
Gipfelaufstieg: Wie zur Signalkuppe bis unterhalb vom Balmenhorn. Nun nach rechts (O) hinüber in den Sattel Colle Vincent und von dort über die Nordabdachung zum Gipfel.
Aussicht: Durch die Lage vor dem Hauptkamm guter Überblick dorthin, nach Süden hin Vorberge und Ebene.
Andere lohnende Routen: *Südwestflanke* (Stellen I, Firn bis 35°, 2 Std.vom Rif. Gnifetti).

Punta Giordani, 4046 m

Kaum faßbar, daß diese obskure Schulter im Südostgrat der Vincentpyramide – entgegen dem Balmenhorn – auch in der neuen UIAA-Liste steht, obwohl man meinen sollte, daß eigentlich nur Hochstapler so etwas als »Gipfel« abfeiern. Erreicht werden kann die Punta Giordani am einfachsten vom Rif. Gnifetti zum SW-Grat der Vincentpyramide und auf Band nach rechts zum Indren-Gletscher und über diesen hinauf (2 Std.) *oder* durch Abstieg von der Vincentpyramide in 1 Std. (*oder* von der Seilbahnstation Punta Indren über den Bors-Gletscher und den SO-Grat, I, 2–3 Std.).

Zentraler Walliser Grenzkamm

Der oberhalb von Zermatt gelegene, über 20 km lange Abschnitt des Grenzkammes trägt Paradeberge mit sehr unterschiedlichen Anforderungen und sehr unterschiedlicher Erschließung. Aber jeder von ihnen ist lohnend in seiner Art.

Schneedomspitze (Il Naso), 4272 m

Hübscher, befirnter Kegel westlich vom Lisjoch vor dem Südgrat des Liskamm Ost. Im Gegensatz zur Punta Giordani ist dies ein Gipfel vom Format der sonstigen neu in die UIAA-Liste aufgenommenen Gipfel.

Schwierigkeiten: F+. Schneehatsch. Bergschrund oft schwierig.
Mühen: Zur Hütte 400 mH. Gipfelaufstieg 960 mH (2–3 Std.)
Gefahren: Auf dem Gletscher Spalten besonders dicht oberhalb der Gnifettihütte und im – oft nicht gespurten – Becken des östlichen Lisgletschers. Wenn keine Spur vorhanden ist, gibt es hier obendrein bei unsichtigem Wetter erhebliche Orientierungsprobleme.
Freuden: Eine der leichtesten Viertausender.

Karten, Anreise, Hüttenaufstieg: Siehe Signalkuppe, Seite 132. Gipfelaufstieg: Wie zur Signalkuppe bis kurz vor das Balmenhorn. Nun in westlicher Richtung, zuerst etwas absteigend, das Gletscherbecken queren (Spalten) zum Fuß der Felsen.. Dort über den Bergschrund und links empor zum breiten Südrücken. Dieser leitet zum Gipfel.

Liskamm Ost, 4527 m

Verschrien ist dieser gewaltige Fünf-Kilometer-Grat des Liskamms wegen seiner Wächten, aber schon allein seine Dimensionen machen ihn zu einem sehr ernstzunehmenden Ziel. Der Ostgipfel überragt den etwa einen Kilometer entfernten Westgipfel um fast 50 m. Die Flanken sehen sehr unterschiedlich aus: Die Südseite ist überwiegend

felsig schroff, aber nur wenige hundert Meter über den Gletscherbecken des Ghiacciaio del Lis, die Nordseite dagegen 700 bis 1100 m
hoch eine steile, lebensfeindliche Mauer aus Fels und Eis über den
Spalten- und Seraklabyrinthen des Grenzgletschers.

Die erste Besteigung des Hauptgipfels erfolgte 1861 durch einen
Heerwurm von sechs Schweizer Bergführern und acht englischen
Touristen über den Südostgrat. Schon drei Jahre später wurde die erste
Überschreitung des gesamten Gipfelgrates (von Westen nach Osten)
durch die Führer Jakob Anderegg und Franz Biner mit Sir Leslie
Stephen und Edward Buxton bewältigt, auf dem dann bereits 1877
die erste Seilschaft durch Wächtenbruch in den Tod stürzte und den
finsteren Ruf des Berges begründete. Der in der Linie ideale – und objektiv recht sichere – Anstieg über die Nordrippe gelang im Jahre
1890 dem fast legendären Engadiner Führer Christian Klucker mit
Ludwig Norman-Neruda und Josef Reinstadler.

Schwierigkeiten: PD, ohne Spur eher AD. Firn oder Eis bis 45°, sehr
luftig, später im Sommer oft vereist. Hier ist weniger technisches
Können als Ausdauer, stetige Trittsicherheit und alpine Erfahrung
gefordert.
Mühen: Hüttenaufstieg von der Punta Indren 400 mH (vom Tal 2420 m),
Gipfelaufstieg 920 mH (4–5 Std.), davon am Firngrat 350 mH (2–3 Std.).
Gefahren: Der Berg ist wegen seiner oft (besonders am Verbindungsgrat zwischen Ost- und Westgipfel) nach beiden Seiten wachsenden
Wächten zu Recht berüchtigt. Deswegen ist unbedingt ratsam, am
langen Seil zu gehen und sorgfältig unter der Wächtenabbruchlinie zu
bleiben. Vor allem empfiehlt sich, vorhandenen Spuren nicht einfach
nachzuzaddeln, sondern kritisch zu prüfen, ob sie auch vernünftig
gelegt sind. Im Zweifel kann eine Eisschraube mehr nicht schaden. Und
bei schlechter Sicht ist besonders große Vorsicht nötig!
Freuden: Das großartige Feeling, an einem der schönsten Eisgipfel der
Alpen unterwegs zu sein. Mit Gigantenlandschaft ringsum.

Karten, Anreise und Hüttenaufstieg: Siehe Signalkuppe, Seite 132.
Gipfelaufstieg: Zunächst wie gegen Signalkuppe bis ins Lisjoch
(4151 m). Nun südlich von einem Felsbuckel (P. 4177) ansteigen und
über die Firnschneide hinauf zum Ostschulter-Gipfel (= Cima di Scoperta, P. 4335). Auf dem fast horizontalen Grat nordseitig respektvoll
tief (nach Süden gewaltige Wächten) queren zum Gipfelaufbau und
dort immer noch nordseitig mit einem weiteren Steilanstieg (oft Blankeis) hinauf zum Vereinigungspunkt des Südostgrates mit dem felsigen
Südgrat. Am schmalen, nach rechts biegenden Grat über Fels und
Firn in 20 Min. zum Gipfel.

Aussicht: Im Nordosten und Osten die ganze Parade der Monte-Rosa-Gipfel und -Gipfelchen, hoch über den Eiswüsten von Gornergletscher, Monte-Rosa-Gletscher und Grenzgletscher, nach Süden hinter den hier weniger ausgedehnten, aber auch respektheischend zerrissenen Gletschern die Vorberge und die Ebene, im Westen neben dem Westgipfel hervorlugend Castor und Pollux sowie Breithorn, im Nordwesten die Weisshorngruppe.

Nebengipfel: Der nicht sehr selbständige **Ostschulter-Gipfel P.4335** (auch: Cima di Scoperta) wird bei der Begehung des Ostgrates überschritten.

Andere lohnende Routen: *Überschreitung* (AD, Stellen II; langer, schmaler Firn- und Felsgrat, beidseitig Wächten, 2 Std. von Gipfel zu Gipfel, 4–5 Std. von Lisjoch bis Felikjoch bzw. umgekehrt).

Zustieg von der Monte-Rosa-Hütte über den Grenzgletscher zum Lisjoch (lange Gletschertour, 5–6 Std., Spalten, ohne Spur und bei schlechter Sicht kann man hier rasch verzweifeln!)

Südgrat (*Cresta Sella*, PD+, II, 4–5 Std. ab Gnifetti).

Ostgipfel-Nordwand (*Klucker-Rippe*; III, Eis bis 50°, 3–6 Std.vom Wandfuß).

Spezialführer: SAC, Walliser Alpen, neu Band 4, Brandt; M. Vaucher, Walliser Alpen, Pforzheim 1983 bzw. München 1990; M. Waeber, Walliser Alpen. Bergverlag Rother, 1996.

Liskamm von Nordosten, links Lisjoch und Schneedomspitze.

Liskamm West, 4479 m

Der mächtige westliche Eckpfeiler der eisigen Masse des Liskamms gilt nach UIAA nun auch mit Fug und Recht als selbständiger Gipfel.

Schwierigkeiten: PD-/F+. Gletscher und Firngrat bis 40°. In Gipfelnähe oft vereist.
Mühen: Hüttenzustieg 1970 m (mit Seilbahn 960 m, siehe Castor, Seite 144), Gipfelaufstieg 900 mH (3–4 Std.).
Gefahren: Bei Spur und gutem Wetter normalerweise gering. Im Gipfelbereich auf Wächten achten.
Freuden: Einer der höchsten technisch weniger schwierigen Alpengipfel.

Karten, Anreise, Hüttenzustieg: Siehe Castor, Seite 143 folgend.
Gipfelroute: Wie zum Castor beschrieben ins Felikjoch. Auf dem anfangs breiten Firnrücken über den P. 4201 und ein schmaleres Gratstück zum Gipfelhang. Nun entweder am Firngrat oder in der Südostseite an Felsen empor, zuletzt recht steil, zum westlichen Vorgipfel P. 4447 und zum Gipfel. Siehe Skizzen Seiten 151 und 125.
Aussicht: Ähnlich Liskamm Ost, aber mit mehr Details der Breithorngruppe.

Nebengipfel: Der **Südwestgratgipfel P. 4201** und der **westliche Vorgipfel P. 4447** werden auf der Normalroute überschritten. Östlich gibt es im Verbindungsgrat noch einen felsigen **östlichen Vorgipfel (etwa 4450 m)** und kurz vor dem tiefsten Sattel als eine langgestreckte, überfirnte Graterhebung die **Sattelkuppe, etwa 4430 m,** die beim Übergang zum Ostgipfel beide betreten werden.
Andere lohnende Routen: *Nordwand* (Gross/Hiebeler, TD, 1080 mH, rassige Eisroute mit Felsstellen). Ansonsten siehe Liskamm Ost, Seite 141.

Castor, 4228 m

Der südöstliche und höhere der beiden Zwillinge erhebt sich westlich vom Felikjoch als gleichmäßige, überwiegend weiße Pyramide. Im Vergleich mit den mächtigen Bergmassen von Liskamm und Breithorn nehmen sich die beiden unter Bemühung der griechischen My-

Blick vom Westgipfel des Breithorns nach Osten auf (von links nach rechts) Zumsteinspitze, Liskamm (davor Breithorn-Mittelgipfel), Pollux und Castor (mit der üblichen Anstiegsspur über die Nordwestflanke).

thologie bzw. eines Sternbildes benannten Erhebungen bescheidener aus. Die Herausforderung liegt hier weniger in der Gipfelbesteigung selbst als vielmehr in den zu Fuß beachtlichen und von Norden alles andere als harmlosen Zugängen.

Die erste Besteigung erfolgte 1861 durch den französischen Bergführer Michel Croz aus Chamonix mit den Engländern William Mathews und F. C. Jacombs über den Südostgrat.

Schwierigkeiten: PD-/F+. Firn oder Eis bis 35°.
Mühen: Hüttenzustieg zum Rif. Quintino Sella von Gressoney la Trinité 1970 mH (6 Std., mit Sessellift zum Colle Bettaforca 920 mH bzw. 3 Std.), Gipfelaufstieg 650 mH (2–3 Std.); oder ab Bergstation Klein-Matterhorn 700 mH (4 Std.).
Gefahren: Gletscher und Firnhänge bzw. -grate, je nach Verhältnissen. Südwesthänge gelegentlich lawinengefährdet.
Freuden: Für Menschen, die sich auf die weniger anspruchsvollen der hohen Ziele beschränken wollen – hier ist eins!

Karten: Für den Zugang vom Klein-Matterhorn LKS 1:25 000, Blatt 1348 Zermatt, auch LKS 1:50 000, Blatt 5006 Matternhorn – Mischabel, vgl. Skizze Breithorn; für Zugang von Süden 1:50 000 LKS, Blatt 294 Gressoney. Skizze siehe Seite 151.

Anreise: Von Süden Bahn bis Pont St. Martin im Aostatal, von dort 35 km Postbus bzw. Pkw nach *Gressoney la Trinité* (1624 m, Fremdenverkehr, noch teilweise deutschsprachige Enklave der Walser) oder Bahn bis Verres im Aostatal und dann 31 km auf Sträßchen hinauf nach *San Giacomo* (= St. Jacques; 1689 m, kleiner Ort am Ende des Valle d'Ayas). – Von Norden mit Bahn bis *Zermatt* (1606 m, siehe Dufourspitze, Seite 128) und Seilbahn auf das Klein-Matterhorn.

Hüttenaufstiege: *Von Gressoney la Trinité* zum Rif. Quintino Sella: Zunächst am östlichen Ufer der Lis den Fußweg verfolgen, nach 10 Minuten über den Bach und auf der anderen Seite hinauf zur Kapelle St. Anna. Weiter über Almgelände zur Alm Sitten und hinauf zum Bettlinerpaß/Forc. Bettaforca (2672 m; zu Fuß 3 Std.; hierher von S. Giacomo in 3 Std.; auch Sessellift von Stàval, 3 km taleinwärts von Gressoney).

Nun nordwärts auf Steig, teilweise über Schutt und Felsgrate (Steighilfen) in weiteren 3 Std. hinauf zum auf dem südlich der Punta Perazzi auf dem Felsrücken zwischen Piccola Ghiacciaio di Verra (W) und Ghiacciaio di Felik (O) gelegenen *Rifugio Quintino Sella* (3587 m; CAI Biella, 140 L, bew. Ende Juni bis Mitte September, Tel. 0125-366113).

Gipfelaufstiege: Vom Rifugio Sella auf dem Ghiacciaio Felik östlich um die Punta Perazzi herum und rechtshaltend auf dem vom P. 4093 nach Süden herabziehenden breiten Rücken aufsteigen zum Felikjoch. Den tiefsten Punkt des Joches rechts lassen und links am Südostgrat des Castor praktisch ohne technische Schwierigkeiten, aber mit Sorgfalt wegen eventueller Wächten über den Südostgipfel (= Felikhorn, Punta Felik, 4174 m) und einen Vorgipfel zum höchsten Punkt.

Von Klein-Matterhorn-Bergstation oder Rifugio Ayas: Zum Zwillingsjoch (2–3 Std., siehe Pollux, Seite 146). Von dort am besten südostwärts im linken Teil der Südwestflanke in Zickzacks zum oberen Teil des NW-Grates und daran zum Gipfel (PD, Firn 35–50°, 400 mH, 2 Std., vgl. Kartenskizze und Foto zu Pollux; nur bei guten Firnverhältnissen ratsam, nach reichlich Neuschnee oft lawinengefährlich! Dann besser von unten am NW-Grat, AD).

Aussicht: Sie wird beherrscht vom nahen Liskamm und den nördlich wie südlich unterhalb gelegenen Gletscherszenerien.

Nebengipfel: Am Südostgrat **südöstlicher Vorgipfel (etwa 4185 m)** und **Felikhorn (4174 m)** sowie die **Felikjoch-Kuppe (P. 4093)**, außerdem ein **Nordgipfel P. 4205.** Er ist vom Gipfel aus über den Firngrat rasch und ohne besondere Schwierigkeiten erreichbar.

Andere lohnende Routen: *Südwestgrat* (D, Kletterei in festem Fels bis V und IV, Zugang vom Rif. Sella über den Sattel nördlich der Punta Perazzi, zum Einstieg gelegentlich kompliziert, 2 Std.; dann 720 mH, 5 Std.).

Nordanstiege zum Felikjoch oder Zwillingsjoch von der Monte-Rosa-Hütte nach abenteuerlicher, langer Querung des Zwillingsgletschers.

Spezialführer: SAC, Walliser Alpen, neu Band 4, Brandt; für den Südwestgrat M. Vaucher, Walliser Alpen. Pforzheim 1983 bzw. München 1990.

Pollux, 4092 m

Durch die Klein-Matterhorn-Seilbahn bequem zugänglich gemachter kleinerer Nachbar des Castor, 1864 von Peter Taugwalder sen. mit Jules Jacot erstmals bestiegen.

Schwierigkeiten: PD. Stellen II, meist I und Firn bis 50°, besonders der Gipfelhang oft heikel.

Mühen: Von der Klein-Matterhorn-Bergstation 600 mH, 3–4 Std. bis zum Gipfel. (Vom Rif. Ayas 700 mH, 3 Std.). Beim Rückweg zum Breithornpaß auch lästige Gegensteigungen.

Gefahren: Die übliche Benutzung der Seilbahn auf den hoch gelegenen Ausgangpunkt kann schlecht Akklimatisierte leicht zu Überforderung verleiten. Am Gletscher ist die übliche Vorsicht ratsam. Bei schlechter Sicht und Verlust der Spur rasch spannend. Am Grat einiges Material für Steinschlag.

Freuden: Wer verdrängt, daß auf diesem üblichen Anstieg nur ein Bruchteil des ganzen Berges bestiegen wird, genießt den zusätzlichen Gipfel in der Sammlung. Wer ihn ganz zünftig besteigen will, kann den Nordgrat wählen oder überschreitet den Gipfel im Zuge eines Überganges vom Monte Rosa über den Liskamm und das Breithorn – wenn Wetter, Verhältnisse und persönliche Konstitution entsprechend gnädig sind.

Karten: LKS 1:25000, Blatt 1348 Zermatt, LKS 1:50000, Blatt 5006 Matterhorn – Mischabel. Siehe auch Skizze, Seite 151.

Anreise: Nach *Zermatt*, siehe Dufourspitze, Seite 128. Von Zermatt Seilbahn auf das Klein-Matterhorn, Tel. 0 28 - 67 13 16 oder 67 12 52. – Auch von Süden von San Giacomo/St. Jacques (siehe Castor, Seite 143 folgend) in 5 Std. zum Rif. Mezzalama (3036 m, CAI, 34 L) und von dort über den Gletscher in 3 Std. zum Zwillingsjoch.

An der Platte des Pollux-
Südwestgrates.

Gipfelaufstieg: Von der Bergstation (3820 m, keine Übernachtungsmöglichkeit) zunächst hinab zum Sattel (3796 m) vor dem Breithornplateau, dann ostwärts auf der breiten Spur gegen Breithorn. Statt dorthin aufzusteigen in östlicher Richtung über den Breithornpaß (3824 m) und unter der Südseite des Breithorns – absteigend unter den Spaltenzonen des oberen Ghiacciaio di Verra bleibend – entlang. Man quert unter der Felsinsel mit dem Bivacco Cesare e Giorgio Rosso (3750 m) und dem Hang zum leicht erreichbaren Schwarztor vorbei und steigt in Richtung Zwillingsjoch zum davor fußenden felsigen Südwestsporn des Pollux.

(Hierher auch westalpenvernünftig früh am Morgen, wenn man am Abend vorher zum Rifugio Guide Ayas, 3394 m, auf einer Felsinsel im Gletscher unterhalb des Zwillingsjochs gelegen, absteigt und dort nächtigt. Beste Route auf dem Gletscher in Gletschermitte bis unterhalb des Zwillingsjochs.)

Am Grat zuerst wenig schwierig, oben einige Zacken rechts umgehen (direkt III), zuletzt links in steiler Rinne (Fixseile, oft vereist) und über Platte (Fixseil) und glatte Rinne (Fixseil) zur Schulter mit einer Madonnenstatue hinauf (Hierher bei guten Firnverhältnissen auch über die steile, später in der Saison vereisende und ausapernde Westflanke). Nun am Firngrat bald zum Gipfel (1 Std. vom Joch).

Aussicht: Besonders toll der nahe Liskamm, Castor sowie die östlichen Gipfel des Breithornkammes.

Andere lohnende Routen: *Südostgrat* (PD, Eis bis 50° und brüchigen Fels bis II, heikel, 1–2 Std. vom Zwillingsjoch).

Nordwestgrat (PD. Eis 45°, Fels mit Fixseilstelle; 360 mH bzw. 1–2 Std. vom Schwarztor).
Nordgrat (AD, großzügiger klassischer Anstieg über Firn oder Eis bis 50°, 1350 mH, 5 Std. von der Monte-Rosa-Hütte).

Schwarzfluh (Roccia Nera), 4075 m

Dieser nach Norden steilfelsig abbrechende östliche Eckpfeiler des Breithornkammes wird durch einen fast waagerechten Firngrat mit den Breithornzwillingen verbunden. Wegen seiner anspruchsvollen Nordrouten in die UIAA-Liste aufgenommen.

Schwierigkeiten: F+. Firn/Eis bis 45°, aber oft selbst zu spuren.
Mühen: Etwa 400 mH Aufstieg ab Schwarztor (700 mH ab Rif. Guida Ayas, siehe Pollux, Seite 145).
Gefahren: Eine Verlockung auch für noch nicht Akklimatisierte. Im Gelände Sicherheit im Umgang mit Gletschern und steilem Firn nötig.
Freuden: Gewöhnlich Auftakt zu einer Kombination mit einer Besteigung der Breithornzwillinge.

Gipfelroute: Siehe Östlicher Breithornzwilling, unten.

Östlicher Breithornzwilling, 4106 m

Der niedrigere und weniger massige der Breithornzwillinge.

Schwierigkeiten: PD+, zuletzt Felsgrat.
Mühen: Etwa 500 mH Aufstieg ab Klein-Matterhorn, nach vorherigem Abstieg von 150 mH (3 Std.). Beim Rückweg Gegensteigungen.
Gefahren: Spalten und steile Firn- oder Eishänge, am Grat nordseitig oft große Wächten.
Freuden: Ein keckes Felsgipfelchen, nicht dauernd überfüllt.

Gipfelroute: Bis zum Schwarztor siehe Pollux, Seite 146. Nun über Firnhang zum Firnrücken (hierher auch vom Biwak Cesare und Giorgio und hinauf, zuletzt steil, zum waagerechten Firngrat (der rechts

Blick vom Breithorn-Mittelgipfel auf die Breithornzwillinge. In der Ferne von links: Nordend, Dufourspitze, Zumsteinspitze und Liskamm.

rasch zur Schwarzfluh führt). Am Grat nach Westen ansteigen, zuletzt an luftigem Felsgrat zum Gipfel.

Weiterweg: Übergang zum Westlichen Zwilling (III).

Westlicher Breithornzwilling, 4139 m

Der höhere, massigere, der östlichen Gipfel des Breithornkammes. ist vom Mittelgipfel durch eine tiefe Scharte getrennt. Zugleich zieht von hier ein mächtiger Gratkamm nach Norden.

Schwierigkeiten: PD-. Zuletzt felsig.
Mühen: 580 mH Aufstieg (3 Std.).
Gefahren: Die für Gletscher üblichen, am Grat. Achtung auf Wächten. Wer die Besteigung als Akklimatisationstour wählt, vergißt besser nicht die für den Rückweg unvermeidliche Gegensteigung.
Freuden: Der höchste und schönste der drei östlichen Gipfel.

Gipfelroute: Zuerst wie zum Pollux, aber bereits kurz nach dem Passieren der Fallinie der vom Mittelgipfel herabziehenden Felswand in nördlicher Richtung ansteigen zum tief eingesenkten Sattel zwischen Zwillingen und Mittelgipfel. Nun am Westgrat zuerst über Firn, zuletzt über Fels auf zum Gipfel.

Andere lohnende Routen: *Younggrat* (= Nordgrat der Breithorn-zwillinge; D, bis IV, deutlich anspruchsvoller als Triftjigrat, 1250 mH, 9–10 Std. von der Gandegghütte).

Breithorn-Mittelgipfel, 4159 m

Hübscher Firngipfel, dessen Besteigung gut mit der des weit häufiger bestiegenen Westgipfels verbunden werden kann.

Schwierigkeiten: F+. Reiner Firnanstieg, bei 35°.
Mühen: 350 mH von der Bergstation Klein-Matterhorn.
Gefahren: Am Breithornplateau bei schlechter Sicht ernste Orientie-rungsprobleme (Kompaß!). Am Gipfelgrat nordseitig große Wächten.
Freuden: Einer der am wenigsten schwierigen Viertausender, oft noch mit Gelegenheit zum Legen der eigenen Spur.

Gipfelroute: Wie zum Breithorn-Hauptgipfel bis zum Breithornsattel. Dort in nördlicher Richtung in der Firnmulde östlich des West-gipfels, zuletzt steiler, empor zum Sattel zwischen Westgipfel und Mit-telgipfel. Nun östlich am Grat (Achtung auf die Wächtenabbruchli-nie!) zum Gipfel.
Aussicht: Durch den höheren Westgipfel etwas beengt, aber das Matterhorn kann man sich noch von dort aus ansehen.
Andere lohnende Routen: *Übergang zum Westgipfel* (F+).

Breithorn, 4164 m

Gewaltig anzusehen ist diese zweieinhalb Kilometer breite Mauer schon, besonders von der Nordseite. Seit der Erstbesteigung, 1813 durch Henry Maynard, Joseph-Marie Couttet, Jean Gras sowie Jean-Baptiste und Jean-Jaques Erin, hat sich hier allerdings einiges am Zu-gang verändert. Der Paßbereich zwischen Matterhorn und Breithorn mit Theodulsattel und Testa Grigia ist sowohl von Norden wie von Süden derart mit Liften und Seilbahnen vollgestellt, daß kaum noch jemand Lust hat, dorthin auf eigenen Füßen zu steigen. Wer auf das Breithorn will, nimmt deshalb gewöhnlich auch die Bahn. Und wer weiß, wie schön ein ursprünglicher Berg sein kann, dem ist die Besteigung (der letzten paar hundert Höhenmeter) des meistbestiegenen Viertausenders auf dem Normalweg mehr ein masochistisches Unternehmen als ein Vergnügen.

Schwierigkeiten: F+. Dies ist der typische Latschviertausender. Immerhin ist der Firnhang bis 35° steil, gelegentlich auch vereist. Steigeisengehen gewöhnlich Voraussetzung.
Mühen: 350 mH Anstieg von der Bergstation (1–2 Std.).
Gefahren: Gletscher haben immer Spalten – auch hier. Bei schlechter Sicht und Verlust der Spuren kann man sich auf den weiten, ungegliederten Hängen durchaus erfolgreich verlaufen. Die Unterschätzung solcher Risiken kann sich auch an einem Modeberg bitter rächen.
Freuden: Nach der Erfahrung eines so überlaufenen Anstieges wie es der Breithorn-Normalweg gewöhnlich ist, erlebt man wohl jede andere Besteigung als besonderen Genuß.

Karten: LKS 1:25000, Blatt 1348 Zermatt, auch LKS 1:50000, Blatt 5006 Matterhorn–Mischabel.

Anreise: Nach *Zermatt*, siehe Dufourspitze, Seite 128. Von Zermatt Seilbahn auf das Klein-Matterhorn (3820 m, die Bergstation verschont immerhin die Skyline, indem sie unterhalb vom Gipfel bleibt und teilweise in den Berg verlegt ist), Tel. 028-671316 oder 671252. – Von Süden auch per Bahn durch das Aostatal bis Châtillon und von dort per Bus oder Pkw 26 km nach *Breuil* (= Cervinia, 2006 m; mondäner Fremdenverkehrsort). Von dort Seilbahn zur Testa Grigia (3480 m; von dort 1–2 Std. zum Breithornpaß).

Hüttenaufstieg: Von Zermatt zuerst wie zur Hörnlihütte (siehe Matterhorn, Seite 155) zu den Häusern von Hermettji. Nun südwärts die Hänge querend und ansteigend in das Tal des Furggbaches. Nach seiner Überschreitung auf einem Sporn in Kehren empor (die Seilbahnstation Furgg bleibt westlich) und dem Steig folgend in südlicher Richtung, an der Seilbahnstation Trockener Steg östlich vorbei, nach insgesamt 4 Std. zur *Gandegghütte* (3029 m; priv., 30 L, bew. im Sommer, Tel. 028-672196). Zunächst entlang den östlichen Randfelsen des Oberen Theodulgletschers, dann diesen in südwestlicher Richtung überqueren und (Skilifte) unter dem Theodulhorn entlang nach 2 Std. hinauf zum Theodulpaß und dem *Rifugio Teodulo* (3327 m, CAI, 86 L, bew. April bis September, Tel. 0166-949400). Von hier entlang den Skiliften zur *Testa Grigia*, von dort in südöstlicher Richtung (Lift) und zuletzt nordöstlich ansteigend über den Gletscher (Spalten) zum Breithornplateau, 2 Std.

Gipfelaufstieg: Von der Bergstation am Klein-Matterhorn (3820 m,

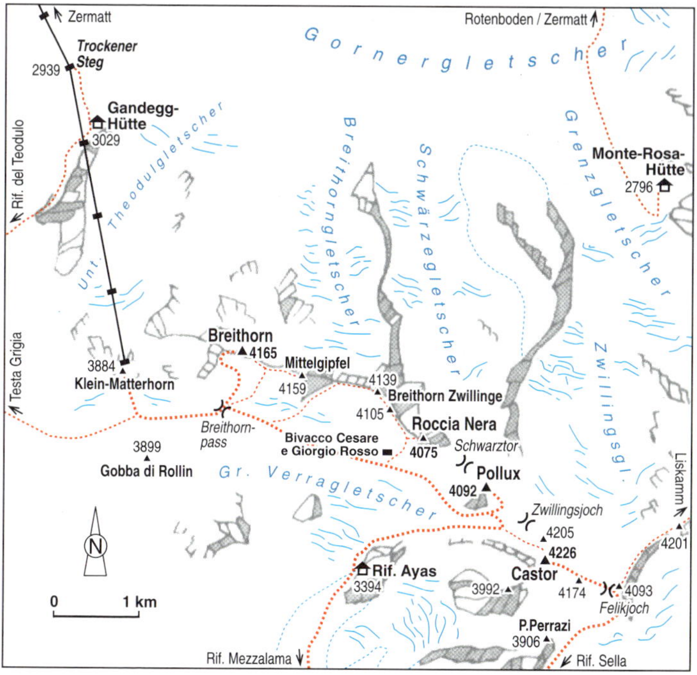

Zermatt

Trockener Steg

2939

Gandegg-Hütte

3029

Rif. del Teodulo

Unt. Theodulgletscher

Breithorngletscher

G o r n e r g l e t s c h e r

Rotenboden / Zermatt

Grenzgletscher

Monte-Rosa-Hütte

2796

Schwärzegletscher

Testa Grigia

Breithorn
▲ 4165

Klein-Matterhorn
3884 ▲

Mittelgipfel
4159

4139

Breithorn-pass

4105 ▲

Breithorn Zwillinge

Roccia Nera
▲ 4075

Schwarztor

3899

Gobba di Rollin

Bivacco Cesare e Giorgio Rosso ■

G r.   V e r r a g l e t s c h e r

Pollux
4092 ▲

Zwillingsgl.

Liskamm

Liskamm
▲

4201

Zwillingsjoch
4205 ▲
4226 ▲

Castor
4174 ▲

4093

Felikjoch

Rif. Ayas
3394

3992 ▲

P. Perrazi
3906 ▲

Rif. Sella

Rif. Mezzalama

N

0   1 km

**Liskamm, Castor und Pollux sowie Breithorn von Nordwesten.
Rechts vom Breithorn der Breithornsattel, nahe der Station
Klein-Matterhorn.**

keine Übernachtungsmöglichkeit) durch den Stollen und zunächst entlang Lift hinab zum Sattel (3796 m) vor dem Breithornplateau. Dann östlich auf der breiten Spur zum Breithornpaß und über den allmählich steiler werdenden Südwesthang ansteigen. Oben links halten und über den breiten Bergrücken (links Steilabbrüche!) zum westlichsten und zugleich höchsten Gipfel des Breithorns.

Aussicht: An einem schönen Tage läßt sich darüber vielleicht schon zeitweilig das Menschengewimmel vergessen. Im Westen beherrschend die mächtige Felspyramide des nahen Matterhorns, im Osten Liskamm und Monte Rosa mit ihren ausgedehnten Eisströmen, dazu im Nordwesten Dent Blanche, Obergabelhorn, Zinalrothorn und Weisshorngruppe und im Nordosten Mischabelgruppe und Rimpfischhorn.

Andere lohnende Routen: *Überschreitung des Breithornkammes* (AD, teilweise III, kombiniert, Wächtengrate, gewöhnlich von Osten nach Westen begangen, 8–9 Std. vom Biv. Cesare e Giorgio Rossi zum Westgipfel).
Triftjigrat (= Nordgrat des Hauptgipfels; AD, Fels III und II, kombiniert, längere Passagen Eis bis 55°, großzügiger klassischer Grat, 1150 mH, 8 Std. von der Gandegghütte).
Spezialführer: SAC, Walliser Alpen, neu Band 4, Brand.

Matterhorn, 4478 m

Hochgerühmt ist diese majestätische Felspyramide, unzählige Male gepriesen und auf erhabenen oder profanen Objekten abgebildet – und entsprechend überlaufen. Aber selbst wenn noch so viel vor dem Gerenne und Gedränge gewarnt wird, natürlich werden diese Warnungen in den Wind geschlagen. Wer das »Horn« machen kann, will es auch machen. Irgendwann auch jene, die zuerst meinen, diesem Sog widerstehen zu können. Spätestens dann, wenn sie es sehen…
Die dramatische Ersteigungsgeschichte hat ihren Teil dazu beigetragen. Der Wettlauf, in den das Ringen um die erste Besteigung ausartete, wurde von dem englischen Alpin-Freak Edward Whymper und seinen Gefährten, Lord Francis Douglas, Charles Hudson, Robert Douglas Hadow, sowie den Führern Michel Croz (aus Chamonix) und Vater und Sohn Peter Taugwalder (aus Zermatt) am 14. Juli 1865 nach Aufstieg über den Nordostgrat (= Hörnligrat) für sich entschie-

den. Allerdings kehrten durch einen Unfall beim Abstieg nur Whymper und die beiden Taugwalders zurück (das gerissene Seil ist noch im Alpinen Museum in Zermatt zu besichtigen). Der erheblich schwierigere Liongrat wurde drei Tage später durch Whympers früheren Verbündeten und Rivalen Jean Antoine Carrel und seine italienischen Freunde bewältigt. Die erste Begehung des prächtigen (und bis heute ohne Steighilfen erhaltenen) Zmuttgrates gelang am 3. September 1879 dem legendären Führer Alexander Burgener mit seinen Kollegen Johann Petrus und A. Gentinetta und dem brillianten Engländer Albert Frederick Mummery. Besondere Schlagzeilen machte auch die erste Durchsteigung der Nordwand durch die Brüder Franz und Toni Schmid im Sommer 1931 sowie später ihre erste Winterbegehung und die erste überlebte Skiabfahrt.

Matterhorn von Osten, von der Gandegg. Rechts der Hörnligrat.

Schwierigkeiten: AD-. Einer der schwierigsten Viertausender-Normalwege, weniger was die Schwierigkeit der Einzelstellen angeht als die Länge des Sorgfalt erfordernden Geländes. Bei Benutzung der am Gipfelaufbau angebrachten Seile einige Passagen III-, meist II (sehr anhaltend) und I (ohne Benutzung der Fixseile am Gipfelaufbau einige Seillängen bis IV und IV+, in großer Höhe und daher entsprechend anstrengend). An Schulter und Gipfelhang auch meist Eis.

Der Fels ist am Grat grobgriffig und in aperem Zustand durchaus lustvoll zu steigen, in den Flanken oft mergeldurchsetzt und plattig. Die Orientierung wird durch die Politur erleichtert, die jedoch bei Nässe oder Schnee und Eis zusätzliche Schwierigkeiten bereitet, was das Horn wegen der Länge der Route für normal leistungsfähige Bergsteiger rasch unbegehbar macht. Im unteren Teil der Route gibt es mehrere gleichwertige Möglichkeiten.

Mühen: Zum Schwarzsee 950 mH Aufstieg (2–3 Std.) oder Seilbahn. Vom Schwarzsee zur Hörnlihütte 700 mH (2 Std.), Gipfelaufstieg 1200 mH (ca. 1700 Klettermeter, 5–6 Std.).

Gefahren: Die Bilanz von bisher etwa 500 Bergtoten für das Matterhorn spricht eine deutliche Sprache. Hauptgefahr ist die Hektik, in die sich die vielen Leute nur zu leicht gegenseitig treiben und die Schlamperei beim Gehen und Sichern auslöst. Da meist gleichzeitig am Seil gegangen, aber gewöhnlich nur stellenweise gesichert wird (in den Flanken weithin kaum natürliche Sicherungsmöglichkeiten), ergeben sich allerlei Gelegenheiten, durch eigene oder fremde Fehler und Schusseligkeiten zu Schaden zu kommen. Das gilt besonders für die unvermeidlich zahlreichen Überhol- und Begegnungsmanöver.

Eine zweite wesentliche Gefahr ist die beachtliche Länge des Anstiegs, die besonders bei Schlechtwettereinbruch, der auch die Orientierung rasch erschwert, vor allem diejenigen in Bedrängnis bringt, die sich mit der Besteigung an ihre Leistungsgrenze heranwagen. Das ursprünglich brüchige Gestein ist auf der Route ausgeputzt, kann jedoch in Verhauern immer noch unerfreulich veränderlich sein und bietet dann Möglichkeiten, sich bei unterhalb Steigenden unbeliebt zu machen.

Ein weiteres, nicht zu unterschätzendes Problem sind die glattgegrabbelten Fixseile, die nur in großen Abständen am Fels verankert und wegen ihrer Dicke mit Handschuhen schlecht zu fassen sind.

Bei der Ausrüstung darf weder an Wind- und Kälteschutz noch an Steigeisen gespart werden. Die bei 4003 m Höhe dicht an einer Gratscharte ostseitig an die Felsen gebaute Solvayhütte ist ausschließlich als Notquartier bei Wettersturz oder Unfällen vorgesehen.

Freuden: Auch wenn die Besteigung im Detail nicht unbedingt überall höchste kletterästhetische Qualitäten hat, so ist das Ambiente dieses großen Symbolberges und die Position dort oben doch faszinierend. Wer es sich vom Wetter her leisten kann, sich nicht von der allgemeinen Hektik anstecken zu lassen und erst bei Tag loszugehen, findet die beste Route leichter und hat auch ansonsten mehr Vergnügen am Steigen, muß allerdings den ganzen Gegenverkehr in Kauf nehmen.

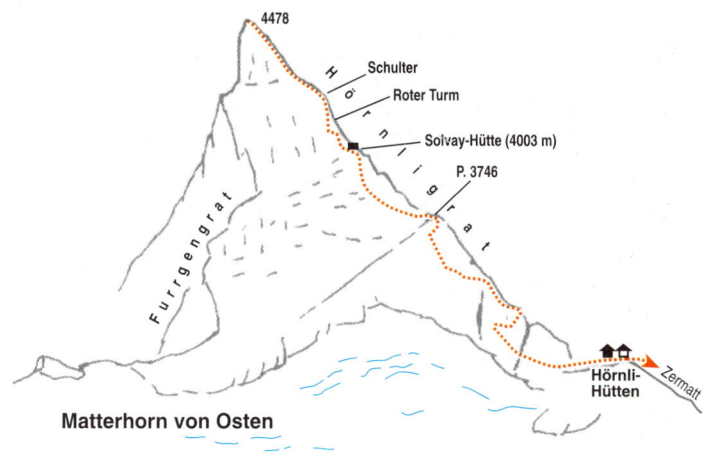

Matterhorn von Osten

Karten: LKS 1:25 000, Blätter 1348 Zermatt und 1347 Matterhorn, auch LKS 1:50 000, Blatt 5006 Matterhorn–Mischabel.

Anreise: Talort ist *Zermatt*, siehe Dufourspitze, Seite 128.

Hüttenaufstieg: In Zermatt vom Bahnhof etwa 15 Minuten durch den Ort taleinwärts nach Winkelmatten. Von dort Seilbahnen zum Schwarzsee. Wer ihren Verlockungen widersteht, folgt dem westlichen Ufer der Mattervisp zur Einmündung des Zmuttbaches. Daran etwa 600 m entlang, dann über Brücke zum Ortsteil Am See (1766 m). Zuerst den Weg Richtung Stafelalp weiter, bei der ersten Gabelung links den Steig durch den Wald hinauf nach Hermettji (2053 m). Hier rechts weiter mit vielen Kehren über den Bergrücken hinauf zum Schwarzsee-Hotel, 2584 m und zum Schwarzsee. (2–3 Std.). Nun in westlicher Richtung den breiten Steig über begrünte Buckel und Moränenschutt hinauf zur finsteren Felsmauer des Hirli. Davor zuerst nach links, dann rechts ansteigen auf den Bergrücken. Das Horn ist nun ganz nahe gerückt. In zahlreichen kurzen Kehren hinauf zur Schulter mit dem Hotel Belvedere und der *Hörnlihütte* (3260 m; SAC Sektion Monte Rosa, 60 L, meist überfüllt; bew. Mitte Juni bis Mitte September, Tel. 0 28 - 67 27 69).

Gipfelroute (Hörnligrat): Insgesamt hält sich die Route meist einige Dutzend Meter links vom Grat in der Ostseite. Erst oberhalb der Solvayhütte folgt man fast immer direkt der Gratkante. Wenn man im Finstern losgehen will, ist eine abendliche Erkundung des Einstiegs und der Fortsetzung bis zu den Couloirs ratsam.

Tiefblick vom Gipfeldach des Matterhorns nach Norden zum Ausstieg aus der letzten Steilstufe und zum Tiefenmattengletscher.

Am Hörnligrat – Abstieg an der Moseleyplatte.

Im einzelnen: Von der Hörnlihütte ansteigen auf einen waagerechten Rücken und zu einer Wandstufe. Diese schräg links (Fixseil) hinauf und links (Steigspuren) querend zu einer Schulter in der Ostflanke. Zuerst noch ein Stück in Richtung auf den Grat ansteigen und dann links in die Ostflanke queren. Dort ein Couloir überschreiten und weiterqueren zu einem zweiten Couloir. Darin etwa 25 m empor und dann links auf Felsrippe (rechts von einem dritten Couloir) hinauf zum Grat. Am Grat etwa 100 mH griffig ansteigen (Steigspuren, Steigeisenkratzer) bis zu einem Band mit gelblichem Fels. Dieses links in der Flanke bis zu seinem Ende. Dann wieder im Zickzack insgesamt gerade hinauf zum Grat und zu einem sperrenden Felsturm (davor Reste einer alten Hütte, 3818 m, 2 Std. von der Hörnlihütte).
Links in die Flanke queren und in einer plattigen Wandeinbuchtung, zunächst linkshaltend, oben steiler über die »Moseley-Platte« (III-, Eisenstift zur Sicherung) direkt hinauf zur Solvayhütte (4003 m, 3 Std. von der Hörnlihütte).
Links neben der Hütte über die »obere Moseley-Platte« (III-) zum Grat und an diesem unterhaltsam empor. Ein Turm wird links um-

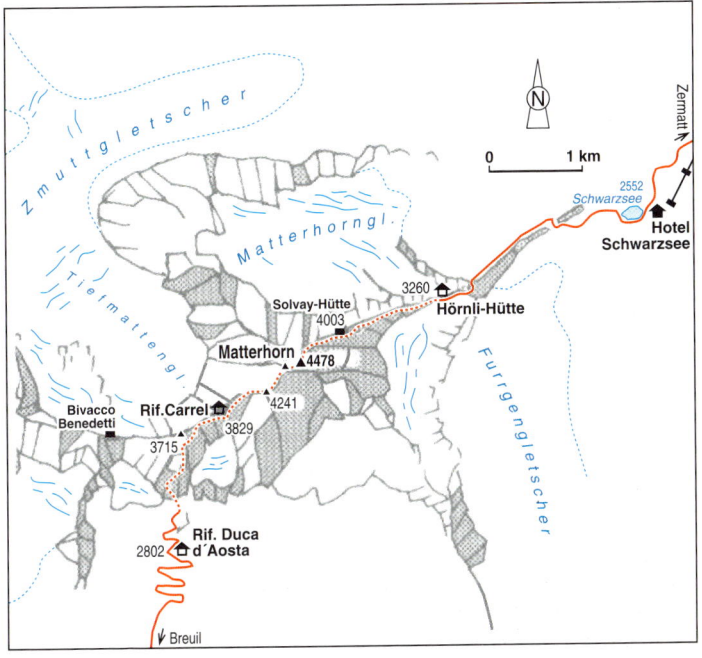

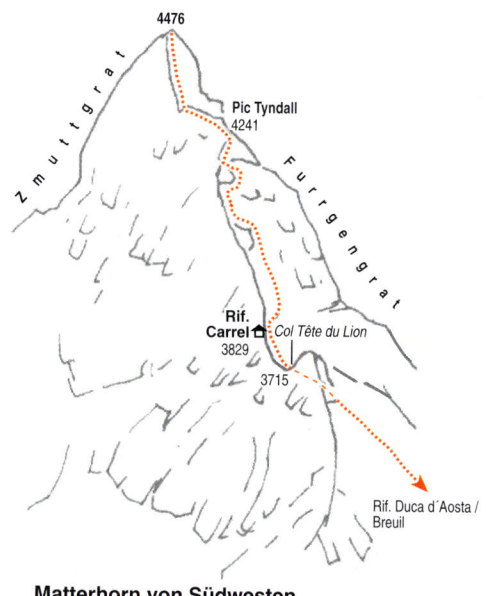

4476

Pic Tyndall
4241

Zmuttgrat

Furggengrat

Rif. Carrel
3829

Col Tête du Lion

3715

Rif. Duca d´Aosta /
Breuil

Matterhorn von Südwesten

gangen und danach der Grat weiterverfolgt zur »Schulter« (meist Schnee und Eis, Eisenstifte als Sicherungshilfe).

Über einen kurzen Firngrat zum steilen Gipfelaufbau. Direkt an der Kante über steile Risse und Stufen, an denen sich dicke, abgespeckte Fixseile als Hilfen zu unelegantem Hochwuchten aufdrängen. So gelangt man/frau zur oft vereisten Gipfelabdachung und rasch zum höchsten Punkt (am östlichen Ende des Gipfelfirstes).

Südwestgrat (Liongrat): Schwierigkeit AD, III und Fixseile (ohne diese IV), heikler und im Aufstieg ermüdender als der Hörnligrat, deshalb auch oft im Abstieg begangen). – Von Breuil (2006 m) auf Steig zum Rif. Duca di Abruzzi (2802 m, 2–3 Std.). Steig zum Carrelkreuz und durch Rinne schräg links über einen Felsriegel zu einem Felsrücken. Unter Steinschlaggefahr zum östlichen Rand des Firnfeldes und daran zu einer Felsrippe unter dem Gipfelaufbau des Tête du Lion. Rechts auf Band, einige Rinnen querend (Steinschlag, heikel), zum Col du Lion (3580 m). Am Grat und südlich davon über plattige Felsen (u. a. die »Seiler-Platte« und den »Kamin«; Versicherungen) zu den Hütten Rif. Savoia (alt, nur Notlager) und *Rifugio Carrel* (3829 m; 40 L, Radio-Tel.; 4–5 Std. vom Rif. Aosta).

Matterhorn (links Hörnligrat, rechts Zmuttgrat) und Dent d'Hérens, davor Wellenkuppe und Obergabelhorn, gesehen vom Gipfel des Zinalrothorns. Im Vordergrund einige absteigende Seilschaften an der »Kanzel«.

Den folgenden Zackengrat (»Hahnenkamm«) südseitig umgehen (»Mauvais Pas« und »Linceul«) zu einer Wand. Über diese (»Corde Tyndall«) hinauf zum Grat. Daran zum Pic Tyndall (4241 m, 3 Std.). Am fast waagerechten Grat, zuletzt über delikate Einschartung (»Enjambée«), zum Gipfelaufbau. In offensichtlicher Linie den Seilen folgend, einmal über Strickleiter (»Échelle Jordan«) zum italienischen (West-) Gipfel. Am Grat über Scharte zum Hauptgipfel (5 Std. ab Rifugio Carrel).

Aussicht: Überwältigend – von Mont Blanc, Dent d'Hérens und Grand Combin im Westen zu den nördlich gelegenen Bergriesen Dent Blanche, Obergabelhorn, Zinalrothorn und Weisshorn zur Mischabelgruppe mit Dom, Täschhorn, Alphubel, Allalinhorn, Rimpfischhorn und Strahlhorn und weiter zur weißen Masse des Monte Rosa, zum Liskamm und zum Breithorn im Osten. Nur nach Süden hin ist der Fernblick ohne sensationelle Schaustücke, aber dafür läßt der Tiefblick an Eindrücklichkeit nichts zu wünschen übrig.

Nebengipfel: Der wenig ausgeprägte (italienische, mit einem Eisenkreuz versehene) **Westgipfel** ist mit **4476 m** nur eineinhalb Meter niedriger als der (schweizerische) Ostgipfel. Der **Pic Tyndall (4241 m)** an der Schulter des Südwestgrates wird bei der Begehung des Liongrates überschritten.

Andere lohnende Routen: *Zmuttgrat* (NW-Grat; D, IV- und III, kombiniert, selten gute Verhältnisse, Firn oder Eis bis 50°, der große klassische Matterhorngrat ohne Steighilfen, 1200 mH, 7–9 Std. von der Hörnlihütte).

Furggengrat (SO-Grat; D+/TD, IV, direkt bis VI; brüchiger Fels; 1150 mH vom Einstieg, 8–12 Std.).

Nordwand (steiles Eis und IV, bei anderer Routenwahl V, heikel brüchiger Fels, eine der großen klassischen Nordwände der Alpen, 1100 mH, 10–12 Std.).

Spezialführer: SAC, Walliser Alpen, neu Band 3, Brandt; M. Vaucher, Walliser Alpen, Pforzheim 1983 bzw. München 1990.

Dent d'Hérens, 4171 m

Ausgestochen vom berühmten höheren Nachbarberg und Blickfang Matterhorn, ohnehin abseits gelegen im hintersten Winkel des Mattertales wie des Valpelline – nur wenige verlaufen sich hierhin. Dabei ist dies doch ein sehr formschöner Berg, mit eleganten Linien und lohnenden Routen. Und alle sind zünftig in ihren Anforderungen, denn weit auf eigenen Füßen zu gehen, das wird allemal verlangt.

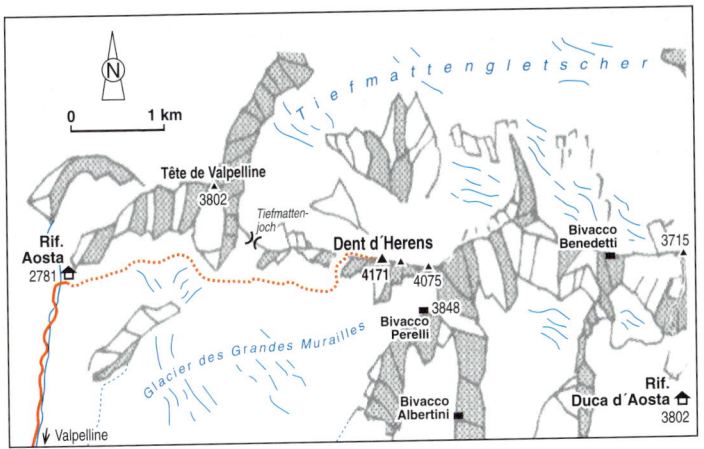

Der heutige Normalweg war auch die Route der Erstbesteiger Crawford Grove, W. E. Hall, R. S. Macdonald und W. Woodman mit den Führern Melchior Anderegg, Peter Perren und Jean-Pierre Cachat im Jahre 1863. Die gewaltige klassische Route über den 2 km langen Ostgrat gelang 1906 Franz und Joseph Lochmatter mit dem Engländer V. J. E. Ryan. Der erste Anstieg durch die riesige Nordwand war eine der ersten extremen Eisrouten, die 1925 von dem später am Nanga Parbat gestorbenen Willo Welzenbach und Eugen Allwein eröffnet wurden.

Schwierigkeiten: PD+. Lange Gletschertour, danach Kletterei bis III+, zuletzt am schmalen, luftigen Gipfelgrat.
Mühen: Hüttenaufstieg 800 mH (5–6 Std.), Gipfelaufstieg 1400 mH (5–6 Std.).
Gefahren: Die üblichen für Gletscher nötigen Vorsichtsregeln sind ganz besonders sorgfältig zu beachten, zumal man kaum auf fremde Hilfe zählen kann.
Freuden: Ein meist einsam-ernster Berg.

Karten: LKS 1:25 000, Blatt 1347 Matterhorn; auch LKS 1:50 000, Blatt 5006 Matterhorn – Mischabel.
Anreise: Bahn oder Autobahn bis Aosta. Von der zum Großen St. Bernhard führenden Autostraße zweigt nach etwa 4 km die Straße ab ins Valpelline (960 m) und hinauf nach *Bionaz* (1606 m; Dorf, bis hierher Postbus, von Aosta 29 km).

Hüttenaufstieg: Das Sträßchen leitet noch 6 km für Autos befahrbar weiter bis zum Staudamm Lac di Place Moulin. Von dort 1 Std. am See entlang nach Prarayer (2005 m; Hotel nur im Sommer offen). Nun den Weg – die Markierungen sorgfältig beachtend – durch das ganze lange Tal hinauf zum *Rifugio Aosta* (2781 m; CAI Sektion Aosta, 24 L, zeitweise bew. Mitte Juni bis Ende August, Tel. 0165-31696 oder 43588). – Hierher auch vom Zermatter Tal in 5–6 Std. ab Schönbielhütte über Col de Valpelline und Col de la Division bzw. aus dem Val d'Arolla von der Cabane Bertol über Col des Bouquetins.

Gipfelroute (Südwestflanke): Von der Hütte etwas talwärts absteigen und dann auf Steig über Moränen und den nördlichen Teil des Glacier des Grandes Murailles empor. Nach einer unerquicklichen Spaltenzone wird links ausgewichen. Danach unter dem Tiefenmattenjoch und den Flanken des Westgrates (Abstand halten wegen Steinschlag) aufsteigen bis etwa 3800 m. Über den Bergschrund und dann in der Südwestflanke linkshaltend über Firn und leichte Felsen zum oberen, leichteren Teil des Westgrates. Daran über Blöcke und Stufen, zuletzt an schmalem Zackengrat zum Gipfel.

Aussicht: Sie wird beherrscht durch das im Osten gegenüber aufragende Matterhorn, das Liongrat, Westwand und Zmuttgrat zeigt. Dagegen erscheint schon die im Norden aufragende Dent Blanche fern. Im Westen die Berge am Talschluß von Arolla und darüber das wuchtige Massiv des Grand Combin.

Nebengipfel: Im Ostgrat erhebt sich der **Vorgipfel (4148 m)** und der Felskopf auf der **Épaule (4075 m)**, und weiter unterhalb die Gratgipfel Pointe Blanche (3918 m), P. Carrel (3841 m) und P. Maquignaz (3801 m).

Andere lohnende Routen: *Westgrat* (AD-, III+ und III, kombiniert, ab Aostahütte 1400 mH, vom Tiefenmattenjoch 600 mH, 3 Std.).

Nordwestflanke (AD, bis 45°, gelegentlich extreme Spalten; 1500 mH ab Schönbühlhütte, eigentliche Flanke 850 mH).

Ostgrat (D, IV und III, 700 mH, aber teilweise brüchig und sehr lange Kletterstrecke, 8–10 Std. vom Col Tournanche).

Nordwand (TD+, Eis bis 90°, Fels bis IV, eisschlaggefährdet, 1300 mH, 10–15 Std.)

Dent d'Hérens vom Südgrat der Dent Blanche.

Westlicher Walliser Grenzkamm

Von den anderen Walliser Viertausendern weit nach Westen abgesetzt, ist der Grand Combin eigentlich ein gesondertes Bergmassiv, das gleichfalls im Grenzkamm liegt und die Brücke zwischen den Hochgipfeln des Wallis und der Mont-Blanc-Gruppe bildet.

Grand Combin
de Grafeneire, 4314 m

Der Grand Combin ist alpin im schönsten Wortsinne. Man hat schon die Hütten von weit unten durch einsame Täler anzulaufen, jedoch von dort bleiben immer noch beachtliche Höhenunterschiede zum Gipfel. Und auch die leichtesten seiner Anstiege haben ihre Tücken. Ganz besonders der von den Erstbegehern Benjamin und Maurice Felley und Jouvence Bruchez 1857 gewählte und technisch leichteste Anstieg über den von einer Serakmauer mit Eislawinen bedrohten

Schwierigkeiten: AD-. Zustieg zum Col du Meitin von Süden Firn bis 45°, in der Nordwestflanke Firn und Eis bis 50° (gelegentlich an den Seraks auch steiler); am Westgrat Felskletterei teilweise III und II, meist I; brüchig, meist kombiniert; in der Südflanke brüchiger Fels II, kombiniert und Firn bis 45°.
Mühen: Hüttenaufstieg von Bourg St. Pierre zur Cabane de Valsorey 1400 mH (5 Std.), Gipfelaufstieg über Nordwestflanke 1450 mH (5 Std., beim Rückweg auf dieser Route zur Cabane de Valsorey auch 200 mH Gegensteigung), über Westgrat oder Südwand 1300 mH (5–6 Std.).
Gefahren: Auch an der Nordwestflanke eventuell Eisschlag möglich, aber nicht so akute Gefahr wie am »Corridor«. In der Südwand und am Zustieg zum Col du Meitin bei Schönwetter zu fortgeschrittener Stunde Steinschlag möglich. Da in jedem Falle längere Passagen in steilerem Gelände im Auf- und Abstieg zu überwinden sind, sind beachtliche Ausdauer und stetige Trittsicherheit nötig. Ebenso wie sicheres Wetter. Andererseits bietet der Westgrat einen (fast) gletscherfreien Aufstieg. Auf den Gletschern sind die üblichen Gefahren von Spaltenstürzen zu beachten, an den Graten des Gipfelbereiches Achtung auf die riesigen südseitigen Wächten.
Freuden: Im richtig ursprünglichen Gebirge unterwegs zu sein.

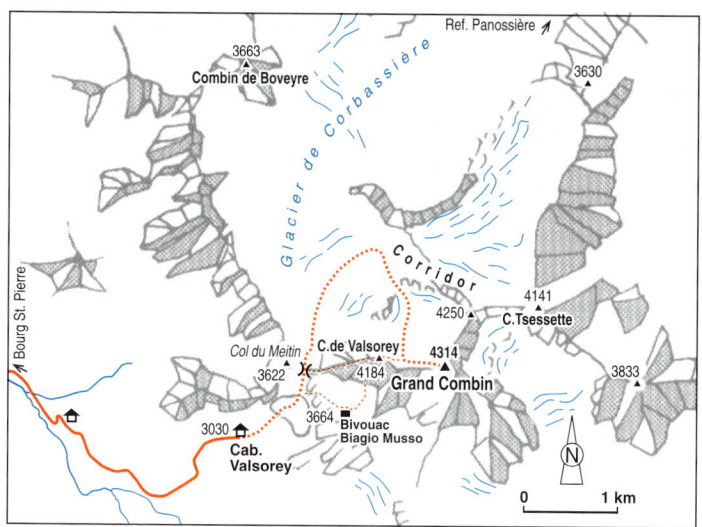

»Corridor« ist eine Sache auf Russisch Roulette. Deshalb werden hier andere Routen als Normalweg empfohlen, die zwar technisch etwas anspruchsvoller, jedoch nicht so objektiv gefährlich sind. Der Westgrat wurde 1884 von C. Boisviel mit D. Balleys und S. Henry erstmals begangen, die Nordwestflanke 1933 von E. R. Blanchet mit K. Mooser. Daß diese Routen bekannter geworden sind, hat auch eine Lawine gefördert, die im Frühjahr 1988 die Cabane de Panossière weggewischt hatte (Wiederaufbau erfolgt). Den aktuellen Zustand der Übernachtungsmöglichkeiten im Tal erfragen! Bei der Haute Route sind mit der Querung der Hänge unter dem Col du Meitin die größten technischen Schwierigkeiten dieser berühmten Skiüberschreitung zu überwinden.

Karten: LKS 1:50 000, Blatt 5003 Mont Blanc – Grand Combin.
Anreise: Bahn bis Aosta oder Orsières (bei Martigny), von dort Bus über die Paßstraße Grand Saint Bernhard (wo die legendären Bernhardinerhunde und die noch viel größeren Plüschbernhardiner sind) nach *Bourg St. Pierre* (1632 m; kleiner Ort an der Durchgangsstraße, Geschäfte; von Martigny 37 km).
Hüttenaufstieg: Etwas oberhalb der Tankstelle und Wechselstube auf schmalem Wirtschaftsweg hinauf in das Seitental des Valsorey-Baches. Wo der Weg links hinausführt, geht man entlang dem Bach weiter und steigt dann bald am nördlichen Hang hinauf zu einer Almhüt-

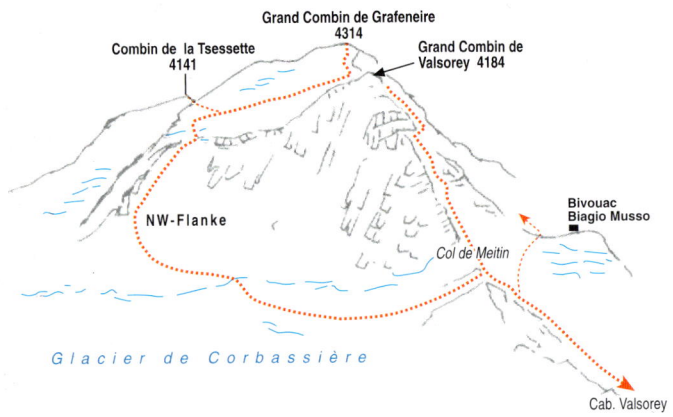

Grand Combin de Grafeneire
4314

Combin de la Tsessette
4141

Grand Combin de
Valsorey 4184

Bivouac
Biagio Musso

N W - F l a n k e

Col de Meitin

G l a c i e r   d e   C o r b a s s i è r e

Cab. Valsorey

te. Nun wieder auf dem breiten Weg, immer am nördlichen Talhang, weiter taleinwärts. An der Brücke (Abzweigung des Steiges zur Cabane du Vélan) bleibt man auf dem orographisch rechten Ufer und erreicht bald danach die idyllische Alm Chalet d'Amont (2197 m). In gleicher Richtung wie vorher zu einer felsigen Wand, die auf einer Steiganlage überwunden wird. Danach am Hang in östlicher Richtung zu Wiesenböden und über eine lange Block- und Schutthalde hinauf zur auf einem Sporn gelegenen *Cabane Valsorey* (3030 m; SAC Chaux de Fonds, 60 L, bew. April bis September, Juni nur an Wochenenden; Tel. 0 26 - 87 11 22).

Gipfelaufstiege: *Zum Col du Meitin:* Von der Cabane de Valsorey in nordöstlicher Richtung über Moränen zu dem kleinen Glacier du Meitin und in einer Firnrinne (oder an den leichten Felsen rechts oder links von ihr) steil hinauf auf den wenig ausgeprägten Col du Meitin (ca. 3610 m, 2 Std. von der Hütte; wenig westlich der Combin du Meitin, 3622 m).

Nordwestflanke: Vom Col du Meitin nach Norden absteigen in das oberste Becken des Glacier de Corbassière und in achtungsvollem Abstand zu den Eistrümmern und Lawinenresten der Nordwestflanke hinüberqueren zu den flacheren Hängen des Sporns oberhalb vom P. 3406 (hierher auch von der Cabane de Panossière über den Glacier de Corbassière (3 Std.). Nun rechts von den Felsen (sie bieten kaum Sicherungsmöglichkeiten) über den steilen Firn gerade hinauf zu den sie oben abschließenden Seraks. Durch diese – je nach Verhältnissen mit oder ohne etwas richtige Eiskletterei – zum unteren Rand des Gipfelplateaus. Auf diesem etwas rechtshaltend zum Sattel vor dem

In der Nordwestflanke des Grand Combin.

Combin de Valsorey (rechts, W). Dann links (ostwärts) über die Hänge (rechts über der Südwand riesige Wächten!) zum am Gipfel installierten Sender und links davon rasch zum höchsten Punkt (**Combin de Grafeneire**, 4314 m).

Westgrat: Am Grat zunächst über Blockwerk zur ersten der drei großen Steilstufen. Diese werden im wesentlichen nahe der Kante überwunden. Dabei können schwierigere Passagen rechts umgangen werden (mehrere Möglichkeiten). Auch der Überhang am Ende der ersten Steilstufe wird rechts umgangen und danach durch eine Verschneidung wieder der Grat erreicht. An der zweiten Steilstufe können die Schwierigkeiten ebenfalls rechts, durch ein weißes Couloir, vermieden werden. Danach erreicht man das waagerechte Gratstück (Schulter). Die dritte Stufe wird direkt erstiegen oder rechts umgangen. Schließlich erreicht man über einen Blockgrat den Gipfel des **Combin de Valsorey (4184 m).** Nach Osten unschwierig hinab in den weiten Sattel (4132 m) und wie beim letzten Teil des Aufstiegs über die Nordwestflanke zum Hauptgipfel.

Südflanke zum Combin de Valsorey: Vom Aufstieg zum Col du Meitin aus der Firnrinne nach rechts über die steilen Hänge hinüber zum in der Südwand des Combin de Valsorey eingelagerten Plateau du Couloir (3664 m; Biwakschachtel). Von dort über die kaum gegliederte Flanke (brüchiger Fels, kombiniert) entweder linkshaltend zur Schulter des Westgrates oder rechtshaltend zum Sattel östlich des Combin de Valsorey. Weiter siehe Nordwestflanke, Seite 166.

Aussicht: In der näheren Umgebung ist der Combin unbestrittener Herrscher. Im Westen das Mont-Blanc-Gebiet, im Osten die Zermatter Viertausender. In der Nähe im Südwesten der Mont Vélan, östlich die Berge am Talschluß von Arolla.

Nebengipfel: Nördlich vom Hauptgipfel liegen noch im Grat die weniger markante **Aiguille du Croissant (4250 m).**

Andere lohnende Routen: *Nordwestwand zum Combin de Valsorey* (Eis bis 60°, 700 mH, 5–7 Stunden vom Wandfuß dicht unter dem Col du Meitin).

Von Nordosten über den Corridor (PD, technisch leicht, aber nur für Leute, die unbedingt gefährlich leben wollen; von der Cabane Panossière 1650 mH, 6–8 Std., davon mehr als 1 Std. im akut von Eisstürzen bedrohten Bereich).

Spezialführer: SAC, Alpes Vallaisanes, vol. II (neu); M. Vaucher, Walliser Alpen, Pforzheim 1983 bzw. München 1990.

Combin de Valsorey, 4184 m

Der nach UIAA auch als selbständig gerechnete Gipfel bildet den westlichen Eckpunkt des Grand Combin. Er wird bei der Westgratroute überschritten und ist auch nach dem Ausstieg aus der Nordwestflanke vom breiten Sattel aus über Firn und Blöcke rasch und leicht zu erreichen (15 Min.).

Combin de la Tsessette, 4141 m

Dieser durchaus markante Nordostgipfel des Combin ist vom Ausstieg aus den Seraks der Nordwestflanke durch eine lange Querung in östlicher Richtung und schräges Absteigen über den oft vereisten Steilhang der Mûr de Côte zum Sattel P. 4090 und von dort am Grat in östlicher Richtung zu erreichen. Der ansehnliche **Westgipfel (4121 m)** kann dabei überschritten oder umgangen werden. (etwa 1 Std. vom Ausstieg der NW-Flanke).

Östliches Mont-Blanc-Gebiet

Die Mont-Blanc-Gruppe ist nicht die ausgedehnteste, wohl aber die mit dem höchsten Gipfel. Sie besteht im wesentlichen aus prächtigem Granit. Das Gestein schenkt diesem Gebirge eine Vielfalt besonders wilder, farbiger Felsgestalten und denen, die daran herumsteigen, durch seine vielgerühmte Festigkeit höchste Kletterfreuden. Die Höhe und die Lage als Eckpfeiler auf der Wetterseite der Alpen garantieren jedoch auch besonders unberechenbare und heftige Wetterstürze.

Aiguille Verte, 4122 m

Eleganz und Schwierigkeit bestimmen die Ausstrahlung dieses großen Berges, der mit seinen mehr filigranen Graten den Eismassen des Mont Blanc und den Felsmassen der Jorasses in einem großartigen Ensemble gegenübersteht. Daß diese schlanke, firnglitzernde Felsgestalt über den gen Himmel jagenden Granitpfeilern der Drus »grüne Spitze« heißt, beleuchtet schlaglichtartig, daß den Bewohnern des Tales von Chamonix bei der Namensgebung die grünen Bergsockel nahrhafter und deshalb wichtiger waren als das grandiose Chaos dort oben in den Wolken.

Erreicht wurde der Gipfel zum ersten Mal am 29. Juni 1865 in einem Außenseiterunternehmen des Engländers Edward Whymper mit den Schweizer Bergführern Christian Almer und Franz Biener. Es löste in der Führergilde von Chamonix einen Sturm von Anzweiflungen aus, die vor allem aus der Entrüstung darüber herrührten, daß nicht auch ein einheimischer Führer angeheuert worden war. Daß einige von diesen gleichfalls zu solchen Besteigungen fähig waren, bewiesen eine Woche später Michel Croz, A. Ducroz und der Zermatter Führer Peter Perren mit Thomas S. Kennedy, Charles Hudson und G. C. Hodginson mit der ersten Begehung des Moinegrates. Herausforderung für die Eisspezialisten der nächsten Generation boten besonders die großartigen Eisanstiege der Nordseite: Schon 1876 wurde (unter günstigeren Eisverhältnissen als heute) von Henri Cordier, Thomas Middlemore, Joan Oakley Maund mit Jakob Anderegg, Johann Jaun und Andreas Maurer das von Eisschlag bedrohte Couloir Cordier began-

Schwierigkeiten: *Whymper-Couloir* (im Frühsommer bevorzugt), AD+. Stark von den Verhältnissen abhängige, großzügige Route, überwiegend in Firn oder Eis bis 55°, Durchschnittsneigung 48°, bei starker Ausaperung auch extreme Eispassagen am Bergschrund (im Abstieg oft durch hohen Sprung oder mehr oder weniger heikle Abseilmanöver leicht spannend). Eine gut gelegte und erhaltene Spur kann den Anstieg erheblich erleichtern. *Moine-Grat* (bei starker Ausaperung bevorzugt) AD. Felskletterei III, weithin auch II, teilweise kombiniert.

Mühen: Nach Montenvers altehrwürdige Zahnradbahn (Das in klassischer Zeit beliebte Spielchen »to beat the train« – natürlich zu Fuß – wird kaum noch versucht, ist allerdings auch durch den technischen Fortschritt und das Verludern der Steige schwieriger geworden). Hüttenaufstieg ab Montenvers 900 mH (3–4 Std.), Gipfelaufstieg 1450 mH (6–9 Std. ab Hütte).

Gefahren: Auf dem insgesamt recht harmlosen Mer de Glace ist beim Überqueren der breiten Schmelzwasserrinnen äußerste Vorsicht geboten, weil sie hoffnungslos glatte Wände haben und in tiefen Spalten enden. Auf dem Glacier de Talèfre ist besonders im oberen Teil auf Spalten zu achten, ebenso am Gipfelgrat auf Wächten. Das Whymper-Couloir ist nach Süden gerichtet und wird bei gutem Wetter entsprechend rasch aufgeheizt. Daher empfiehlt sich wegen Steinschlaggefahr sehr früher Aufbruch und Einstieg.

Aus den gleichen Gründen muß der Abstieg sehr früh erfolgen, bevor der Schnee faul wird. Hier hat der Satz »Schnelligkeit ist Sicherheit« viel Berechtigung. Bei starker Ausaperung nimmt die Steinschlaggefahr zu und dann wird der objektiv weniger gefährdete Moinegrat gleichfalls vorgezogen. Zur Pflege des Images der Bergsteiger bei nicht bergsteigenden Menschen empfiehlt sich im übrigen, auch an die Gefahren zu denken, die für andere Menschen im Gedränge von Bahnhof und Bahn durch unsachgemäß bewegtes Eisgerät entstehen können.

Freuden: Alle Anstiege auf die Verte sind große, hochalpine Unternehmungen. Das garantiert Spannung und Klasse. Und ein handverlesenes Publikum am Gipfel – sofern überhaupt jemand anderes zur gleichen Zeit da ist.

gen. Den langen Anstieg über den Montets-Grat eröffneten 1925 P. Dalloz, J. Lagarde und H. de Ségogne. Das über 1100 m hohe Couloir Couturier durchstiegen 1929 Georges Charlet, A. Couttet und André Devassoux mit H. B. Washburn direkt, 1932 Armand Charlet und Jules Simond mit Marcel Couturier. Die ebenso hohe Nordwestwand über dem Glacier Nant Blanc gelang Armand Charlet und D. Plattonov im Jahre 1935. Der OSO-Grat über Aiguille du Jardin und Grande Rocheuse wurde 1904 von Jean Ravanel und Léon Tournier mit E. Fontaine überschritten, der Westgrat 1926 durch A. Charlet und M. Bozon mit Mlle G. de Longchamp.

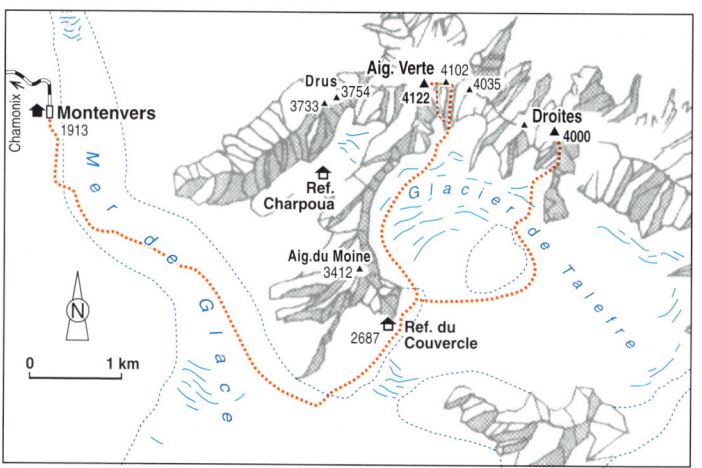

Aiguille Verte, Grande Rocheuse, Aiguille du Jardin und ein Teil der Droites, gesehen vom unteren Glacier de Talèfre. Der Moinegrat verläuft in Fallinie des Gipfels der Aiguille Verte, das Couloir Whymper vor der Grande Rocheuse.

Karten: IGN carte touristique 1:25000, Nr. 1 Massif du Mont Blanc.

Anreise: Bahn oder Auto bis *Chamonix* (1030 m; mondäner Fremdenort mit intensivem Snob-Appeal und wohl den größten internationalen Ballungen von Bergbegeisterten in den Alpen, zu Füßen einer Versammlung der sensationellsten Ziele derselben; mit einem intensi-

Mont-Blanc-Gruppe im ersten Morgenlicht, gesehen vom Col du Meitin am Grand Combin. Links der Mont Blanc und die Jorasses, rechts die Aiguille Verte und ihre Trabanten.

ven, vielfältigen Begleitprogramm für alle, die Berge allein nicht aushalten und auch immer gleich wieder Stadt dabeihaben müssen; im Bureau des Hautes Montagnes umfassendes Informationsangebot über Routen und Wetterlage, ENSA = École Nationale de Ski et d'Alpinisme, Zeltplätze für verschieden leistungsfähige Geldbeutel; vor allem immer voll, voll, voll – Zeltplätze, Parkplätze, Kneipen, Bergbahnen, Hütten, Normalwege, Wassersportzentrum, alles – und entsprechend teuer).

Hüttenzustieg: Von Chamonix mit der Zahnradbahn hinauf nach *Montenvers* (1876 m; Fußwege etwa parallel zur Bahnlinie). Von der Station in südlicher Richtung absteigen, zuletzt auf Leitern über eiseschliffene Platten, auf das im Sommer immer apere Mer de Glace. Zuerst an dessen westlichem Rand, dann mehr in der Gletschermitte etwa 3 Kilometer aufwärts. Wo von Osten her der von den Jorasses kommende Glacier Leschaux einmündet, wendet man sich links. Nach Überqueren der schuttbedeckten Eispartien und Moränen (farbige Blechtonnen als Markierungen) zu den schon von unten sichtbaren Eisenleitern. Auf diesen über die steilen Gletscherschliffe hinauf. Danach dem Steig oberhalb des Eisbruches des Glacier de Talèfre über Gras und Moränengelände folgen zu den am Fuß der Aiguille Moine gelegenen *Refuges du Couvercle* (2687 m, die alte Hütte ist am historischen Biwakplatz originell unter den riesigen schrägen Deckelstein gebaut; CAF Paris, 30+ 120 L, Selbstversorgerraum, bew. im Sommer, Tel. 4 50 53 16 94).

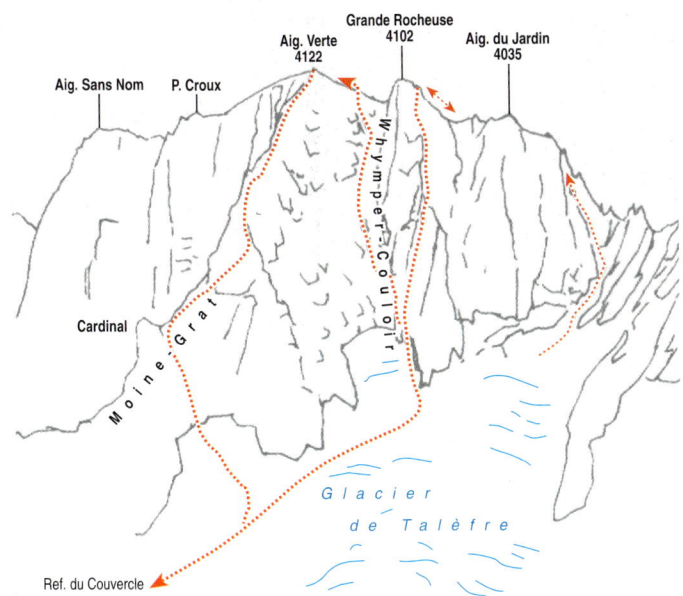

Gipfelanstiege: *Von den Refuges du Couvercle* auf Steig über die Moränen zum westlichen Rand des Glacier de Talèfre. Dort in einem weiten Bogen auf dem Gletscher unter den Felswänden der Aiguille du Moine und des anschließenden Zackengrates entlang zum Fuß der Aiguille Verte (bis hierher 2 Std.). Nun zwei Möglichkeiten:

Zum **Whymper-Couloir** ganz bis zum obersten Teil des Gletschers aufsteigen. Das Couloir zieht von der Gratscharte zwischen Aiguille Verte und Grande Rocheuse herab. Den unteren Teil vermeidet man vorteilhafterweise, indem man rechts, unter den Felsen der Grande Rocheuse, den Bergschrund überschreitet und erst in einem kleinen Parallelcouloir aufsteigt. Dann links auf einem felsigen Grat und weiter oben zu einem Seitenast des Hauptcouloirs queren. Auch dieses queren und dann am orographisch linken (östl.) Ufer des Hauptcouloirs an einer Felsrippe aufsteigen. Wo diese sich verliert, schräg nach links und dann gerade hinauf zum Sattel vor der Grande Rocheuse oder schräg links weiter über kombiniertes Gelände zum Ostgrat. Über diesen (Wächten!) zum Gipfel.

Zum **Moinegrat** schon vor der Aiguille Verte bei etwa 3350 m Höhe nach links und rechts des markanten Felszackens »Cardinal« in einem auffallenden, steilen Firncouloir und schräg links über Felsen 200 m hinauf zur Scharte zwischen Cardinal und Aiguille Verte (3600 m).

Nun in Richtung Aiguille Verte zuerst rechtshaltend im Zickzack und über Bänder zur kleinen Scharte eines Nebengrates hinauf (bei einem 5 m hohen Turm am oberen Ende des Einstiegscouloirs). Über den Nebengrat hinauf und danach schräg rechts über Platten und eingelagerte Firnflecken empor, bis man in das Whymper-Couloir einsehen kann. Nun in Richtung auf die Gratschneide weiter in Kaminrinnen und im Zickzack über Platten, bis man sie bei einem wenig auffallenden Gendarmen erreicht. Am Grat auf seiner rechten (östl.) Seite, einen Turm östlich umgehend, zum Gipfel.

Aussicht: »Auf dem Gipfel der Verte ... sieht man Täler, Dörfer, Felder; man sieht Berge über Berge dahinziehen ohne Ende, mit Seen in ihren Vertiefungen; man hört das Scheppern der Schafglocken, wie es in der klaren Luft heraufdringt, und das Donnern der Lawinen, wie sie abgehen in die Täler: aber über allem ist da der große weiße Dom, mit seinem glänzenden Grat hoch oben; mit seinen funkelnden Gletschern, die zwischen Felsen herabziehen, die ihnen Halt geben: mit seinen strahlenden Firnen, reiner und immer reiner, je weiter sie entfernt sind von dieser unsauberen Welt« (Whymper, Scrambles amongst the Alps). Hinzuzufügen bleibt, daß neben dem Mont Blanc der südlich vorgelagerte Kamm der Jorasses einen durchaus ebenbürtigen Blickfang bildet.

Abstieg: Wenn der Schnee im Whymper-Couloir schon gefährlich ist, wird gelegentlich der Abstieg über den objektiv weniger gefährdeten Südsporn der Grande Rocheuse empfohlen. Dieser sieht jedoch recht steil aus und ist von oben ohne genaue Ortskenntnis und ohne Spur sicher schlecht zu finden. Will man folglich doch das Couloir benutzen, so kann man gut beraten sein, erst in den Abendstunden im wieder fest werdenden Firn abzusteigen (teilweise sind auch Abseilstellen eingerichtet).

Nebengipfel: Im Westgrat steht die **Pointe Croux (4023 m)** als unbedeutender Gendarm, der mit einem Mehraufwand von etwa einer Stunde vom Gipfel der Aiguille Verte aus durch Abstieg und Wiederaufstieg erreicht werden kann. Ihr ist als eine Art Pfeilergipfel die Aiguille Sans Nom (3982 m) vorgelagert. Streng genommen sind Grande Rocheuse und Aiguille du Jardin auch eher östliche Vorgipfel der Aiguille Verte. Weil es so schön ist, wenn es möglichst viele davon gibt, werden sie jedoch seit langem als selbständige Viertausender geführt.

Andere lohnende Routen: *Nordwestgrat* (Arête des Grands Montets, D; Felskletterei bis IV, kombiniert, lange alpine Hochtour, zum

Schluß mit Firn oder Eis bis 50°, 900 mH bei ca. 1,7 km Länge, 8–12 Std. von Bergstation Grands Montets).

Ostsüdostgrat (Jardingrat, über Aiguille du Jardin und Grande Rocheuse, D; lange Gratkletterei mit 2 Seillängen IV, 10–14 Std. von Refuge du Couvercle bis Gipfel der Aiguille Verte).

Nordostwand (Couloir Couturier, D; großzügige Eistour, bis 55°, selten in ganzer Länge gute Verhältnisse, an der Gipfelkalotte gelegentlich auch im Sommer Schneebrettgefahr, 1100 mH, 4–7 Std. ab Bergschrund, 6–9 Std. ab Refuge d'Argentière).

Nordwestwand (Nant Blanc, D+; anhaltend schwierig in Fels bis IV und Eis bis 55°, 1000 m, 12 Std. von Montenvers).

Westgrat (Sans-Nom-Grat, D+; Klettern bis IV, meist auch kombiniert, besonders schöne, sehr lange Route, 10–12 Std. vom Refuge Charpoua).

Spezialführer: CAF, L. Devies, P. Henry: La Chaîne du Mont Blanc (Guide Vallot, vol. III).

Grande Rocheuse, 4102 m

Der markante, aber nur durch eine Schartenhöhe von etwa 70 m über dem Col de la Grande Rocheuse abgesetzte Gratgipfel östlich der Aiguille Verte. Der Gipfel kann bei einer Begehung des Whymper-Couloirs mit etwa einer Stunde Mehraufwand »mitgenommen« werden. Für eine gesonderte Besteigung ist der weniger gefährliche Südpfeiler vorzuziehen, der bei problematischen Verhältnissen auch als (keineswegs einfacher!) Abstieg von der Aiguille Verte dienen kann. Die erste Besteigung erfolgte 1865 durch Michel Ducroz und Michel Balmat mit R. Fowler.

Schwierigkeiten: Südpfeiler AD. Kletterstellen bis III, meist II.
Mühen: Hüttenaufstieg und Gipfelaufstieg siehe Aiguille Verte, Seite 170.
Gefahren: Siehe Aiguille Verte, Seite 170, jedoch nur im unteren Teil Steinschlagprobleme.
Freuden: Ein Mitnahmegipfel.

Karte, Skizze, Anreise, Hüttenaufstieg: Siehe Aiguille Verte, Seite 171.

Gipfelaufstieg (Südpfeiler): Wie zum Whymper-Couloir begin-

nen und zum oberen Ende der Felsrippe links des Einstiegscouloirs.
Nun rechts das Nebencouloir queren und über die Pfeilerfelsen direkt
hinauf bis zu einem Gendarm (3800 m). An diesem links (W) vorbei.
150 m höher einen zweiten Gendarmen gleichfalls rechts umgehen
und am Pfeilergrat bis zur steilen Gipfelwand. Man steigt in Kaminen
linkshaltend empor und gelangt zuletzt gerade hinauf zum Grat und
zum Gipfel.

Nebengipfel: Ostseitig beim Col Armand Charlet der **P. 4015**.

Aiguille du Jardin, 4035 m

Der breitere Gratgipfel südöstlich der Grande Rocheuse, von dieser
durch das schmale Col Armand Charlet abgetrennt. Die erste Besteigung des nur 40 m über diesem Col aufragenden Zackens erfolgte
1904 bei der Begehung des Jardingrates auf die Aiguille Verte durch
Jean Ravanel und Léon Tournier mit E. Fontaine. Eine denkwürdige
alpine Tat bleibt die 1932 durchgeführte Solobesteigung des Berges
durch den fast 73 Jahre alten Karl Blodig über das bis 54° steile Nord-
ostcouloir. Mit dieser Besteigung versuchte Blodig sein Ziel, als erster
»alle« Viertausender der Alpen bestiegen zu haben, auch noch gültig
zu verteidigen, als diese Leistung durch Ernennung neuer Viertausender bedroht schien (O du liebe Eitelkeit!…).

Schwierigkeiten: AD+. Mehrere Passagen IV, meist III und II. Großzügi-
ge, hochalpine Gratüberschreitung. Orientierung schwierig.
Mühen: Ab Ref. du Couvercle 1400 mH, komplizierte Linie.
Gefahren: Langer Anstieg über Gletscher. Fels z. T. brüchig.
Freuden: Einer der ausgefallensten Viertausender, den allerdings nur
die ganz auf Vollständigkeit versessenen Sammler machen müssen.

Karte, Skizze, Anreise, Hüttenzustieg: Siehe Aiguille Verte, Seite 171.

Gipfelroute: Wie zum Whymper-Couloir bis unter die Wand. Nun
unter der Grande Rocheuse und der Aiguille du Jardin vorbei queren
und dann über die orographisch linke Felsrippe, südöstlich neben der
Firnrinne, hinauf zum Col de l'Aiguille Verte (3796 m). In drei Vier-
tel Höhe die Firnrinne nach links queren zu einer breiten Felsrinne. In
dieser, immer linkshaltend (I), parallel zum Ostgrat weiter. Sie steilt
dann auf zu einem Kamin (IV). Dieser leitet zu einem Gendarmen an

einer Gratrippe weiter links. Über den festen Fels dieser Rippe (III und IV), oben linkshaltend, zum Hauptgrat. Damit hat man die schwierigen unteren Grattürme umgangen. Nun an der Gratkante und über ein weniger steiles Gratstück zu einer Firnschulter. Von dort bald zum Gipfel.

Tip für Sammler in Serie: Eine technisch einfachere Alternative ist der Übergang über den Grat von der Aiguille Verte her über die Grande Rocheuse (kombiniert, Stellen III und II).

Nebengipfel: Im kurzen Nordwestgrat steht der Gendarm **Pointe Eveline (4026 m).**

Les Droites, 4000 m

Breiter Bergstock, der im Ostgipfel gerade die magische Höhenzahl erreicht. Bekannt ist er durch seine wilde, zum Argentière-Kessel abbrechende Nordwand, die eine Reihe der extremsten kombinierten Routen der Alpen aufweist. Die erste Besteigung des Ostgipfels gelang 1876 Henri Cordier mit den Engländern Middlemore und Oakleymaund sowie den Trägern J. A. Juan und I. Maurer. Der mit 2000 m Kletterstrecke fast endlose Nordostpfeiler wurde 1937 von Ch. Authenac und Ferdinand Tournier begangen und 1946 mit einer direkten Durchsteigung auch des unteren Wandteils durch die damaligen französischen Spitzenbergsteiger André Contamine, Louis Lachenal, Pierre Leroux und Lionel Terray begradigt. Die berüchtigte, im Eis bis über 70° steile, kombinierte Nordwand wurde erst 1955, mit 5 Biwaks, von Ph. Cornau und M. Davaille erobert. Ihr zuerst grausiger Nimbus ist durch die rasant verbesserten Eisgeräte und eine Reihe von gewagten Solobegehungen inzwischen etwas angekratzt worden, was jedoch nicht über die nach wie vor harten Anforderungen hinwegtäuschen sollte.

Schwierigkeiten: AD. Kletterei III, kombiniert, oft mit kompliziertem Bergschrund. Zuletzt extrem steiler Firn.
Mühen: Vom Refuge du Couvercle 700 mH Zustieg und 600 mH Kletterei (6–7 Std. von der Hütte zum Gipfel).
Gefahren: Halten sich in Grenzen. Gletscher und Bergschrund können fies sein. Der Fels ist teilweise brüchig.
Freuden: Sehr ursprüngliche, wilde Umgebung.

Karten, Skizze, Anreise, Hüttenzustieg: Siehe Aiguille Verte, Seite 171.

Gipfelaufstieg (Östlicher Südsporn): Von den Refuges du Couvercle in nordöstlicher Richtung über den Glacier de Talèfre, an der Moräneninsel »Jardin de Talèfre« süd- und ostseitig vorbei. Der östliche Südsporn liegt östlich vom oberen Ende des Jardin. Der untere, gratartige Teil wird auf seiner Westseite nach Überwindung des Bergschrundes durch ein verschneidungsähnliches Firncouloir oder über die Felsen seiner orographisch linken Begrenzung vermieden. Nach Erreichen der Schneide des Sporns auf einem leichten Blockgrat weiter empor zu einer steilen Wand. Diese in Gratnähe über Stufen erklettern. So gelangt man zu einem höllisch steilen Firnfeld. Dieses überschreiten und links am Grat zum Gipfelgrat. Links (nordwestwärts) rasch zum höchsten Punkt.

Aussicht: Im Südwesten der Mont Blanc und die Zackengrate der Aiguilles de Chamonix, im Westen die Aiguille Verte, im Süden die Jorasses und im Osten der wegen seiner rassigen Eistouren berühmte Argentière-Kessel.

Nebengipfel: Der etwa 500 m entfernte Westgipfel (3994 m).
Andere lohnende Routen: *Übergang zum Westgipfel* (III, kombiniert, 4–5 Std.).
Nordostpfeiler (VI, V+ und V, eine der großzügigsten Klettereien der Alpen, 1200 mH, ca. 2000 Klettermeter, 12–20 Std.).

Grandes Jorasses (Pointe Walker), 4208 m

Grandes Jorasses – der Name ist Musik. Heroische. Dieser majestätische Gratkamm östlich des massigen Mont Blanc erreicht zwar nicht seine Höhe, übertrifft diesen jedoch an Wildheit und Eleganz. Dies gilt schon für die von zerrissenen Gletschern und himmelhohen Felspfeilern verteidigte Südseite und das riesige Plattendreieck der Ostwand. *Das* Schaustück der Mont-Blanc-Gruppe – und der Alpen überhaupt – bleibt jedoch die ungeheure Granitmauer der Nordseite, die von mehreren schlanken Strebepfeilern gegliedert wird. Das großzügigste Problem ist der Walkerpfeiler (frz. Éperon Walker), der höchste und geschlossenste Pfeiler der Wand. Er endet direkt am höchsten Punkt und bietet die wohl idealste Extremroute der Alpen – anhaltend schwierig und ohne seitliche Fluchtmöglichkeiten, aber relativ wenig gefährlich, in großartiger Position und mit einer Fülle origineller Kletterstellen, hoch über dem grandiosen Gletscherkessel von Leschaux, fern von Bergbahnen und lautem Zivilisationsgewusel.

Auch auf dem leichtesten Anstieg ist die Besteigung ein anspruchsvolles Unternehmen. Erstmals bewältigt wurde es 1865 durch Edward Whymper mit den berühmten Führern Michel Croz, Christian Almer und Franz Biener. Sie bestiegen jedoch die etwas niedrigere Pointe Whymper, weil sie die Besteigung vor allem als Erkundung für die Eroberung der Aiguille Verte machten. Der höchste Punkt, die **Pointe Walker**, wurde drei Jahre später durch Horace Walker mit Melchior Anderegg, Johann Jaun und Julien Grange erstmals betreten.

Die Überschreitung aller Gipfel des Jorasseskammes gelang erstmals

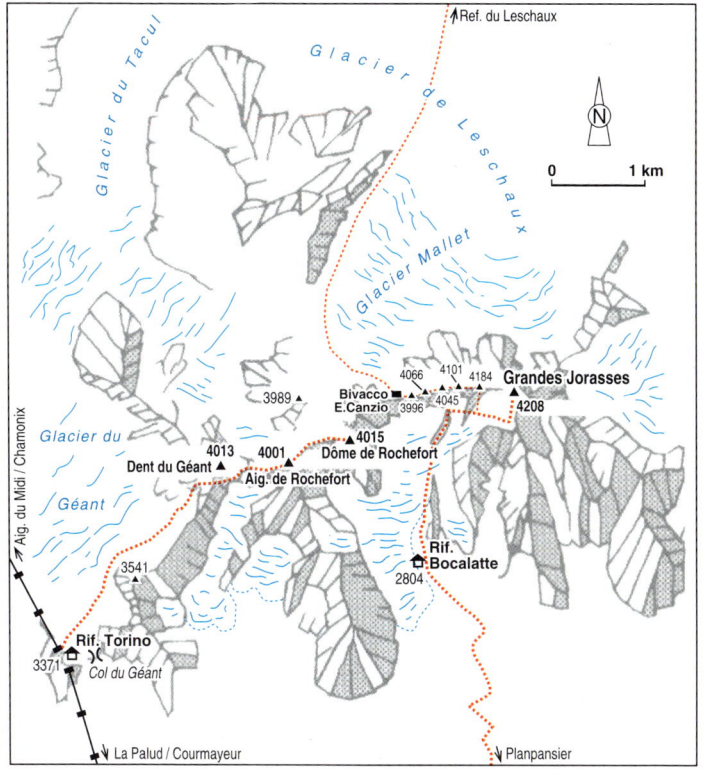

Blick von der Aiguille Verte zur Jorassesgruppe...

Humphry O. Jones und Geoffrey Wintrop Young mit ihrem bewährten Walliser Führer Josef Knubel am 14. August 1911.

Der Nordostgrat (Hirondelles-Grat) erhielt 1911 seine erste Begehung durch H. O. Jones und Geoffrey Wintrop Young mit Josef Knubel und Laurent Croux – im Abstieg. Im Aufstieg gelang er erst 1927 einer großen italienischen Seilschaft unter Führung von Adolphe Rey und Alphonse Chenoz. Den von den begrünten Talhängen in einer langen Linie zum Gipfel führenden Südostgrat (Tronchey-Grat) überschritten erstmals T. Gilberti und E. Croux im Jahre 1936.

Die abweisende Mauer der Nordwand wurde 1935 erstmals (nach insgesamt 40 Versuchen von verschiedenen Seilschaften) durch Rudolf Peters und Martin Meier auf einer Route in der Mitte der Wand beim Crozpfeiler durchstiegen. Die Ersten im Rennen um das grandiose klassische Problem des Walkerpfeilers waren Riccardo Cassin, B. Esposito und U. Tizzoni vom 4. bis 6. August 1938. Und wenn später auch einige schwierigere Routen – wie etwa der Anstieg über das bis 65° steile »Linceul« links des Walkerpfeilers – eröffnet wurden, in der Linie und Großzügigkeit bleibt dieses große Ziel unübertroffen.

Schwierigkeiten: AD-. Überwiegend Eis, bis 45°, teilweise Fels bis II, bei Schnee oder Vereisung rasch sehr heikel.
Mühen: Hüttenaufstieg 1200 mH (4 Std.), Gipfelaufstieg 1400 mH (6–7 Std.).
Gefahren: Im Firnbecken vor dem Gipfelaufbau Eisschlaggefahr, eventuell auch Lawinen. Ansonsten die üblichen Vorsichtsmaßnahmen wegen Gletscherspalten ratsam. Am Gipfelgrat große Wächten.
Freuden: Ein Tag fern der banalen Welt, nahe dem Himmel.

...und zum Mont Blanc.

Die westlichen Gipfel des Jorassakammes werden zwar teilweise nur durch markante Scharten voneinander getrennt, sind jedoch als Gipfelpunkte der gewaltigen Nordabstürze bedeutsam und wurden deshalb in die UIAA-Liste aufgenommen.

Karten: IGN carte touristique 1:25000, Nr. 1 Massif du Mont Blanc.

Anreise: Bahn von Süden durch das Aostatal bis Pré-St. Didier. Von dort Bus 5 km nach *Courmayeur* (1264 m; Hauptort der Mont-Blanc-Südseite, mit allen zivilisatorischen Einrichtungen) oder auf der Nordseite durch das Arvetal bis Chamonix. Von dort mit Bus durch den Mont-Blanc-Tunnel nach *Entrèves* (1306 m, 2,5 km von Courmayeur, Seilbahn zum Col de Géant/Rif. Torino). Von dort Bus nordöstlich ins Val Ferret 3,5 km nach *Planpansier* (= frz. Karte Planpincieux; 1579 m, Camping).

Hüttenaufstieg: Links der Kirche beginnenden Pfad in nördlicher Richtung schütteren Wald und Grashänge hinauf zum Rand der Schlucht des Torrent de Marguera. Entlang der Schlucht zu einer Felswand. An ihrem Fuß rechts über den Bach. Danach über steile, schrofige Felsrippe und Rinne zum oberen Ende der Steilstufe. Nun über weniger steile Hänge hinauf zur Moräne zwischen Glacier de Planpansier (westl.) und Glacier des Grandes Jorasses (östl.).Über den Rücken der Moräne, oben links hinüber und über eine plattige Stufe (II, Ketten, Leitern) schräg empor zum über dem Glacier de Planpansier an die Felsen gehängten *Rifugio Grandes Jorasses (= Rifugio Boccalatte;* 2804 m, CAI Torino, 30 L, bew. Mitte Juli bis Ende August, derzeitigen Zustand im Tal erfragen).

Gipfelaufstieg: Von der Hütte am westlichen Ufer der Felsinsel über Schutt und Firn hinauf zu dem Felsgrat, der Glacier Planpansier und Glacier des Jorasses voneinander trennt. Unter diesen Felsen links (westl., am östlichen Rand des Glacier de Planpansier) über Firn aufsteigen. Vom oberen Ende des Felsgrates etwas linkshaltend (genau in nördl. Richtung) über den spaltenreichen Gletscher etwa 300 m aufsteigen zum unteren Ende der felsigen Reposoirfelsen (Rocher du Reposoir; II, bei Verhauern auch III; 1½ Std. von der Hütte). Über den griffigen Grat, gewöhnlich genau auf seiner Schneide, bis zu seinem oberen Ende (3 Std. von der Hütte). Nach rechts den steilen, bei Neuschnee oder faulem Nachmittagsfirn oft von Lawinen bedrohten Gletscherarm queren zu der breiten Felsrippe, die von der Pointe Whymper herabzieht. An dieser, links des steilen und wild zerrissenen Glacier des Jorasses, in einer Art Rinne hinauf, bis man nach rechts in die flache Gletschermulde queren kann. Diese zügig nach Osten hin queren (oberhalb dicke Eisbalkone, deren Drohung durch die in der Mulde liegenden Eistrümmer recht überzeugend wirkt). Dann rechts der Eisbalkone über den Firnhang und zuletzt am Grat (in respektvollem Abstand zu den rechts hinaushängenden Wächten!) zum Gipfel der Pointe Walker.

(Man kann auch nach der Gletscherquerung auf der Whymper-Rippe direkt weiter aufsteigen zur Pointe Whymper und von dort über den Grat den höchsten Punkt erreichen. Auch bei aperem Fels schwieriger – III und II –, aber etwa gleiche Zeit, objektiv sicherer und leichter zu finden, deshalb auch gern für den Abstieg gewählt.)

Aussicht: Nach Westen hin über den Nebengipfeln des Kammes und seiner Fortsetzung mit Dôme de Rochefort und Dent du Géant in aller Wucht der Mont Blanc, im Nordwesten die Aiguilles de Chamonix, im Norden die Aiguille Verte und ihre Trabanten, im Nordosten deutlich tiefer Petites Jorasses und Aiguille de Leschaux, im Osten die behäbige Masse des Mont Greuvetta und dahinter des Mont Dolent, und ganz hinten in der Ferne Grand Combin und die übrigen Walliser Berge. Nach Süden hin reicht der Blick über die niedrigeren Randketten bis zur Poebene, nach Südwesten zum Gran Paradiso.

Nebengipfel: Die in der Fortsetzung des Grates nach Westen hin folgenden Gipfel werden jetzt als selbständige Gipfel geführt.

Grandes Jorasses und Dôme de Rochefort von Norden, vom Glacier de Talèfre. Rechts unter der Nordwand der Jorasses der Glacier Mallet.

Andere lohnende Routen: *Nordostgrat (Hirondelles-Grat;* D+ mit 1 SL V u. mehreren IV; 750 mH, Kletterstrecke 900 m; 6–10 Std. ab Col des Hirondelles).

Südostgrat (Tronchey-Grat; TD; 1600 + 1100 mH).

Nordpfeiler der Pointe Walker (Walkerpfeiler; ED; VI, V+ und V, selten weniger als IV, teilweise kombinert, Eis bis 55–60°, gewaltig und großartig, überwiegend guter Fels, objektiv wenig gefährlich, aber bei Schlechtwetter rasch ein Kampf, bei guten Verhältnissen und Wetter oft überfüllt mit Leuten aus aller Herren Länder; 1200 mH, Kletterstrecke 2000 m, bei guten Verhältnissen 14–18 Std. vom Wandfuß.)

Pointe Croz, Nordpfeiler (Crozpfeiler; TD+; V+, meist IV–V, kombiniert, Eis bis 60°, Direktvariante VI; 1100 mH, 13–16 Std.).

Ostwand (ED; teilweise VI und V mit Stellen A1, in kompaktem Fels; 12–14 Std. vom Col des Hirondelles).

Spezialführer: CAF, Guide Vallot, Mont Blanc; CAI, Monte Bianco, vol. II; G. Rébuffat, Le Massif du Mont Blanc. Paris 1973.

Pointe Whymper, 4184 m

Der von Osten zweite Gipfel des Jorasseskammes (siehe Seite 178). Er ist vom Normalaufstieg zur Pointe Walker aus über die Whymperrippe zu erreichen, bei insgesamt gleicher Schwierigkeit aber geringeren objektiven Gefahren (siehe oben). Der Gratübergang von oder zur Pointe Walker ist technisch leicht (30 Min., Achtung auf Wächten!).

Pointe Croz, 4101 m

Der wenig deutliche Gratgipfel, von dem der große geschlossene Plattenpfeiler nach Norden abfällt. Am leichtesten von der Pointe Whymper her am Grat oder seitlich knapp unter ihm (AD. 1–2 Std.).

Pointe Hélène, 4045 m

Der markantere Gipfel westlich der Pointe Croz. Von dort am Grat abwärts und zuletzt wieder ansteigend zu erreichen (AD, 1–2 Std.).

Pointe Marguérite, 4066 m

Der markanteste Gipfel des Westgrates ist am wenigsten schwierig über den langen Grat von der Pointe Whymper her zu erreichen. Dabei ist das schmale Gratstück zwischen der Pointe Hélène und der Pointe Marguerite am schwierigsten (III und IV).

Grandes-Jorasses-Überschreitung

Die Gratgipfel westlich der Pointe Whymper sind am elegantesten mit einer Überschreitung des gesamten Gratkammes zu haben, die zusammen mit dem Teufelsgrat und dem Peutereygrat zu den großzügigsten klassischen Unternehmungen der Alpen gehört.
Wer sich darauf einstimmen möchte, der lese Geoffrey Wintrop Youngs Bericht vom Abenteuer der Eroberung dieses wilden Grates! Der Zugang erfolgt am besten von Norden und der Abstieg nach Süden. Als noch anspruchsvollere Alternativen sind der Zugang vom Rifugio Torino über den Rochefortgrat und den Dôme de Rochefort und der Abstieg über den Hirondellesgrat denkbar. Gleich in welcher Kombination: Dieses Unternehmen sollte nur bei guten Verhältnissen und wirklich sicherem Wetter angegangen werden.

Schwierigkeiten: D. Fels bis IV+ und IV, weithin auch III und II. Im Zustieg auch Eis bis 55°.
Mühen: Aufstieg zum Refuge Leschaux 650 mH (3 Std.), Aufstieg zum Bivacco Canzio 1400 mH (6 Std.), Grat bis Pointe Walker 400 mH bei 1500 m Gratlänge (8 Std.). Abstieg von dort 1400 mH (4 Std.) bis Hütte und nochmals 1300 mH (3 Std.) bis ins Tal.
Gefahren: Zugang über den Malletgletscher mit reichlich Spalten und einem oft schwierigen und heiklen Bergschrund. Wer sich an einem so exponierten und abgelegenen Grat von einem Wettersturz erwischen läßt, hat Probleme.
Freuden: Irre hochalpines Ambiente mit exklusivem Publikum.

Anreise, Karten: Siehe Aiguille Verte, Seite 171.
Hüttenzustieg: Wie zur Aiguille Verte auf das Mer de Glace und weiter den Gletscher hinauf. Oben östlich auf dem Leschauxgletscher weiter. Von diesem über Moränen und Gletscherschliffe nördlich etwa 100 mH hinauf zum *Refuge Leschaux* (2431 m, im Sommer bewartet, 12 L, bei gutem Wetter meist überfüllt).

Dent du Géant, Aiguille und Dôme de Rochefort und Grandes Jorasses von Westen. Links vor dem Hauptgipfel der Grandes Jorasses ist die Pointe Whymper und die von ihr herabziehende Felsrippe zu erkennen. Rechts in der Ferne der Grand Combin.

Den Leschauxgletscher überqueren und nahe am westlichen Rand des Glacier Mallet ansteigen, oben unter dem Zackengrat der Périades entlang. Schließlich nach links (SO) unter der Flanke der Calotte de Rochefort hindurch und über einen steilen Eishang zum Col de Jorasses und dem östlich davon stehenden *Bivacco Canzio* (3825 m, 10 L).

Grandes-Jorasses-Westgrat: Links vom Col auf den Felsen am rechten Ufer einer Rinne (IV) links haltend empor. Auf geneigten, aber glatten Platten und dann auf angedeuteter Rampe nach links in die Nordseite. Dort an nach links ziehenden, bröckelnden, oft vereisten Rissen auf die Pointe Young (3996 m, 2 Std.).

Zuerst nordseitig luftig abklettern, dann zur nächsten Scharte des Grates. Von dort rechts vom Couloir 30 m nach Süden hinab (eventuell abseilen). Das Couloir queren und entlang einem waagerechten Fingerriß hangelnd (IV+) die Platten queren und dann entlang einem ansteigenden Riß zu einer Rinne. Diese ein Stück hinauf, danach über die Randfelsen zur Scharte zwischen den beiden Gipfelzacken der **Pointe Marguérite** (2½ Std.).

Weiter immer am scharfen, sehr luftigen Grat abwärts zur Scharte, dann hinauf auf die **Pointe Hélène** und nach Passieren von Grattür-

men zur wenig markanten **Pointe Croz**. Am nun breiter werdenden Grat auf die **Pointe Whymper** und zur **Pointe Walker** (8 Std.).
Abstieg am besten von der Pointe Whymper über die nach Süden hinabziehende Whymperrippe (III und II). Unten den rechts (westl.) davon befindlichen Gletscherarm queren zu den Reposoirfelsen. Von ihrem unteren Ende linkshaltend über den Gletscher zum Rifugio Boccalatte (3–4 Std.).

Dôme de Rochefort, 4015 m – Aiguille de Rochefort, 4001 m

Einer der elegantesten Firngrate der Alpen, meist schmal in die Luft gebaut, eindrucksvoll mit dem Schnörkelwerk verspielt wirkender Wächten behängt, mit immer neuen faszinierenden Fern- und Nahblicken. Die erste Besteigung der Aiguille de Rochefort erfolgte erst 1873, die des Dôme de Rochefort nochmals acht Jahre später, beide durch den Engländer J. Eccles mit den Führern Michel-Clement und Alphonse Payot aus Chamonix.
Dabei diente als Aufstieg der meist mit großen Spalten verzierte Mont-Mallet-Gletscher über die Nordflanke. Der heute übliche Übergang über den Westgrat vom Dent du Géant her wurde erstmals 1900 durch E. Allegra mit Laurent Croux, Pierre Dayné und Alexis Broche-

Schwierigkeiten: AD. Firn oder Eis bis 50°, etwas Kletterei bis II.
Mühen: Hüttenaufstieg zum Rifugio Torino gewöhnlich nur 50 mH von der Seilbahnstation (zu Fuß 2000 mH, verfallende Steige), Gipfelaufstieg bis Aiguille 1050 mH (4–6 Std. vom Rif. Torino), bis Dôme weitere 250 mH (2 Std. von der Aiguille). Für den Rückweg über den Grat sind etwa die gleichen Zeiten anzusetzen.
Gefahren: Am Glacier du Géant einige Spalten. Am Grat Wächten, teilweise nach beiden Seiten. Nicht jede vorgefundene Spur ist vernünftig gelegt, auf Benutzung einer unvernünftig gelegten kann die Todesstrafe verhängt sein. (Auch wenn Pierre Tairraz und Gaston Rébuffat einige ästhetisch faszinierende Fotos in die Welt gesetzt haben, die alle Regeln über das Respektieren der Abrißspalten ignorieren!)
Freuden: Diesen Grat im Morgenlicht der Sonne entgegenzusteigen – das gehört zu den vollkommenen Erlebnissen. Besonders wenn er ungespurt ist und aussieht wie ein Stück Landschaft kurz nach der Erschaffung der Welt.

Am Rochefortgrat.

rel (im Abstieg) durchgeführt, im Aufstieg 1903 durch Karl Blodig und M. Horten. Heute ist er bei sicherem Wetter und guten Verhältnissen eine Karawanenstraße.

Karten und Anreise: Siehe Grandes Jorasses, Seite 181, Skizze Seite 179.

Hüttenaufstieg: Erfolgt gewöhnlich nur über die ernüchternd häßliche Betontreppe von der Bergstation der Seilbahn zum *Rifugio Torino* (3371 m; CAI Torino und Aosta, 170 L, Hotelbetrieb und Selbstbedienungsrestaurant von Mai bis Ende September, Tel. 0165-842247, von Frankreich 19391-842247). (Man kann auch – zu ungünstig später Stunde – von der Station Pointe Helbronner, 3462 m, nur Bar, losgehen.)

Gipfelroute (Rochefortgrat): Von der Hütte hinauf zum Col du Géant (3365 m, Spalten). In nordöstlicher Richtung am Felssporn der Aiguilles Marbrées vorbei und hinauf zum schrofigen Sockel des Dent du Géant. Zuerst etwas rechts von einem kleinen Firncouloir an den leichten Felsen empor zu einem Nebengrat mit einem Gendarmen. Von diesem aus rechtshaltend hinauf zum breiten Hauptgrat. Daran, einen Gendarmen rechts (östl.) umgehend, zum Frühstücksplatz vor der Südwand des Dent du Géant (2–3 Std. von der Hütte).

Vor dieser nach rechts und nun immer am schmalen Grat (oder – weniger schön – rechts unterhalb am Fels) zum Zwischengipfel P. 3933. Diesen überschreiten. Jenseits steil absteigen und dem scharfen Firngrat weiter folgen zum felsigen Gipfelaufbau der Aiguille de Rochefort. Rechts queren zu einer seichten Rinne. Darin steil hinauf über

Am Rochefortgrat. Rechts hinter dem Dent du Géant
der Col du Midi, links der Mont Blanc du Tacul.

etwas brüchigen, großgriffigen Fels zum Gipfel der **Aiguille de
Rochefort**.

Nordöstlich rasch hinab zum breiten Sattel südöstlich vom Mont
Mallet (3895 m) und wieder aufsteigend über eine Firnkuppe. Danach am Doigt de Rochefort links (nordwestl.) vorbei und am Grat
und über den felsigen Gipfelaufbau auf den **Dôme de Rochefort**.

Aussicht: Im Westen beherrscht der beim Aufstieg passierte Dent du
Géant das Bild, dahinter der Mont Blanc, im Osten die nahen Grandes Jorasses. Im Nordwesten stehen die Aiguilles de Chamonix und
ihnen gegenüber auf der anderen Seite des Mer de Glace die Drus und
die Aiguille Verte. Im Nordosten liegt der Zackengrat der Périades
zum weiten Gletscherkessel von Leschaux hinab.

Nebengipfel: Der Beinaheviertausender Mont Mallet (3989 m) ist vom Sattel hinter der Aiguille rasch zusätzlich zu besteigen (III, Tiefblick!). Die östlich vom Dôme gelegene Calotte de Rochefort (3974 m) wird fast nur von denen bestiegen, die die Gratüberschreitung bis zu den Grandes Jorasses anschließen wollen.

Andere lohnende Routen: *Nordflanke* (PD; stark abhängig von den Verhältnissen auf dem Gletscher, meist im Abstieg gemacht, so daß über Schründe abgeseilt werden kann; erfragen, ob die Holzpfähle dafür stecken und notfalls einen mitnehmen!).

Gratüberschreitung zu den Grandes Jorasses (D; lange, großzügige kombinierte Route, z. T. Kletterei bis IV; Col du Géant bis Col des Jorasses/Biv. Canzio 6–7 Std., Fortsetzung bis Pointe Walker 6–8 Std., Abstieg bis Col des Hirondelles 5–6 Std., nur bei wirklich sicherem Wetter anzuraten).

Dent du Géant, 4013 m

Der Zahn des Riesen. Wer ihn noch nicht kennt und ihn sieht, weiß gleich, welcher Berg gemeint ist. Dieser aufregend steile Felsobelisk ragt in perfekter Position aus der Gratschneide. Wer daran herumturnt, hat deshalb immer das Gefühl, weit mehr Luft unter dem Hintern zu haben, als es von unten gesehen schien.

Die Ersteigungsgeschichte war gekennzeichnet von Gewalttaten, nachdem selbst Versuche von Alexander Burgener, A. F. Mummery und anderen Draufgängern fehlgeschlagen waren. Sogar Raketen wurden eingesetzt, um ein Seil als Kletterhilfe über den Gipfel zu schießen (was zum Glück mißlang). Die erste Besteigung erfolgte dann 1882, nach 11 Jahren des Herumprobierens, doch in etwas konventionellerer Weise, wenn auch mit massivem Einsatz von Hilfsmitteln, bis zum Vorgipfel (Pointe Sella, 4009 m) durch die Brüder Sella mit Jean-Joseph, Baptiste und Daniel Maquignaz, und einige Wochen später bis zum höheren Nordostgipfel (Pointe Graham, 4013 m) durch Alfonse Payot und Auguste Cupelin mit dem Engländer W. W. Graham.

Die erste Besteigung des Dent du Géant »by fair means« gelang 1900 den Österreichern Heinrich Pfannl, Thomas Maischberger und Franz Zimmer mit dem hilfsmittelfreien Aufstieg über die (meist schlechte Verhältnisse aufweisende) Nordkante. Die erste Route durch die kurze, aber knackige Südwand eröffneten H. Burggasser und R. Leitz 1935.

Schwierigkeiten: AD. Kletterei bis III und A0 in Form von ätzend anstrengendem Gehampel an dicken Fixseilen (weitgehend vermeidbar, indem man – erheblich schwieriger – frei klettert). Zum Anbringen von Zwischensicherungen an den glattgegriffenen Seilen und Elefantenhaken ist die Mitnahme mehrerer solider Bandschlingen nötig.
Mühen: Aufstieg zum Frühstücksplatz 550 mH (2–3 Std.), Gipfelaufbau 180 mH (1 Std.).
Gefahren: Objektiv recht sichere Route, es sei denn, man läßt sich von einem Gewitter erwischen.
Freuden: So richtig ungetrübt wären sie erst, wenn das Gelumpe von Steighilfen am Normalweg abgebaut wäre und man den exzellenten Fels pur genießen könnte.

Karten, Anreise, Hüttenzugang: Siehe Aiguille de Rochefort, Seite 188.

Gipfelaufstieg (Südwestwand): Vom Rifugio Torino wie zur Aiguille de Rochefort zum Frühstücksplatz. Von dort etwas absteigend nach links queren zur Südwestkante. An einer abgespaltenen Platte links zur Kante, daran einige Meter hoch zu Haken. Dann 10 m links queren zu einer seichten Rinne (Haken). Diese 30 m hinauf zu einer Terrasse (»place Mummery«). Über die schönen geneigten, goldbraunen Platten oberhalb (»Burgener-Platten«, mit dicken Hanfseilen verschandelt) hinauf zu gutem Stand an der Westkante. Nun rechts in zwei luftigen Kaminen (Haken, Seile) und über glattgegrabbelte Wandstufen, immer dem Schweiß, den Kratzern und dem Hanf folgend zum Vorgipfel (Pointe Sella). Höllisch luftig in einer Art Kamin hinab in die Scharte und an einem Riß auf den Hauptgipfel (Pointe Graham; Madonna).

Aussicht: Nach allen Seiten ungemein eindrucksvoll, wie aus einer Ballongondel. Der Rochefortgrat hübsch nebenan unten, das Gletscherbecken des Glacier du Géant bzw. Vallée Blanche als die Basis, aus der die Gipfel ins Blau ragen, wobei die großen – über allem der Mont Blanc – noch deutlich höher sind als der eigene Standpunkt und entsprechend wirken.

Andere lohnende Routen: *Nordkante und Nordwestwand* (D; IV und III, 280 m, 3 Std. vom Einstieg).
Südwand (TD; recht anhaltend V und A1, frei geklettert mindestens VII-; 160 mH, 3 Std.).

Spezialführer: H. Eberlein, Mont-Blanc-Gruppe, Gebietsführer. Bergverlag Rother, München 1995; CAF, Guide Vallot; CAI, Monte Bianco, vol. II; G. Rébuffat, Le Massif du Mont Blanc, Paris 1973.

Mont-Blanc-Massiv

Der höchste Berg der Alpen ist – ähnlich wie der zweithöchste – schon für sich ein Gebirge. Die vom Gipfel ausstrahlenden Grate tragen stolze Berggestalten, die nur durch die Nähe des Monarchen zu Trabanten gemacht werden. Wer sie besteigen will, sollte sich über ihre Dimensionen ebenso klar sein wie alle, die nach dem Gipfel der Gipfel der Alpen greifen.

Mont Blanc du Tacul, 4248 m

Als breit hingelagertes Firntrapez bildet der Mont Blanc du Tacul die unterste Stufe einer Riesentreppe zum Gipfel Europas. Ohne Mühen bewundern – und wegen des Gewühls und Gewimmels doch nicht bewundern – kann man es von der Aussichtsterrasse der Aiguille du Midi, vollgebaggert bis zum Brechen an jedem schönen Tag mit Menschen, die dann wieder stundenlang ohne Auslauf herumhängen und auf die Talfahrt warten müssen. Ketzerische Gedanken kommen einem da. Noch mehr allerdings beim Weg über den Gletscher unter dem Gesurr der – schon zweimal von Düsenjägern abgeschnittenen – Gondeln der Verbindungsbahn zur Pointe Helbronner, die in der Kernzone des künftigen Internationalen Naturparks Mont Blanc schlichtweg eine – möglichst rasch spurlos zu beseitigende – Barbarei sind. 1989 organisierte die internationale Organisation »Mountain

Schwierigkeiten: PD-. Gletscheraufstieg mit Firn oder Eis bis 40° Steilheit.

Mühen: Bei Benutzung der fast unwiderstehlichen Seilbahn auf die Aiguille du Midi besteht der Zugang aus den 300 mH Abstieg zum Col du Midi. Von dort 730 mH Aufstieg (3 Std.).

Gefahren: Am Gletscher im unteren Teil selten, aber unberechenbarer Eisschlag von Seraks. Nach Neuschnee auch Gefahr von Lawinen. Auf dem Gletscher allemal anseilen, auch wenn es viele Leute nicht tun. Dafür fehlen dann aber am Ende der Saison auch immer wieder ein paar Dutzend kühne Alpinisten. Bei schlechter Sicht auf den flacheren Partien am Col du Midi rasch beträchtliche Orientierungsprobleme.

Freuden: Eindrucksvolle Gletscherszenerien.

**Mont Blanc du Tacul (links) und Mont Maudit (Mitte)
vom Col du Midi.**

Wilderness« eine spektakuläre Menschenkette von der Pointe Helbronner zur Aiguille du Midi – als sichtbare Forderung für den Park
und gegen die Gondelbahn.
1855 gilt als Datum der damals durch die Länge anspruchsvollen
Erstbesteigung, wenn auch nicht so sicher ist, ob Charles Hudson und
Thomas S. Kennedy – und selbstredend ihre nicht überlieferten Führer – wirklich die ersten dort oben waren.
An den Neutouren durch die phantastische Welt der Ostabstürze hatten auch Frauen einen Anteil: Die begeisternd schöne Route über den
Teufelsgrat siehe gesondertes Kapitel. Das heimtückische, bis 55° steile Gervasutti-Couloir in der Nordostflanke wurde erstmals 1929 von
den Italienern D. Filipi, Piero Ghiglione und Francesco Ravelli durchstiegen, in direkter Linie von Giusto Gervasutti und Renato Chabod
1934 (bereits in den fünfziger Jahren wurde es von Hermann Buhl in
weniger als 2 Stunden solo begangen – und 1968 fuhr Sylvain Saudan
dort mit Ski ab). Zwei Jahre später gelang Gabriele Boccalatte mit Ni-
na Pietrasanta an einem Tage (!) die erste Überkletterung des längsten
Pfeilers. Im Ringen um den südlich benachbarten, noch schwierigeren
Pfeiler stürzte bei einem wetterbedingten Rückzug beim Abseilen der
italienische westalpine Topkletterer Giusto Gervasutti tödlich ab. Als
seine Landsleute P. Fornelli und G. Mauro 1951 die Route beendeten,

fanden sie noch seinen Eispickel und benannten den Pfeiler nach ihm. Das zwar niedrigere, aber mit Eis bis 70° bewehrte Felsdreieck der Nordwand durchstiegen 1963 der sensible Allroundexperte und langjährige ENSA-Lehrer und -Leiter André Contamine mit dem Pariser und späteren Staatssekretär Pierre Mazeaud. Solche Routen wurden durch die rasante Weiterentwicklung der Eistechnik mit Anstiegen wie dem auf 400 m fast senkrechten »Supercouloir« überboten, das Patrick Gabarrou und Jean-Marc Boivin 1975 in 3 Tagen packten.

Karten und Anreise: Siehe Aiguille Verte, Seite 171, und Mont Blanc, Seite 194.

Hüttenaufstieg: Ist ein Abstieg, weil das Angebot Seilbahn die Situation verzerrt. Das alte am Col du Midi stehende Refuge Observatoire Cosmiques war abgebrannt, wurde jedoch wieder aufgebaut (120 L, privat). In der *Bergstation Aiguille du Midi* (3800 m) wird das Biwakieren beharrlich verweigert.

Gipfelaufstieg: Von der Station durch den Stollen hinaus ins feindliche Leben auf den gleich ungemütlich luftigen Ostgrat. Diesen absteigen, bis er flacher wird, und dann in südlicher Richtung hinab auf den ebenen Col du Midi (3532 m, 1 Std.; oberhalb Refuge Cosmiques).

Westlich des steilen, eisdurchsetzten Felsdreiecks der Nordwand über die meist mit Schnee verstopften, aber später im Jahr gelegentlich ungeniert gähnenden Schründe und insgesamt rechtshaltend steil hinauf zur Firnschulter (Épaule du Mont Blanc du Tacul, ca. 4060 m). Nun links (östl.) über den breiten Rücken zum Gipfel.

Links Aiguille du Midi und Col du Midi, rechts in der Ferne die Aiguille Verte und ihre Trabanten, aus der Nordwestflanke des Mont Blanc du Tacul.

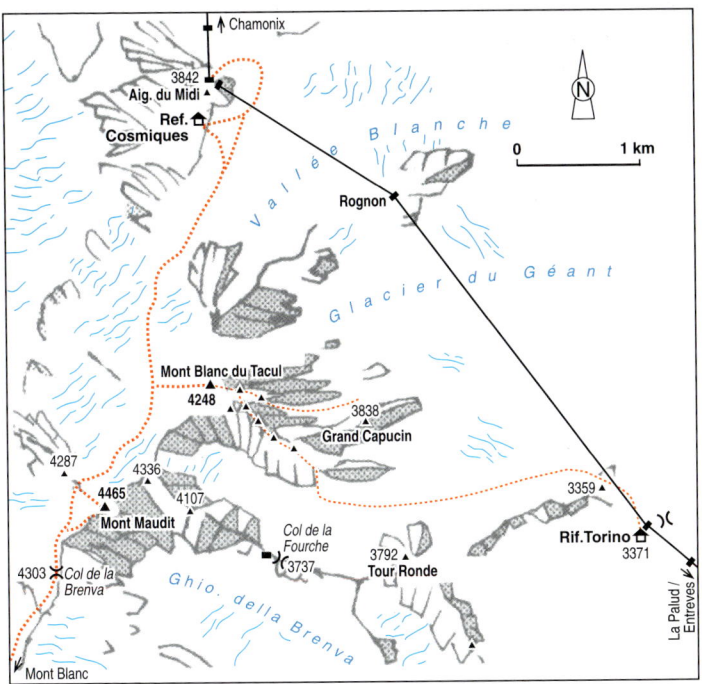

Aussicht: Nördlich gegenüber die an einen Ameisenhaufen erinnernde Zivilisationsinsel Aiguille du Midi. Südwestlich oberhalb die steile Gletscherflanke des Mont Maudit als nächste Stufe in der Riesentreppe zum Mont Blanc, im Osten Dent du Géant und Grandes Jorasses, im Nordosten Aiguille Verte.

Nebengipfel: Der **Ostgipfel (4247 m)** ist vom 1 m höheren Westgipfel mit kurzem Abstieg rasch zu erreichen. Der schroffe **Tour Rouge (ca. 4100 m)** ist nur im Zusammenhang mit einer Begehung des Gervasutti-Pfeilers zu haben.

Andere lohnende Routen: *Boccalatte-Pfeiler* (D+; bei guten Verhältnissen auf der leichtesten Linie V, IV und III, aber bei Schnee und Eis rasch ungenießbar, 800 mH, 5–8 Std. vom Wandfuß).
Gervasutti-Pfeiler (ED; VI und V mit Stellen A1, ausgezeichneter Fels, oben Ausweichmöglichkeiten; 800 mH, 8–12 Std. vom Wandfuß).

Spezialführer: CAF, Guide Vallot, Mont Blanc; CAI, Monte Bianco, vol. I; G. Rébuffat, Le Massif du Mont Blanc. Paris 1973.

Aiguilles du Diable – Teufelsgrat:
– Corne du Diable, 4064 m
– Pointe Chaubert, 4074 m
– Pointe Médiane, 4097 m
– Pointe Carmen, 4109 m
– Isolée (Pointe Blanchard), 4114 m

Die südöstlich unterhalb vom Mont Blanc du Tacul imposant aufragenden Türme aus brillantem Granit werden erst nach der neuen UIAA-Liste als selbständige Gipfel gezählt. Sie sind nur mit einer Überkletterung des gesamten rassigen Teufelsgrates (Arête du Diable) zu haben. Die erste vollständige Begehung dieser kühnen Überschreitung erfolgte – nach auf über sechs Jahre verteilten Versuchen von Armand Charlet – durch diesen und Georges Cachat mit den englischen Klienten Miriam O'Brien und Robert Underhill am 4. August 1928 in bravourösem klassischem Stil, indem Haken lediglich als Fixpunkte für Abseilstellen verwendet wurden.

Schwierigkeiten: D+. kombinierte Kletterei bis V, meist IV+ und IV. Lange, klassische Route in ausgezeichnetem Fels mit den Hauptschwierigkeiten in großer Höhe. Diese Gipfel gehören sowohl technisch als auch nach ihren Gesamtanforderungen zu den schwierigsten Viertausendern der Alpen. Wegen der Abseilstellen sind mindestens 30 m Doppelseil nötig.

Mühen: Zum Cirque Maudit (3550 m) vom Rif. Torino 150 mH Abstieg und 300 mH Aufstieg (1½ Std.) oder von der Aiguille du Midi 600 mH Abstieg und 300 mH Aufstieg (2 Std.). Vom Cirque Maudit 400 mH zum Col du Diable (2–2½ Std.), von dort etwa 400 mH Kletterei mit ca. 150 mH Abseilstellen. Bei guten Verhältnissen 8–10 Std. vom Cirque Maudit zum Gipfel des Mont Blanc du Tacul. Abstieg von dort 730 mH zum Refuge Cosmiques am Col du Midi (1–2 Std.).

Gefahren: Gletscher bei guten Verhältnissen gewöhnlich mit guten Spuren. Zum Col du Diable bei starker sommerlicher Ausaperung Steinschlaggefahr von vorausgehenden Seilschaften. Am eigentlichen Grat sehr guter Fels, aber sehr dem Wind ausgesetzt, deshalb sollte die Route unbedingt nur bei sicherem Wetter angegangen werden.

Freuden: Eine der schönsten klassischen Gratüberschreitungen der Alpen, mit atemberaubend luftigen Kletterstellen an bestem Fels.

Hüttenaufstieg: Siehe Aiguille de Rochefort, Seite 188.

Gipfelroute: Vom Rif. Torino entlang dem Lift hinab ins Vallée Blanche. In westlicher Richtung bis hinter den markanten Grand Capucin und den westlich davon aufragenden Clocher du Tacul. Am besten im 2. Couloir nordwestlich von diesem hinauf (später im Jahr Schutt) und weiter oben links schräg ansteigend und mehrere Nebenrinnen querend zum Col du Diable (3951 m, 2–2½ Std.; hierher bei guten Verhältnissen auch in Fallinie der Pointe Chaubert einsteigend und dann über Platten rechtshaltend zum großen Couloir).

Am firndurchsetzten Grat zum Fuß des Corne du Diable. Darunter links (S) ansteigend zu Firnsattel und in Rinne zur Brèche Chaubert (4047 m, ½ Std.). Von hier rechts am NW-Grat steil, aber gutgriffig (III+) auf den **Corne du Diable (4064 m)**. Vom Abseilhaken etwas unterhalb des Gipfels zurück zur Brèche Chaubert (½ Std.).

Über glatte Platte (IV+) und Gratkante auf die **Pointe Chaubert (4074 m**, ½ Std.). Nach NW 3mal abseilen zur Scharte und rechts um Türmchen und zum tiefsten Punkt (Brèche Médiane, 4017 m, ½ Std.).

Zuerst gestuft nach rechts, dann links zu markanter Verschneidung. Darin 15 m hinauf (IV), rechts queren bis 1 m vor die Gratkante und dort Riß 15 m (IV) zu Absatz. Von diesem auf Band 6 m nach rechts, dann über Platten 10 m hinauf auf die Gratkante und jenseits 2 m absteigend zum oberen Teil der markanten Verschneidung (diese hierher auch direkt, IV+ und V). Nun in der SO-Seite schräg links über 2 kleine Terrassen und einen Riß zum *linken* von zwei Gratfenstern.

Tiefblick vom Gipfel des Mont Blanc zum Teufelsgrat.
Rechts der Türme das Couloir du Diable, das zum Col du Diable führt.

Durch dieses und auf der SW-Seite zum Gipfel der **Pointe Médiane** (**4097 m**, 1 Std.). Aus dem gleichen Gratfenster nach NW 30 m frei abseilen zur Brèche Carmen (4057 m).
Nun auf der N-Seite an oft vereisten Rissen empor zur flachen Scharte hinter den vorderen Zacken und dann an der SO-Kante recht ruppig (V) auf die höhere westliche Spitze der **Pointe Carmen (4109 m,** 1 Std.). Zurück zur Scharte zwischen den beiden Gipfelzacken und von dieser 2mal abseilen in die Brèche du Diable (4054 m, von hier bei Zeitmangel direkter Weiterweg am Hauptgrat zum Mont Blanc du Tacul möglich). Nach links hinauf über leichtes Gratstück zur Brèche de l'Isolée (4078 m, 1 Std. von der Pointe Carmen).
Nach SO 15 m absteigen, dann Risse zu Absatz. Entweder direkt an Rissen links hinauf (Originalroute, V) oder über die Contamine-Variante vorher unter einer überhängenden Nase nach links queren und auf der S-Seite emporklettern, zum Gipfel der **Isolée (4114 m,** 1 Std.). Abseilen von einer Plattform der Ostkante zurück zur Brèche de l'Isolée.
Zunächst etwas rechts halten über brüchige Felsstufen nördlich um einige Türme des Hauptgrates herum, später etwas links des Grates ansteigen zum **Mont Blanc du Tacul Ostgipfel (4247 m**, 1 Std.).

Pilier du Diable, 4067 m

Dieser Gipfel ist eine Gemeinheit. Er geht als einziger über den Rahmen von grundsoliden klassischen Anforderungen bis zur Gesamtschwierigkeit D hinaus. Auch wenn man ihn etwas unelegant mit Abseilerei vom Gipfel des Tacul aus zu erreichen sucht, ist das ein kompliziertes Unterfangen. Dabei erfüllt dieser Turm alle Bedingungen der UIAA-Liste, mit seiner genau vermessen, 40 m tiefen Scharte, seiner anspruchsvollen Anstiegsroute und seinem wilden Ambiente allemal. Mit diesem bisher in dieser Szene noch gar nicht wahrgenommenen Gipfel ist vermutlich noch kaum eine Liste von Viertausendersammlern komplett. Eine Herausforderung für Allroundbergsteiger!
An dem Turm vorbei stiegen Gabriele Boccalatte, Renato Chabod, G. Antoldi, M. Gallo und P. Ghiglione bei der Erstbegehung des Couloir du Diable am 31. August 1930. Die erste Besteigung des Pfeilergipfels holten sich E. Cavalieri, P. Ravaioni sowie E. und G. L. Vaccari vom 11. bis 13. August 1963 in extremer Kletterei über die Ostwand.

Links Mont Maudit, rechts Mont Blanc du Tacul, von Südosten vom Glacier du Géant. Die Türme des Teufelsgrates heben sich nicht ab, wohl aber in Fallinie des Tacul-Gipfels der Pilier du Diable.

Schwierigkeiten: D+ mit Eis bis 55° (Durchschnitt 50°, unterer Teil nur passabel, wenn genug Eis da ist) und Fels von weithin IV+ und IV. bei Aufstieg durch das Couloir du Diable zur Scharte und Weiteraufstieg auf der Route der Erstbegeher und zuletzt wie beim Boccalattepfeiler zum Gipfel des Mont Blanc du Tacul. Bei Abstieg vom Tacul 250 mH Abseilen und Abklettern und Wiederaufstieg mit längeren Passagen IV+ und IV. Originalroute der Erstbesteiger TD mit langen Passagen V+ und V mit A1.

Mühen: Zustieg wie zum Teufelsgrat 1½–2 Std., Gipfelroute 750 mH, danach noch 40 mH Abseilen und 250 mH Aufstieg zum Tacul. Abstieg siehe dort.

Oder: 730 mH Aufstieg zum Gipfel des Mont Blanc du Tacul, 250 mH Abstieg zur Scharte P. 4027 und 40 mH zum Gipfel.

Gefahren: Das Couloir du Diable ist ein Kanonenrohr, das zwar im Gegensatz zum Gervasutticouloir nicht von Eisbalkonen Munition erhält, aber trotzdem allemal genug Material hat, um Begeher ausgiebig zu beschießen. Auch nächtlicher Aufbruch und Bärenkondition für Temposteigen bieten keine perfekte Sicherheit. Der obere Teil der Route dürfte bei normalen Verhältnissen und gutem Wetter – das man unbedingt braucht – relativ sicher sein. Entsprechend sind der Abstieg und Wiederaufstieg einzuschätzen. Die Route der Erstbesteiger ist im Couloir steingefährdet, danach wohl objektiv recht sicher.

Freuden: Unterwegssein in einem wilden Winkel, gegenüber den Besuchergondeln der Zivilisation, zu einem der am schwierigsten zugänglichen Ziele dieser Kategorie.

Gipfelrouten: Durch das Couloir du Diable und die Scharte P. 4027: Nach Zugang ähnlich wie zum Teufelsgrat in das rechts von diesem eingeschnittene Couloir. Über den Bergschrund am besten am Lawinenkegel, dann je nach Verhältnissen empor, oben im rechten Ast des Couloirs weiter und irgendwie zur Scharte P. 4027. Von dort an einem Fels- und Firngrat zum Gipfel des Turms.

Weiterweg von der Scharte P. 4027 auf den Tacul (in Gegenrichtung auch Route für Abstieg zum Turm): Über einen Aufschwung und kleine Gendarmen (III und IV) zum P. 4154 am letzten Aufschwung des Boccalattepfeilers. Am Grat die Gendarmen rechts umgehen, den letzten direkt erklettern (30 m, IV und IV+) und zum Ostgipfel des Mont Blanc du Tacul.

Originalroute der Erstbesteiger: Zuerst über den Bergschrund des Couloir du Diable, dann rechts in die Felsen und über eine Steilstufe (V) bis zu Bändern unter dem gelben Turm im unteren Teil des Pilier Des Trois Pointes. Nun schräg links weniger schwierig an Trümmergestein parallel zum Couloir unter dem Pilier Sans Nom vorbei zum Sockel des Pilier du Diable zu einer Art Kessel, nahe dem Knick des Couloirs (6 Std.).

Einstieg am Fuß eines roten Turms mit auffallendem Block. Rechts (ostseitig) an Riß und Platten (III u. IV) empor, bis an der Kante eine senkrechte rote Platte den Weiterweg sperrt. Rechts queren und absteigen (V) zu breitem Riß, der nach links zu einer Terrasse bringt (V+). Links an Platten, Rissen und zwei Verschneidungen (V, A1) empor, dann rechts (IV+, V) zu Rißsystem. Daran (V, A1) zur Pfeilerkante und zum Gipfel (Erstbegeher 13 Std. vom Gletscher, 18 Std. bis Tacul-Gipfel).

Mont Maudit, 4465 m

Der verfluchte Berg. Er liegt auf halbem Wege zur höchsten Kuppel des Weißen Berges, weit weg von allen gut zugänglichen Plätzen. Und er kann bei Wettersturz und Sturm rasch zum Menschenfresser werden. Aber wer ihn erlebt, wenn er schläft unter dem unendlichen Blau eines ruhigen Sonnentages, den beschenkt er reich.

Erstmals bestiegen wurde der Mont Maudit 1878 durch die Berner Oberländer Johann Jaun und Johann von Bergen mit den Briten W. E. Davidson und H. Seymour Hoare. Die erste Überschreitung des märchenschönen Südostgrates gelang bereits 1887 den Schweizer Führern

Alexander Burgener und Joseph Furrer mit ihrem Landsmann Moritz von Kuffner und einem Träger in dreitägigem Ringen. Die schwierige kombinierte Südostwand wurde 1932 von Renato Chabod, Amilcare Crétier und L. Binel bewältigt.

Der Mont Maudit wird gewöhnlich – ebenso wie der Mont Blanc du Tacul – im Zuge einer Überschreitung des Mont Blanc bestiegen. Wer ihn auf einem der schwierigeren Anstiege angeht, sollte im Auge behalten, daß der Abstieg lang und bei schlechter Sicht sehr schwierig zu finden ist.

Schwierigkeiten: PD. Gletscheranstieg mit steilem Firn bis 50°, der wegen seiner Länge und Höhe nicht unterschätzt werden darf. Später in der Saison kann der Aufstieg zur Épaule durch Aufreißen großer Schründe unmöglich werden. Dann ist nur noch eine Besteigung vom Mont Blanc her die einzige technisch leichte Route.

Mühen: Bei Aufbruch von der Aiguille du Midi 300 mH Abstieg (beim Rückweg als Gegensteigung unerbaulich) und fast 1000 mH Aufstieg (6–8 Std.).

Gefahren: Der Start von der Aiguille du Midi hat seine Tücken und sollte nicht ohne vorherige Akklimatisationstouren erfolgen. Bei schlechter Zeiteinteilung in schönem Wetter ist Ärger mit stollenden Steigeisen vorprogrammiert. Auch kann besonders an der Nordflanke des Mont Maudit wie der Nordwestflanke des Mont Blanc du Tacul nach Neuschnee sehr rasch Lawinengefahr herrschen. Die Hauptgefahren der Besteigung liegen jedoch im Wetter. Der Gipfelbereich ist Stürmen sehr ausgesetzt. Außerdem wird das bei Nebel ohnehin schwierige Zurechtfinden zusätzlich durch die Tatsache erschwert, daß der Kompaß an diesem Berg wegen im Gestein vorhandener Mineralien nicht zuverlässig arbeitet. Deshalb ist eine genaue Vorbereitung durch intensives Einprägen von Karte und Fotos wichtig. Bei gründlichem Schlechtwetter ist das Abwarten von Wetterbesserung in einer Schneehöhle die beste Lebensversicherung, hat allerdings reichlich Vorräte und Brennstoff sowie optimale Kleidung ebenso zur Voraussetzung wie einen klaren Kopf.

Freuden: Bei gutem Wetter ein Erlebnis, das man mit allerlei anderer Bevölkerung zu teilen hat – ob man/frau will oder nicht.

Karte, Anreise und Zustieg: Siehe Aiguille Verte, Seite 171, und Mont Blanc du Tacul, Seite 194.

Gipfelroute (Nordflanke): Wie zum Mont Blanc du Tacul bis zur Épaule du Mont Blanc du Tacul. Nun in südlicher Richtung wenig absteigend in den ausgedehnten Sattel des Col du Maudit (4035 m). Aus diesem nach rechts (westl.) auf einer Gletscherterrasse unter einigen Seracs queren und dann insgesamt rechtshaltend über die steile

Am Nordostgipfel des Mont Maudit.

Flanke ansteigen. Oben hält man sich nach rechts hinüber und über den Bergschrund und einen sehr steilen Hang zur recht unauffälligen Einsattelung (besser flachen Schulter) des Col du Mont Maudit (P. 4345; hier wird meist ein Holzpfahl zum Sichern und für eventuelles Abseilen vorgefunden).

Nun entweder am Nordwestgrat in leichter Kletterei (I) oder mit einem weiten Bogen über den Firn der Westflanke hinauf zum kecken Felszahn des Gipfelaufbaus.

Bei der Überschreitung des Mont Blanc steigt man von dessen Gipfel in nordöstlicher Richtung über die weite Abdachung hinunter, an einigen Felsköpfen rechts vorbei, zu einem flacheren Hang (Abstand halten vor den rechts in die Brenvaflanke hinausgebauten Wächten!) und von einem links vorspringenden Sporn über die steile Mur de la Côte hinab in den Col de la Brenva (4303 m; rechts Achtung auf Wächten!). Nun in nördlicher Richtung am breiten Grat (Wächten!) über P. 4361 und P. 4369 zum Sattel P. 4342. Dann nordwestlich

202

über den steilen, aber leichten Hang zum Gipfel (2–3 Std. vom Gipfel des Mont Blanc; Weiterweg bis Col du Midi weitere 3–4 Std.).

Aussicht: Im Westen ist sie beherrscht von der Kuppel des Mont Blanc. Nach Norden hin erblickt man jenseits der sich gegen Tal schiebenden Gletscher vorwiegend grüne und braune unvergletscherte Berge. Im Osten hinter dem Mont Blanc du Tacul dehnt sich die weite Auswahl von Hochgipfeln, unter denen besonders die Jorasses auffallen. Nach Süden öffnen sich erregende Tiefblicke auf Brenvagletscher und Brenvaflanke.

Nebengipfel: Im zuerst nach Nordosten abfallenden Grenzgrat erhebt sich als schnittiger Firngrat der **Nordostgipfel (4336 m)**. Im von dort nach Südosten zum Col de la Fourche hinabziehenden Grat (Kuffnergrat) fällt der Gendarm **Pointe Androsace (4107 m)** auf. Auf der Route der Mont-Blanc-Überschreitung liegt die recht deutliche **obere Südschulter P. 4369** und die weniger abgesetzte **untere Süd-**

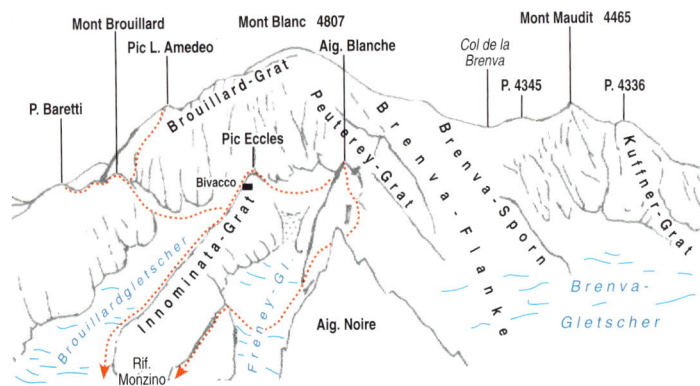

schulter **P. 4345**. Als nordwestlicher Vorgipfel stehen bei der **Épaule** zwei gleich hohe Felszacken **P. 4345.** Der weiter unten im gleichen Grat gelegene Felszacken **Pointe Mieulet (4287 m)** und ein weit unten in der Nordwestflanke heraustretender Pfeilerkopf **P. 4087** sind weniger markant. Weiter östlich ragt in der gleichen Flanke als jäh abgesetzter hoher Turm die Pointe Durier (3997 m) auf.

Andere lohnende Routen: *Südostgrat (Kuffnergrat oder Tour-Ronde-Grat;* D; Kletterei bis IV und III, kombiniert, großzügige klassische Route in großer Höhe, weithin über schmale, luftige Grate, teilweise verwächtet, Firn auf lange Strecken 50°, teilweise auch steiler; vom Col de la Fourche 800 mH bei 1,6 km Gratlänge, 4–8 Std.). *Südostwand* (D+; großzügiger kombinierter Anstieg mit Fels bis IV und herben Eispassagen; 700 mH, 8 Std. vom Wandfuß).

Mont Blanc, 4807 m

Die gleißende Kuppel hoch oben im tiefblauen Himmel, der Monarch, der höchste Berg der Alpen, der Gipfel schlechthin in diesem Teil der Erde. Symbol von Weite und Ferne für eine sich scheu hinter schnoddrigen Sprüchen versteckende Romantik.

Vor etwas mehr als 200 Jahren wurde mit der ersten Besteigung dieses Eishaufens der Alpinismus erfunden. In der Motivation hatte die von dem Genfer Naturwissenschaftler Horace Bénédict Saussure ausgesetzte Belohnung von 20 Goldtalern etwas nachgeholfen, daß der Kristallsucher Jaques Balmat und der Arzt Michel-Gabriel Paccard am 8. August 1786 – nach Aufstieg über die Rochers Rouges und die Nord-

Mont Blanc von Süden.

ostabdachung – den Gipfel erreichten. Und ein Jahr später konnte sich Saussure dann auf dem Gipfel selbst daran begeistern, welch dunkle Schattierung von Blau der Himmel hatte und daß sein eigens von einem Träger hinaufgeschlepptes Quecksilberbarometer so »herrlich tief« absank.

Entsprechend den Superlativen ist die Nachfrage. Zumal der Berg eine Fülle von phantastischen, betörend schönen Anstiegen aller Schwierigkeitsgrade bietet. Menschen aus aller Welt versuchen sich an der Besteigung. Wenn »le grand beau temps« ausbricht, sind an jedem Tage Hunderte unterwegs zu jener dann von unzähligen Steigeisenlöchern – und gelben Flecken – gezierten Firnkuppe dort unter dem Flugroutenkreuz. Aber nicht alle, die dorthin so begeistert ausziehen, kommen ungeschoren davon. Unzählige Dramen haben diese unschuldig bleichen Hänge schon gesehen. Und immer wieder bringen Schusseligkeiten durch Erschöpfung unter der Anstrengung in der für viele ungewohnten Höhe, plötzlich hereinbrechende Stürme, Auskühlung, im Nebel und Schneetreiben verlorene Spuren, Spaltenstürze und wer-weiß-nicht-was-sonst die Liste der Opfer des Weißen Berges pro Jahr auf fast dreistellige Zahlen. Obwohl heute die Rettungshubschrauber der Gendarmerie des Hautes Montagnes – brauchbares Flugwetter vorausgesetzt – die Verunfallten behende und erschreckend routiniert absammeln und so manche Leute überleben, die früher vom Berg umgebracht worden wären.

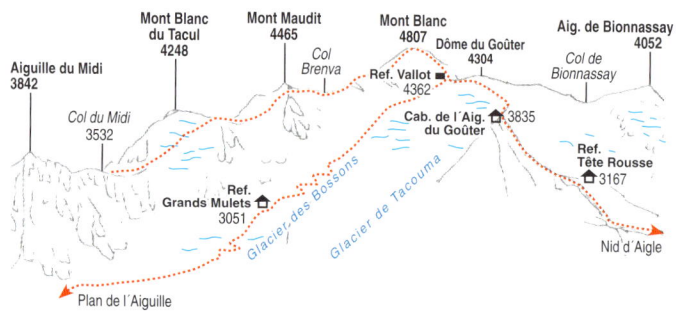

Einige weitere Höhepunkte der Erschließungsgeschichte des Berges seien noch genannt: 1808 war die Bäuerin Marie Paradis aus Chamonix als erste Frau am Gipfel. Etwa 1840 wurde von Marie Couttet und Gefolge erstmals der Aufstieg von Grands Mulets über Grand Plateau und Bossesgrat durchgeführt. 1861 begingen Melchior Anderegg, J. J. Bennen und Peter Perren mit den Engländern Leslie Stephen und F. F. Tuckett erstmals die heute als Normalweg übliche Route über Aiguille du Goûter und Bossesgrat. Den mächtigen Brenvasporn durchstiegen

Am Gipfel des Mont Maudit, hinten der Bossesgrat. In der Mitte ist auf dem Kopf der am Grat gelegenen Felsinsel (Rochers Fondroyés) das Refuge Vallot zu erkennen. Rechts der Dôme du Goûter.

schon 1865 J. und M. Anderegg mit den Engländern G. S. Matthews, A. W. Moore sowie F. und H. Walker. 1872 eröffneten Jean Antoine Carrel (Whympers Rivale vom Matterhorn) und J. Fischer mit T. S. Kennedy die erste Route über die gewaltige Südwestflanke. Der heute übliche Normalweg von der italienischen Seite wurde 1890 durch L. und J. Bonin und Achille Ratti (den späteren Papst Pius XI.) mit J. Gadin und A. Proment gefunden. Die erste Überschreitung des Peutereygrates führten 1893 Emile Rey, Christian Klucker und César Ol-

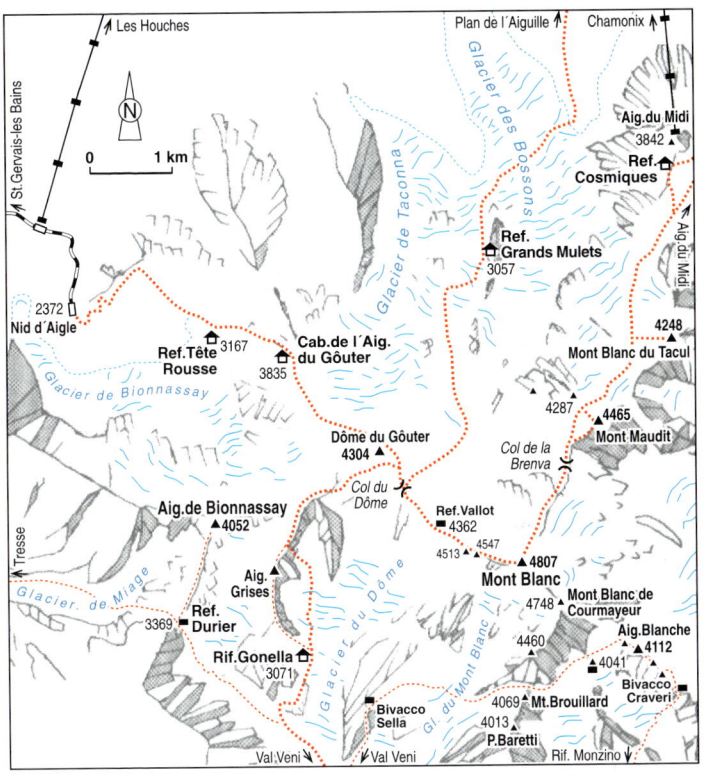

Folgende Doppelseite: Mont Blanc mit der Brenvaflanke von Südosten, vom Tour Ronde. Rechts oben Col de la Brenva und Mûr de Côte, dann der Hauptgipfel und links der Mont Blanc de Courmayeur. Auf halber Höhe des von dort abfallenden Peutereygrates der Grand Pilier d'Angle. Links unten die Aiguille Blanche, abgetrennt durch das Col Peuterey (hinter dem der Pic Eccles sichtbar ist).

Schwierigkeiten: PD-. Auf der *Route über die Aiguille du Goûter* an der Felsrippe Stellen II, sonst nur Schneestapferei, zuletzt etwas luftig. Am Bossesgrat wird allerdings sauberes Steigeisengehen in Gelände bis 40° Steilheit vorausgesetzt – auch noch dann, wenn man/frau mit Schwindel oder Kopfschmerzen kämpft und nach Luft japst. Auf der fast doppelt so langen *Route über Grands Mulets* (PD-) nur Gletscher, aber teilweise spaltenreich mit wechselnden Detailproblemen. Auf der *Route vom Rifugio Gonella* (PD-) gleichfalls langer zerrissener Gletscher (in der gletscherfreien Variante über die Aiguilles Grises auch kombinierte Kletterei bis II, PD).

Mühen: Ab Zahnradbahn bis Refuge Tête Rousse 800 mH (2–3 Std.), von dort bis zum Refuge Aiguille du Goûter 700 mH (2–3 Std.) und zum Gipfel weitere 1050 mH (4–5 Std.).

(Von Seilbahnstation Plan de l'Aiguille bis Refuge Les Grands Mulets 800 mH bzw. 3 Std., von dort 1700 mH bzw. 6–7 Std. zum Gipfel. Vom Lac Combal im Val Veni 1050 mH bzw. 4 Std. zum Rifugio Gonella, von dort 7–8 Std. zum Gipfel.)

Gefahren: Goûter-Route steinschlaggefährdet (besonders wenn man sich nicht entblöden kann, noch in der zweiten Tageshälfte das große Couloir zu queren, um über die technisch etwas leichtere Felsrippe südlich davon aufzusteigen) und stärker dem Wind ausgesetzt, aber nur geringe Spaltengefahr. Grands-Mulets-Route gelegentlich bezüglich Spalten spannend, besonders wenn mal eine der hilfreich ausgelegten Leitern fehlt, Routenfinden bei üblicher Spur problemlos, im Schneesturm rasch verzweifelt. Italienische Route gleichfalls zerrissener Gletscher. Es ist besonders darauf hinzuweisen, daß die am Mont Blanc oft rasch hereinbrechenden Wetterstürze auch die bei Sonne so friedlich bevölkerten Normalrouten binnen kurzer Zeit in ein lebensfeindliches Inferno verwandeln können. Von der Vallothütte sollte im übrigen niemand lauschige Atmosphäre erwarten. Das ist eine Überlebenskiste für Notfälle, und zwar eine meist erbärmlich verwahrloste. Trotzdem ist peinlich genaues Einprägen ihrer Lage unter Umständen lebensrettend. Immerhin sind schon Leute gar nicht weit von der Hütte entfernt erfroren, weil sie sie im Schneesturm nicht gefunden hatten.

Neben den objektiven Gefahren ist jedoch unbedingt sorgfältig zu prüfen, ob die jeweilige Kondition und Akklimatisation gut genug sind – und bei ernsthaften Zweifeln rechtzeitig umzukehren. Sooo gern fliegen die Hubschrauberpiloten nun auch wieder nicht…

Freuden: Wenn alles läuft, wie wir es uns wünschen, dann werden die Stunden auf dem Dach der Alpen unvergeßlich. In verschiedener Hinsicht. (Als Impfung gegen Enttäuschungen sei allerdings bei gutem Wetter empfohlen, sich seelisch auf ein furchtbares Gedränge einzustellen, mit spannenden Begegnungsmanövern am ganz schön schmalen Bossesgrat, und mit ganz vielen rücksichtslosen Zeitgenossen. Wenn man/frau das vorweg dreimal lebhaft geträumt hat, wird die Wirklichkeit einigermaßen erträglich sein…)

lier mit dem Deutschen Paul Güßfeldt durch (über den sich der große Klucker in seinen Erinnerungen dann gar nicht so schmeichelhaft äußerte). 1901 fiel der Brouillardgrat mit Nordwestzugang durch G. B. und G. F. Gugliermina mit Joseph Brocherel, direkt vom Mont Brouillard her am 9. August 1911 durch Josef Knubel mit G. W. Young, H. O. Jones und K. Blodig (womit sich Blodig den »Endsieg« im Wettlauf um den Platz des Ersten sicherte, der alle bis dahin zu selbständigen Bergen erklärten Viertausender der Alpen bestiegen hatte und wobei an diesem Tage bis zum späten Nachmittag sowohl Auf- wie auch Abstieg bewältigt wurden!). Den Innominatagrat eroberten sich 1919 Adolphe und Henri Rey sowie Adolf Aufdenblatten mit S. L. Courtauld und E. G. Oliver.

1927 begingen die führerlosen Engländer T. Graham Browne und F. S. Smythe die direkte Route durch die imposante Brenvaflanke über die Sentinelle Rouge und ein Jahr später auch die weiter links gelegene, noch schwierigere Route Major zum höchsten Sattel der Alpen. Erster Wandanstieg der Frêneyseite wurde 1940 der rechte Frêneypfeiler durch Giusto Gervasutti und P. Bollini di Predosa. Mit dem ganz links in dieser Felsmauer aufragenden Pilier Rouge auf den Pic Luigi Amadeo verewigten sich 1959 der biwakfreudige Walter Bonatti und Andrea Oggioni. Als anspruchsvollster der bekannten Mont-Blanc-Anstiege gilt der Zentrale Frêneypfeiler, der erst 1961 (nach dem für vier der besten romanischen Kletterer tragisch geendeten Versuch von Walter Bonatti, Pierre Mazeaud und anderen) unter Nutzung der Vorarbeiten von Chris Bonington, Don Whillans, Ian Clough und J. Dlugoz durchstiegen wurde.

Die übliche Normalroute ist die über die Aiguille du Goûter. Nur ein kleiner Bruchteil steigt vom weit tiefer liegenden Refuge Grands Mulets auf. Das gleiche gilt für die Route von der italienischen Seite. Vom Col du Dôme an führen alle drei Routen gemeinsam über den Bossesgrat zum höchsten Punkt.

Karten: IGN carte touristique 1 : 25 000 Nr. 1 Chamonix – Mont Blanc und Nr. 2 St-Gervais-les-Bains.

Anreise: Bahn oder Auto ins Tal von *Chamonix* (1030 m, 40 km von Martigny, 86 km von Genf, 59 km von Aosta; Fremdenverkehrsort und Alpinistenmekka, weitere Einzelheiten siehe Aiguille Verte, Seite 171) bzw. von dort 8 km bis *Les Houches* (1000 m).

Hüttenzustieg: Von Les Houches mit Kabinenbahn hinauf nach Bellevue (1790 m, Station der Zahnradbahn von St-Gervais-les-Bains). Mit der Bahn bis zur Endstation Nid d'Aigle (2386 m). Auf

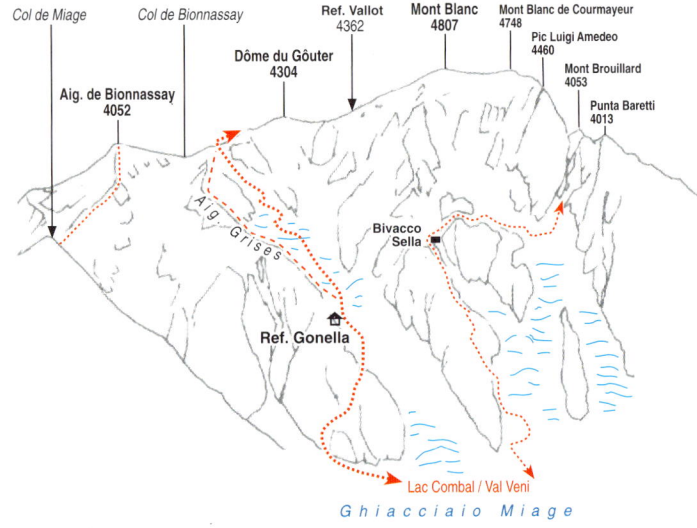

Steig 200 m in südlicher Richtung, dann links in Zickzacks unter einer felsigen Stufe hinauf in eine Schuttmulde. Nach einer alten Hütte rechts (südöstl.) über Schutt zu dem Zickzacksteig auf dem felsigen Rücken, der in Richtung Aiguille du Goûter emporleitet. Auf einem kleinen Plateau rechts das *Refuge Tête Rousse* (3167 m, 60 L, bew. Juni bis September, Tel. 4 50 58 24 97; wenn man direkt zur Aiguille du Goûter aufsteigen will, braucht man nicht hinüberqueren).

Über den kleinen Glacier de Tête Rousse und in der Fortsetzung des unteren Felsrückens über den gestuften Grat (Arête Payot, gelbe Markierung) gerade hinauf zum Nordgipfel der Aiguille du Goûter und zur westseitig dicht unter dem Gipfel gelegenen *Cabane de l'Aiguille du Goûter* (3817 m, CAF Paris u. Chamonix, bew. Ende Juni bis Ende September, 100 L, im Sommer meist hoffnungslos überfüllt, Winterraum mit 16 L immer offen, Tel. 4 50 54 40 93, Anmeldung ratsam).

Gipfelaufstieg über Aiguille du Goûter: Von der Aiguille du Goûter in südöstlicher Richtung über den breiten Firnrücken und Gletscher hinauf zum **Dôme du Goûter**. Über den Gipfel (4303 m) oder südlich daran vorbei und etwas abwärts zum Col du Dôme (4240 m). In gleicher Richtung über den steiler werdenden Hang hinauf. Man geht am links auf einem Felsen stehenden *Refuge Vallot* (4362 m, 8 L; meist grauenhaft verdreckt) vorbei. Über den bald danach schmaler und steiler werdenden Grat (bei guten Verhältnissen vertiefte Spur) zu zwei überfirnten Gratbuckeln (Les Bosses: Grande Bosse 4513 m, Petite Bosse 4547 m) und danach über einen scharfen Firngrat zu den rechts sichtbaren letzten Felsen (La Tournette, 4677 m). Hier biegt der Grat nach links (in östl. Richtung) um und leitet über eine letzte Rückfallkuppe (4740 m) nach 300 m zum höchsten Punkt.

Aussicht: Jede Menge Gipfel ringsum, Gran Paradiso und Haut Dauphiné im Süden, Walliser Berge im Osten, Gebirgsketten und im Norden und Süden dahinter die Ebenen. Aber es läßt sich auch daran herummäkeln: »Wie sehr man durch reine Panorama-Aussichten getäuscht wird, habe ich bereits gesagt. Die vom Mont Blanc selbst befriedigt bekanntlich gar nicht. Steht man auf jenem Gipfel, so blickt man auf das übrige Europa nieder. Aufwärts ist nichts zu sehen. Alles liegt unten und es gibt keinen Punkt, auf dem das Auge ausruhen könnte. Wer dort oben steht, befindet sich so ziemlich in der Lage eines Mannes, dem alle seine Wünsche erfüllt worden sind. Er hat nichts mehr zu erstreben und muß natürlich unzufrieden sein.« Das hat Edward Whymper geschrieben, und er hat natürlich recht, wenn jemand nur wegen der Aussicht auf den Mont Blanc steigt. Denn was da geboten wird, sieht man tatsächlich so ähnlich aus dem Flugzeug.

Dôme du Goûter von SO mit der Spur von Grands Mulets.

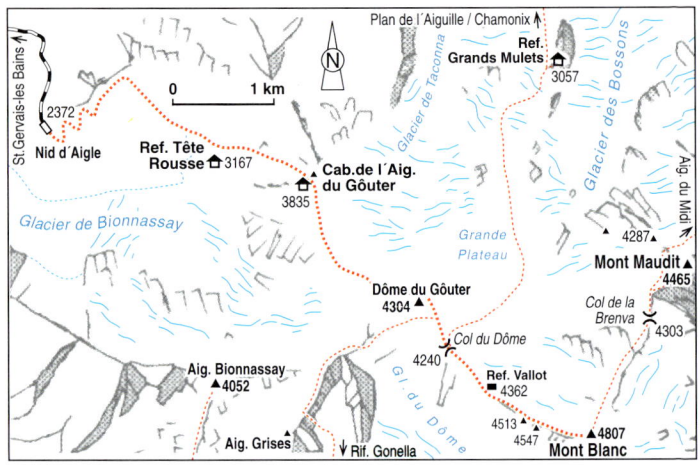

Aber zum Glück gibt es ja noch den Ehrgeiz, der dafür sorgt, daß uns die Ziele auch anderweitig etwas bedeuten – und daß neue nachwachsen.

Gipfelaufstieg über Grands Mulets: Von Chamonix per Midi-Seilbahn bis Mittelstation Plan de l'Aiguille. Von dort den markierten Steig zum Glacier des Pélerins. Dessen apere Zunge wird bei etwa 2400 m Höhe gequert. Danach auf gutem Steig weiter zur gespenstisch verlassenen alten Seilbahnstation Gare des Glaciers (2414 m). Am orographisch rechten Ufer des Glacier des Bossons ansteigen, unter dem großen Couloir der Aiguille du Midi durch (Steinschlag!) und auf den Gletscher. Diesen queren zum stark zerrissenen Gletscherabschnitt der Jonction (gewöhnlich liegen Leitern über den heikelsten Spalten). In etwa südlicher Richtung über die spaltendurchzogenen Firnhänge hinauf, zuerst noch rechts (westl.) der Felsinsel bleibend. Schließlich über mit Drahtseil versicherten Steig hinauf zum *Refuge les Grands Mulets* (3051 m; priv., 68 L, bew. im Frühjahr und Sommer, Tel. 4 50 53 16 98). Von der Hütte über den Gletscher nach Südwesten schräg in Richtung auf einige Felsen im Nordgrat des Dôme du Goûter. Nahe den Seraks des Dôme nach links über einen steilen Hang (les Petites Montées) zu einem flacheren, rampenartigen Abschnitt (Petit Plateau, 3650 m, 2 Std.). In respektvollem Abstand von den Seraks des Dôme über dieses flache Stück ansteigen. Danach über einen weiteren Steilhang hinauf. Oben über eine besonders große Spalte nach rechts auf das weite Firnfeld des Grand Plateau (3980 m). Dieses

in südwestlicher Richtung überqueren und über einen sich schier endlos dehnenden Hang hinauf zum Col du Dôme (6–7 Std. vom Refuge
Grands Mulets). Weiter wie Goûter-Route (s. o.).

Grises-Route von Italien: Aus dem Val Veni von der Cantine de la
Visaille (1653 m, Bus von Courmayeur; vgl. Skizze zu Aiguille Blanche und Goûter-Route) über die Moränen entlang dem nördlichen
Ufer des Miagegletschers oder vom Lac Combal (1940 m) auf Steig
über die große Moräne auf den Miagegletscher. Diesen etwa in der
Gletschermitte hinauf. Nach 2 Std. erreicht man den Fuß der Aiguilles Grises. Links vom tiefsten Punkt (P. 2530 m) der Felsen den Steig
hinauf und rechtshaltend über Firnhänge zum *Rifugio Gonella*
(3071 m; CAI, 40 L, bew. Mitte Juli bis Ende August, Tel. 01 65-
8 93 69). Von der Hütte hinüber auf den Dôme-Gletscher. Zuerst nahe dem westlichen Rand, dann in der Mitte (Spalten) aufsteigen.
Oben auf dem linken (westl.) Gletscherarm und von diesem über den
Bergschrund und – am besten scharf linkshaltend – hinauf in den Col
des Aiguilles Grises (3809 m, 3 Std.; hierher auch ohne Gletscher von
der Hütte über den Grat der Aiguilles Grises, die ersten beiden Türme
überklettern, den dritten westseitig etwas absteigend umgehen und
danach am breiten Firngrat über den Gipfel der Calotte des Aiguilles
Grises, 3826 m, zum Col, 4 Std.).
Nun in nördlicher Richtung am Grat weiter. Einen Felsaufschwung
links umgehen und am Firngrat zur Schulter (4003 m) des Bionnas-
say-Grates (wenig oberhalb vom Col de Bionnassay). In nordöstlicher
Richtung am oft überwächteten Grat über eine weitere Schulter
(4153 m, Eisenstangen) und zur flach gewölbten Kuppe des Dôme du
Goûter (4303 m). Hier erreicht man die Goûter-Route.

Nebengipfel: Mont Blanc de Courmayeur, Dôme du Goûter, Pic
Luigi Amdeo und Gran Pilier d'Angle gelten nach der UIAA-Liste als
selbständige Gipfel. Daneben gibt es weitere Kleingipfel: Am breiten
Rücken zum Mont Blanc de Courmayeur steht der felsige **P. 4741, La
Tourette.** Beim Aufstieg über den Normalweg werden im Bossesgrat
die Buckel **Grand Bosse (4513 m)** und **Petite Bosse (4547 m)** überschritten. Die **Grande Chandelle (ca. 4600 m)** ist der Felsturm am
Kopf des Zentralen Frêney-Pfeilers. Auf den **Rochers Foudroyer**
(4362 m) steht das Refuge Vallot.
Andere lohnende Routen: *Südwestflanke*, *Tournettesporn* (PD,
kombiniert und Firn bis 50°, 1400 mH bzw. 6–8 Std. vom vergam-
melnden Rifugio Quintinio Sella).

Mont Blanc von Westen, vom Dôme de Miage. Links der Bossesgrat zum Hauptgipfel (darunter der Tournettesporn), rechts unter der Wolke der Pic Luigi Amedeo und tiefer Mont Brouillard und Punta Baretti.

Brouillardgrat (AD+; klassischer Grat, z. T. brüchiger Fels, bis III+; 2200 mH bzw. 10–18 Std. vom Rifugio Monzino).

Innominatagrat (D+; klassischer, besonders schöner Grat, kombiniert; 1450 mH bzw. 12–17 Std. vom Rifugio Monzino, 7–10 Std. vom Bivacco Eccles).

Überschreitung Aiguille Blanche und Peutereygrat (D+; Fels bis IV-, weithin III und II, kombiniert, mit Firn oder Eis bis 55°; 2500 mH bzw. 10–20 Std. ab Rifugio Monzino).

Brenvasporn (AD bis D, je nach Verhältnissen, überwiegend Firn oder Eis bis 50°, am Ausstieg gelegentlich extrem, großartige Linie, objektiv recht sicher; 900 mH bis Ausstieg, 1300 mH bis Gipfel, 7–10 Std. vom Biv. Col de la Fourche).

Brenvaflanke Sentinelle Rouge (D+, Firn oder Eis bis 55° und Fels bis III; ideale Linie, jedoch einige Eisschlaggefahr; 1400 mH bis Gipfel, 9–13 Std. ab Col de la Fourche).

Brenvaflanke Route Major (TD, Eis bis 57°, Fels bis V und IV, kombiniert, große Eisschlaggefahr, besonders bei der Querung des Grand Couloir; 1000 mH Flanke, 1300 mH bis Gipfelgrat, etwa 11–16 Std. vom Col de la Fourche).

Rechter Frêneypfeiler (= Gervasuttipfeiler; TD, Fels bis VI, und A1, kombiniert; 800 mH, 8–12 Std. vom Col Peuterey).

Zentraler Frêneypfeiler (ED+, Fels bis VI und A3, kombiniert, am Ende der Welt und bei etwas Pech allen Höllen der Wetterstürze ausgeliefert).

Spezialführer: CAF, L. Devies, P. Henry:, La Chaîne du Mont Blanc (Guide Vallot, vol. I); CAI, R. Chabod, u.a.: Monte Bianco, vol. I. Milano 1963; G. Rébuffat, Le Massif du Mont Blanc, Paris 1973; F. Labande, Mont Blanc (Auswahlführer), 1989; H. Eberlein, Mont-Blanc-Gruppe, Gebietsführer. Bergverlag Rother, München 1995.

Dôme du Goûter, 4304 m

Die flache Firnkuppel zwischen Aiguille du Goûter und Bossesgrat. Die Trasse des Normalwegs auf den Mont Blanc führt normalerweise östlich daran vorbei. Abstecher zum Gipfel wenige Minuten.

Aiguille de Bionnassay, 4052 m

Als schnittiger und malerischer westlicher Trabant des Mont Blanc stellt die Aiguille de Bionnassay gegenüber der Aiguille du Goûter die in der Draufsicht unglaubliche Nordwestflanke und Nordwand zur Schau. Die Erstbesteigung des Gipfels erfolgte bereits 1865 gleich über den gewaltigen Hängegletscher der Nordwestflanke, durch Jean-Pierre Cachat und Michel-Clement Payot mit den Briten E. N. Buxton, F. C. Grove und R. J. S. MacDonald.

Dagegen erscheint die Aiguille vom Dôme du Goûter mit ihrem schmalen Grat im Profil. Dieser Südgrat gilt als leichtester Anstieg und wurde 1888 durch Kaspar Maurer und Andreas Jaun mit ihrem Klienten G. Gruber erstmals begangen.

Schwierigkeiten: Südgrat PD+. Kombinierter Grat mit Kletterei bis III+, meist II, I und Gehgelände. Am Gipfelhang bis 55° steiler Firn oder auch lästigerweise Eis. Ostgrat PD.
Mühen: Aufstieg zum Refuge Durier von Nordwesten von Tresse 2250 mH (8 Std.), von Südosten vom Val Veni vom Lac Combal 1700 mH (5–7 Std.). Gipfelaufstieg über Südgrat 700 mH bei 1,5 km Gratlänge. (3–5 Std.). (Ostgrat AD, 150 mH, 1–2 Std. vom Col de Bionnassay).
Gefahren: Ganz schön ruppige Zustiege. An den Graten auf Wächten achten.
Freuden: Durch den Preis von Schweiß vor Übervölkerung geschützte Gegend. Alle Besucher/innen sollten solche Rarität würdigen und in gutem Zustand hinterlassen.

Karte: IGN carte touristique 1:25000, Nr. 2 St-Gervais-les-Bains. Siehe auch Skizzen zu Mont Blanc, Seite 207.

Anreise: Bahn bis *St-Gervais-les-Bains*, von dort Bus durch das Val Montjoie in Richtung Les Contamines 6 km bis *Tresse* (1050 m). Für italienische Seite siehe Mont Blanc, Seite 223.

Zustieg zur Biwakschachtel: *Von Tresse* östlich durch den Ort, dann links (nördl.) zum Parkplatz Gorges de Gruvaz am Torrent de Miage. Am orogr. linken, südwestlichen Ufer auf Steig in 2 Std. zur Miage-Alm (1559 m). Nun auf undeutlichem Pfad auf dem orogr. rechten Ufer weiter taleinwärts. Rechts von Wasserfall über Felsstufe klettern. Danach Pfad über steilere Grasrücken zur nördlichen Seitenmoräne des Glacier de Miage. Auf dieser mühsam ansteigen über P. 2566 und weiter bis zu einem flachen Teil des rechts liegenden Gletschers. Nach Umgehung des felsigen Fußes der Südwestflanke der Aiguille de Tricot auf den Gletscher (rechts vom oberen Ende der oberen Seitenmoräne unter den Felsen das neue Refuge Plan Glacier, 2750 m, unbewartet). Den Gletscher ansteigend queren zur mittleren der Felsrippen, die vom Col de Miage herabziehen. Über den oft heiklen Bergschrund (am ehesten weit links). Dann die bröckelnde Rippe (oder das Couloir links) hinauf zum am Col gelegenen neuen *Refuge Durier* (3349 m; CAF Saint Gervais, 20 L, seit 1991 bewartet).

Hierher auch *vom Lac Combal* über den italienischen Miagegletscher aufsteigen bis unter das Rifugio Gonella. Auf dem Gletscher, möglichst in der Gletschermitte haltend, geradeaus weiter in Richtung auf das Col de Miage. Wo der italienische Bionnassaygletscher von Norden her in das Tal einmündet, gerade in nordwestlicher Richtung hinauf: Links einsteigen und über einen Wandgürtel emporklettern zu einem steilen Firnfeld. Entlang einer Felsrippe – oder über den weniger steilen Gletscher rechts (östl.) davon – zum Col.

Gipfelaufstieg (Südgrat): Vom Col de Miage an Firngrat zu einer Firnschulter (P. 3810). Weiter am teils felsigen Grat zu einer zweiten Firnschulter und zur dahinter gelegenen Scharte vor dem felsigen Gipfelaufbau. Diesen rechts der Gratkante an herzhaft steilen Platten und Rissen etwa 50 mH hinaufklettern. Dann über ein Schneeband rechts (südostseitig) und über sehr steilen Firn oder Eis zum Gipfel.

Ostgrat: Vom italienischen Normalweg auf den Mont Blanc (s. o.) etwa in Höhe der Schulter P. 4003 m nach links queren und absteigen zum Col de Bionnassay. Von dort erregend schmalen, mit Wächten dekorierten Firn- und Eisgrat in 1 Std. zum Gipfel.

Aussicht: Beherrscht vom nahen Mont Blanc und der südlich benachbarten Trélatête-Gruppe.

Aiguille de Bionnassey und Teil des Mont-Blanc-Gipfels von Westen, vom Dôme de Miage. Rechts am Fuße des Südwestgrates der Col de Miage mit dem Refuge Durier.

Andere lohnende Routen: *Westnordwestgrat (= Tricotgrat*; PD, Fels bis II, 2250 mH, 3,8 km, 10 Std. vom Col de Tricot).
Nordwestflanke (AD; beliebter klassischer Firn- und Eisanstieg, meist 40°, stellenweise bis 55°, nach Neuschneefall gelegentlich auch im Sommer Lawinengefahr, 1050 mH, 4–8 Std. vom Wandfuß, 1 Std. mehr vom Refuge Tête Rousse).
Spezialführer: CAF, Mont Blanc (Guide Valot, vol. I); CAI, Monte Bianco, vol. II; G. Rébuffat, Le Massif du Mont Blanc. Paris 1973.

Mont Blanc de Courmayeur, 4748 m

Der südliche Vorgipfel des Mont Blanc ist zwar nur durch einen flachen Sattel vom höchsten Punkt abgesetzt, bildet jedoch als Endpunkt des Peutereygrates und des Brouillardgrates einen der markantesten topographischen Punkte des Mont-Blanc-Massivs. Der Gipfel kann vom Hauptgipfel – passables Wetter und Akklimatisation vorausgesetzt – ohne Schwierigkeiten in einer guten Viertelstunde erreicht werden.

Pic Luigi Amedeo, 4469 m

Auch französisch als Pic Louis Amédée bezeichnet. Dies ist der durch eine deutliche Scharte abgesetzte Kleingipfel am unteren Ende des Brouillardgrates und damit denkbar weit abgelegen. Die erste Besteigung erfolgte in einem brillianten Unternehmen durch G. B. und G. F. Gugliermina mit dem Führer Joseph Brocherel vom 18. bis zum 20. Juli 1901, mit Aufstieg über die Nordflanke und Weiterweg über den oberen Teil des Brouillardgrates. Die heute übliche Route den Brouillardgrat, vom Col Emile Rey her über die Südseite, gelang Geoffrey Wintrop Young, Humphrey O. Jones und dem Viertausendersammler Karl Blodig mit dem Führer Joseph Knubel am 9. August 1911 in einem Tage (!), mit Aufbruch um 1 Uhr vom Sella-Biwak, Besteigung des Mont Brouillard, Besteigung des Pic Luigi Amedeo und des Brouillardgrates zum Gipfel sowie Abstieg bis zurück nach Courmayeur…

Die technisch am wenigsten schwierige, aber auch wenig elegante Möglichkeit, den Gipfel zu betreten, besteht durch Abstieg vom Mont Blanc de Courmayeur über den oberen Teil des Brouillardgrat und

Schwierigkeiten: AD+. Stellen IV, meist weniger schwieriges kombiniertes Gelände.
Mühen: Vom Bivacco Eccles zum Mont-Blanc-Gipfel 1000 mH (7–11 Std.).
Gefahren: Wilde Gletscher beim Zustieg, steinschlaggefährdete Rinnen, teilweise schauderhaft brüchiger Fels und die große Länge in großer Höhe geben der Unternehmung einige herzhafte Abenteuerelemente. Die Tour ist nur bei wirklich sicherem Wetter vertretbar.
Freuden: Unterwegssein in extrem abgelegenem Gebirge.

anschließenden Wiederaufstieg, was aber auch seine Mühen und Risiken enthält.

Alpinistisch logischer ist seine Besteigung im Zuge der Begehung des gesamten **Brouillardgrates,** dessen Schlüsselstelle jedoch aus so ungefähr dem schlechtesten Material besteht, das bei der Erschaffung der Alpen aufzutreiben war.

Anreise und Zustieg siehe Mont Brouillard, Seite 223.

Gipfelroute: Zunächst zum Col Emile Rey (siehe Mont Brouillard, 1½ Std.). Zunächst etwa 20 m östlich vom Col absteigen, dann an der linken Seite einer steiler werdenden plattigen Rinne hinauf. Über eine steile Platte aus faulem Fels (IV, 3 H). Nach drei heiklen Seillängen (Stein- und Eisschlaggefahr) in leichterem Gelände weiter. Schräg links (westl.) zu einer Scharte bei einem Gendarm. Von der Scharte in nördlicher Richtung zuerst über Firn und Schutt, dann über brüchigen Fels zum Gipfel des Pic Luigi Amedeo (2½–5 Std.).

Ostseitig etwa 20 m absteigen zu einer kleinen Scharte. Diese einige Meter unterhalb waagerecht queren und zwei Seillängen in gestuftem Gelände auf den nächsten Grataufschwung. Nach einem Firngrat rechts über einen weiteren Steilaufschwung. Am nun weniger steilen Firngrat hinauf zur Einmündung des Innominatagrates (4650 m). Nun am besten westlich unter der letzten Felsstufe des Mont Blanc de Courmayeur in der Westflanke schräg links ansteigend hinauf zum Verbindungsgrat und zum Hauptgipfel des Mont Blanc (2½–4 Std.).

Mont Brouillard, 4053 m – Punta Baretti, 4013 m

Auf der Südwestseite des Mont Blanc, zwischen den gigantischen Gletscherbecken des Ghiacciaio Miage und des Ghiacciaio Brouillard, durch den schwer zugänglichen Einschnitt des Col Emile Rey abgetrennt vom mächtigen Kamm des Mont Blanc, stehen diese beiden Graterhebungen im Himalaya der Alpen, am Ende der Welt und nur aufgesucht von Menschen, die eine Schwäche haben für die letzten ganz unbeleckten Winkel dieses Kontinents. Oder für solche, die sich schuldig sind, unbedingt die Befestigung aller alpinen Viertausender zu schaffen.

Natürlich sind dies zwei von der Sorte Berge, über deren Selbständig-

Blick vom Rifugio Monzino zur Südflanke des Mont Blanc. Links Mont Brouillard, unter der Wolke der Brouillard-Gletscher, in der Mitte oben Mont Blanc de Courmayeur und Brouillardgrat (links Pic Luigi Amedeo), davor der Felsbau der Punta Innominata. Unter dem Fuß ihrer Felsen führt der Zugang zum (verdeckten) Bivacco nach links zum Gletscher. Der Zugang zum Col Innominata und damit zum Frêneygletscher führt vom rechts unten sichtbaren Lawinenkegel nach rechts hinauf.

keit sich lange streiten läßt, wobei die Schartentiefe der niedrigeren Punta Baretti deutlich größer ist als die des höheren Mont Brouillard. Gestritten wurde auch schon über die Erstbegehung, weil die Erstbesteiger der Punta Baretti – Martino Baretti mit Jean Joseph Maquignaz im Jahre 1880 – über den Übergang zum Mont Brouillard unzutreffende Zeitangaben machten und auch vom kritischen Viertausendersammler Karl Blodig spitz angemerkt wurde, daß er und Oscar Eckenstein auf dem Mont Brouillard keinen Steinmann vorfanden,

Schwierigkeiten: AD. Felsschwierigkeiten bis II, meist I und Gehgelände, kombiniert, Firn oder Eis bis 50° steil und zerrissene Gletscher.
Mühen: Von Süden zum Eccles-Biwak 2250 mH (7–10 Std.), Gipfelaufstieg 250 mH (2–3 Std.). Von Westen bis Sella-Biwak 1400 mH (5 Std.), Gipfelaufstieg 800 mH (5 Std.).
Gefahren: Von jeder Sorte – Gletscherspalten, Lawinengefahr, Steinschlag, Eisschlag und alle, die aus der Abgelegenheit eines Gebietes dazukommen. Beim Rückweg zum Col Eccles ist mit faulem Schnee und größerer Steinschlaggefahr in den Couloirs zu rechnen.
Freuden: Der Zivilisation wirklich einmal so weit entkommen, wie es in Europa überhaupt geht.

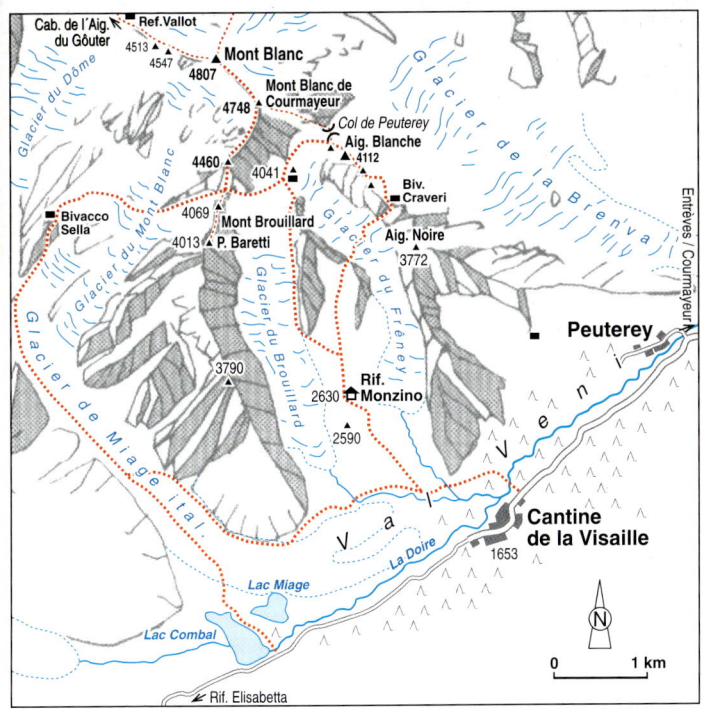

obwohl doch für solch ein Zeichen reichlich Baumaterial herumlag. Der Originalzustieg wird heute wegen durch die Ausaperung stark gestiegenen Gefahren kaum noch begangen.

Karten, Anreise: Siehe Grandes Jorasses, Seite 181, Skizzen: siehe Mont Blanc, Seiten 207 und 212.

Zustieg von Süden (heute üblich): Hüttenaufstieg: Bus oder Auto ins Val Veni bis Cantine de la Visaille (1653 m). Über den Hauptbach zu den Chalets de Frêney. Von dort den markierten Steig über einen riesigen Schuttfächer und dann links (westl.) des vom Frêneygletscher herabkommenden Baches in der schrofigen Flanke mit vielen Kehren hinauf. Zuletzt an Ketten über den plattigen Felsriegel zum Sattel bei der Aiguille du Châtelet und dem *Rifugio Monzino* (2590 m; Guides de Courmayeur, 60 L, bew. Mitte Juni bis Ende September, Tel. 0165 - 842477, 2½ Std.).

Biwakzustieg: Über Gras und den fast ausgeaperten Chatelet-Gletscher ansteigen. Danach links auf die Moräne, die von der Punta Sud des Innominata-Kammes herabzieht, und jenseits abwärts auf den

223

Brouillard-Gletscher. Linkshaltend das kleine Gletscherplateau unterhalb vom P. 3376 queren bis hin zum Felsrücken, der vom Gipfel der Punta Innominata herabzieht. Links des Felsrückens über den Bergschrund und in der steilen Flanke schräg links empor zum Col de Frêney (3600 m, nordwestlich der Punta Innominata). Die steile, meist vereiste Flanke schräg links empor, zuletzt in kombiniertem Gelände oder brüchigem Fels, zum am Südwestgrat der Pointe Eccles gelegenen, aus zwei Blechkisten bestehenden *Bivacco Eccles* (ca. 3850 m, 6 + 6 L, im Sommer oft überfüllt, so daß man auch auf ein Freibiwak eingerichtet sein sollte).

Gipfelroute: Vom Bivacco nach Norden 40 m steil hinab und auf den obersten Gletscherterrassen in westlicher Richtung das oberste Gletscherbecken unterhalb der roten Brouillardpfeiler queren und schließlich direkt hinauf (50°) ins Col Emile Rey (4012 m, 1–2 Std.). Nun südlich am Grat über leichtes kombiniertes Gelände in 15–30 Min. zum Gipfel des Mont Brouillard.

Zur Punta Baretti vom Mont Brouillard über den bröckelnden Verbindungsgrat ab- und wieder aufsteigend in 1–2 Std., wobei Hindernisse umgangen werden.

Zustieg von Westen (Originalroute, meist riskant!): Wie zum Rifugio Gonella (siehe Mont Blanc) über den Miagegletscher bis zur Einmündung des Mont-Blanc-Gletschers. Den Eisbruch links (orogr. rechts) nahe dem Rande im Streit mit Spalten umgehen und über den meist recht komplizierten Bergschrund zur ersten grasigen Felsrinne des Bergrückens. Darin über Schrofen den Pfadspuren folgend empor bis zwei Drittel Höhe. Dann schräg rechts über schrofigen Hang zu einer Felswand. Über diese in einer Rinne zum Grat. Daran in leichter Blockkletterei zuerst zu den Resten der alten, dann zu denen des neueren *Biwaks Quintino Sella* (3371 m, früher 15 L, Zustand im Tal erfragen).

Gipfelaufstieg: In östlicher Richtung die Firnhänge und danach drei Felsrippen und drei Firnrinnen queren und absteigend über den zerrissenen Mont-Blanc-Gletscher zum Fuß der Firnrinne, die vom Col Emile Rey herabzieht. Diese je nach Verhältnissen nahe der Mitte oder entlang den orographisch linken (südl.) Begrenzungsfelsen hinauf zum Col Emile Rey (4012 m).

Weiter siehe oben.

Aussicht: Erdrückt vom unmittelbar nördlich aufragenden Mont Blanc. Im Westen Blick zur Trélatête-Gruppe, im Osten zum Peutereygrat, im Süden zum Gran Paradiso – und nach unten in viele hungrige Gletscherspalten.

Nebengipfel: Der **Südwestgratkopf (ca 4005 m)** des Mont Brouillard wird beim Übergang zur Punta Baretti überklettert.
Andere Routen: *Südwestgrat* (PD, Stellen II, schier endlos lang und langweilig, 2100 mH vom Miageletscher).
Spezialführer: CAF: L. Devies et P. Henry, Chaîne du Mont Blanc (Guide Vallot, vol. I); CAI, Monte Bianco, vol. 1.

Pic Eccles, 4041 m

Der überfirnte Felskopf vor der gewaltigen Südflanke des Monarchen ist zwar nicht mit eigenen großen Herausforderungen in Form von Wänden und Graten ausgestattet, hat jedoch als Station zur Eroberung der Südseite des Mont Blanc und wegen der am Südwestgrat gelegenen Biwakschachteln als wichtiges Relais für Touren sowohl historische als auch praktische Bedeutung. Die erste Besteigung erfolgte wahrscheinlich am 31. August 1874 durch die verunglückte Seilschaft J. G. A. Marshal mit Johann Fischer und Ulrich Almer, mit Sicherheit jedoch durch J. Eccles mit den Führern Michel-Clement und Alphonse Payot am 30./31. Juli 1877 anläßlich der ersten Besteigung des Mont Blanc de Courmayeur von Süden her. Obwohl der Gipfel eine Schartentiefe von etwa 35 m hat, ist er trotzdem nicht in der UIAA-Liste enthalten – vielleicht, um nicht für das ohnehin meist überfüllte Biwak weitere Nachfrage zu erzeugen?
Gipfelroute: Wie unter Aiguille Blanche beschrieben zum Col Eccles und am schmalen Nordgrat auf den Gipfel. Etwa 1 Std. vom Biwak Eccles. Oder vom Biwak über den Grat.

Grand Pilier d'Angle, 4243 m

Der Große Eckpfeiler ist eigentlich mehr eine große, wächtengesäumte Schulter im oberen Teil des Peuterreygrates als ein Gipfel. Wegen der anspruchsvollen Routen durch die imposante Ostwand – erste Linie von Walter Bonatti und Toni Gobbi – wurde diese Erhebung in die UIAA-Liste aufgenommen. Bestiegen wird sie jedoch wohl auch künftig nur im Zuge einer Überschreitung des großen klassischen Grates oder der Durchsteigung von einer der ruppigen Ostrouten. Beschreibung siehe Aiguille Blanche.

Aiguille Blanche von Osten. Links Pointe Seymour King, in der Mitte der Hauptgipfel Pointe Güßfeldt, rechts davon die Pointe Jones. Rechts unten das Col Peuterey und dahinter der Pic Eccles.

Aiguille Blanche:
– Pointe Güßfeldt, 4112 m
– Pointe Seymour King, 4107 m

Eine der faszinierendsten Berggestalten der Alpen, durch die Eleganz der von weißblinkenden Wächtensäumen nachgezogenen Felskonturen und die Balance zwischen Felspfeilern und Eisbalkonen begeisternd, im Ensemble des gewaltigen Peutereygrates zwischen der düsteren Spitze der Aiguille Noire und der Masse des Mont Blanc wirklich einmalig.

Gewöhnlich wird der Berg im Zuge einer Überschreitung zum Mont Blanc hin bestiegen (wobei oft nur der Südgipfel betreten wird). Aber auch wer nur so dort hinauf will, hat sich allerhand vorgenommen. Denn dies ist der in den Gesamtanforderungen schwierigste der wirklich selbständigen Viertausender der Alpen. Schon die Zugänge sind lang und kompliziert, von beweglichem Eis und Steinschlag bedroht und gut geeignet zum Sich-Verlaufen. Der Berg selbst gestaltet sich gleichfalls ziemlich weitläufig. Und wenn man schließlich die schmale Schneide des Gipfelgrates erreicht hat, bleibt auch der kürzeste Weg zurück zu den grünen Wiesen und stinkenden Autos weit und voller Fährnisse. Wer dort oben in ernsthaftes Schlechtwetter gerät, ist ein armes Schwein.

Schwierigkeiten: AD+ mit kombinierter Felskletterei bis III am NW-Grat, D+ am Peutereygrat mit Felskletterei bis IV, weithin III und II, kombiniert, selten leicht, Firn oder Eis bis 50° steil. Die Hauptschwierigkeit liegt jedoch nicht in Einzelstellen, sondern in der Länge und den anhaltenden, vielfach wechselnden Anforderungen. Die Besteigung – besonders die über den Peutereygrat – kann deshalb nur solide erfahrenen, trainierten und ausgerüsteten Leuten bei günstigen Verhältnissen und sicherem Wetter empfohlen werden.

Mühen: Für NW-Grat: Von Süden zum Eccles-Biwak 2250 mH (7–10 Std.), von dort 100 mH Abstieg und 200 mH Aufstieg bis Gipfel. Für Peutereygrat: Hüttenaufstieg 1000 mH (3 Std.), Biwakzustieg 1100 mH (4–7 Std.), Gipfelaufstieg von dort 700 mH (5–6 Std.). Weiterweg bis Col Peuterey 150 mH Abstieg (2 Std.), Abstieg über Col Eccles (besser) oder die Gruber-Felsen und zurück zum Rif. Monzino 1650 mH Abstieg und 150 mH Aufstieg (ca. 5–8 Std.), stattdessen Weiterweg zum Mont-Blanc-Gipfel noch 850 mH (5–10 Std. + Abstieg bis Vallothütte 1 Std. bzw. bis Cabane de l'Aiguille du Goûter 900 mH, 3 Std. bzw. bis Nid d'Aigle 2500 mH, 6 Std.).

Gefahren: Alles, was so überhaupt vorkommen kann im Hochgebirge – Spalten auf den sehr zerrissenen Gletschern besonders bei Rückzügen ein ernstes Problem, Steinschlag im Couloir zur Brèche Nord des Dames Anglaises besonders bei »guten« Verhältnissen, brüchiger Fels an den Felsrippen der Südostrippe immer, Auskühlung am Gipfelgrat bei Sturm, Lawinen an den Gruberfelsen bei Schlechtwetter usw. Wer sich auf diesen Berg einläßt, muß mit alledem umsichtig umgehen können. Wer sich hier vom richtigen Schlechtwetter erwischen läßt, der ist ein armes Schwein.

Hauptproblem bleibt die Kompliziertheit eines Rückzuges, wobei vor allem die Schwierigkeit des Abstiegs über die Gruber-Felsen und die Länge und Gefahren des Rückweges (mit schwierigem Aufstieg zum Col de l'Innominata) nicht unterschätzt werden dürfen. Reichlich Essen und Brennstoff können lebensrettend werden. Zusätzliche Sicherheit kann das gemeinsame Steigen von zwei Seilschaften bringen, zumal dann bei Abseilstellen zwei Seile zur Verfügung stehen.

Freuden: Ästhetisch ist der Peutereygrat in der Gesamtkomposition ein Hochgenuß für alle, die diese Art Anforderungen beherrschen.

Die erste Besteigung der Aiguille Blanche de Peuterey erfolgte 1885 durch Emile Rey, Ambros Supersaxo und Alois Andenmatten mit dem Engländer H. Seymour King. Dabei wurde über Col de Frêney und Col Peuterey sowie den Nordwestgrat aufgestiegen. Die erste Überschreitung des klassischen Peutereygrates mit Aufstieg über die Brenva-Seite erfolgte 1893 durch Emile Rey, Christian Klucker und César Ollier mit Paul Güßfeldt. Die heute übliche Gratroute fanden 1928 L. Obersteiner und K. Schreiner. Die eisgepanzerte Nordwand durchstiegen 1933 Renato Chabod und Aimé Grivel. Die senkrechte

Südwand der Punta Gugliermina gelang 1938 dem unvergessenen Giusto Gervasutti und G. Boccalatte.

Karte: IGN carte touristique 1 : 25 000, Nr. 2 Mont Blanc – Trélatête.

Anreise: Nach *Courmayeur* (1230 m) durch das Val d'Aosta bzw. von Norden durch den Mont-Blanc-Tunnel. Siehe auch Grandes Jorasses, Seite 181, und Mont Blanc, Seite 211, vgl. Skizzen Mont Blanc, Seiten 207 und 223.

Nordwestgrat: Vom Eccles-Biwak (siehe Mont Brouillard, Seite 159) die 40 m steil auf den Brouillard-Gletscher absteigen und westseitig unter dem Pic Eccles vorbei ansteigen zum Col Eccles. Ostseitig bei gutem Firn in der Rinne, sonst daneben auf den Randfelsen, über den Bergschrund notfalls abseilend, auf das Frêney-Plateau, das man quert zum weiten Sattel des Col Peuterey. Über den steilen Firn hinauf zum Nordwestgrat und daran in zwei Seillängen kombinierter Kletterei zum Gipfelgrat.

Peutereygrat: Biwakzustieg: Vom *Rifugio Monzino* (siehe Mont Brouillard, Seite 223) in nordöstlicher Richtung unter den Wänden der Aiguille Croux vorbei über Schutt und Firn in das Kar vor der Punta Innominata aufsteigen.

Vom Firn dieses Kares rechts (östl.) über Felsen und in einer Rinne hinauf zum Col de l'Innominata (3205 m, 2–3 Std. von der Hütte). Jenseits in einer steilen Rinne abseilen und dann absteigen zum Frêneygletscher. Ziemlich abenteuerlich durch das Spaltenlabyrinth hinüber zum Fuß des von der Brèche Nord herabkommenden Firncouloirs. Darin hinauf (bei dort nicht passierbarem Bergschrund oder akuter Steinschlaggefahr – in den letzten Jahren häufig – bietet das in der linken, nördlichen Schluchtwand parallel verlaufende Schneider-Couloir eine weniger gefährdete Alternative). Oben im – im Aufstiegssinne – linken (orogr. rechten, nördlichen) Ast, zur Scharte (3470 m; schräg links oberhalb das *Bivacco Craveri*, 3490 m, 2–3 L. Begehern des gesamten Peutereygrates sollte hier Vorrang eingeräumt werden.).

Gipfelaufstieg: Über der Scharte sperrt ein Steilaufschwung den Weiterweg. Von der Scharte nach links (westl., Richtung Frêneyseite) in der Wand des Steilaufschwungs auf- und absteigend erst eine Art Kamin überschreiten und dann auf Leisten und Bändern etwa 40 m queren (III und II) zu einem kurzen plattigen, rinnenartigen Riß. Darin hinauf (III) zur Scharte eines Nebengrates, rechts von einem dünnen Zacken. Rechts eine Art Rinne (III) 10 m zu leichtem Gelände oberhalb des ersten Steilaufschwungs. Am Grat ein kurzes Stück aufwärts, dann rechts (Brenva-Seite) über Schutt und Firn queren zu Trümmerrippen, die durch Firnrinnen voneinander getrennt sind. Am besten auf der dritten Rippe immer geradeaus weit hinauf, hoch über dem zerwürfelten Brenvagletscher an streckenweise gleichfalls bröckelndem Fels empor, bis sie an einer Scharte des Hauptgrates endet (etwa 100 m seitlich und etwas oberhalb der Punta Gugliermina). Über den Grat bis zu einer markanten Scharte vor einem Turm. Diesen links luftig umgehen (IV). Danach wieder zum Grat hinauf und auf diesem, zuletzt auf breitem Firnrücken, zum Südostgipfel (4107 m, Pointe Seymour King).

Jenseits in eine kurze, brüchige Rinne hinab zum schmalen Firngrat. Auf dessen Schneide recht luftig hinüber zum Mittelgipfel (4112 m, Pointe Güßfeldt) und weiter zum Nordwestgipfel (4104 m, Pointe Jones).

Aussicht: Überwältigender Blick auf die gegenüber gelegene Frêneyseite des Mont Blanc und rechts auch in die – von hier etwas weniger wild erscheinende – Brenvaflanke. Ansonsten bietet sich an diesem Orte reichlich Gelegenheit zu Betrachtungen, wie weit und steil es ringsum runtergeht und wie man es am besten anstellt, wieder zu den Blumenwiesen und Eiskremschüsseln zurückzugelangen.

Abstieg: In nördlicher Richtung hinab zu einer felsigen Schulter. Von einer eingerichteten Abseilstelle in der Nordwestflanke steil hinab, am besten von den untersten Felsen noch einmal mit einer Abseilstelle von 40 m gleich bis über den Bergschrund, und in den Col de Peuterey (3934 m). Hier stellt sich die Entscheidungsfrage, ob es weiter aufwärts gehen soll zum Mont-Blanc-Gipfel oder hinunter.

Am Gipfelgrat der Aiguille Blanche, an der Pointe Seymour King. Rechts die Pointe Güßfeldt, links Pic Eccles und Col Eccles.

Aufstieg zum Mont-Blanc-Gipfel: Mit verschiedenen Möglichkeiten links (westl.) der Gratkante des durch einen riesigen Bergsturz erst in diesem Jahrhundert umgestalteten **Grand Pilier d'Angle**, dann entlang dem Wächtengrat über dessen Gipfel und schließlich in der aufsteilenden Firn- oder Eisflanke hinauf zur Gipfelwächte des Mont Blanc de Courmayeur. (Sehr lang und bei Schlechtwetter rasch mörderisch.)

Eine Abstiegsmöglichkeit bietet sich durch Querung und Aufstieg hinüber zum Col Eccles (nördlich vom Pic Eccles, vgl. Foto, Seite 229) und der südwestlich des Gipfelchens am Grat gelegenen Biwakschachtel (bei gutem Wetter gewöhnlich überfüllt). Von dort auf dem spaltenreichen Brouillardgletscher den dann meist vorhandenen Spuren nach hinab zum Rifugio Monzino.

Bei starkem Neuschneefall ist der erste Teil der Querung rasch lawinengefährlich. Dann bleibt nur Abwarten in einer Schneehöhle und bei Wetterbesserung Abstieg über die zwischen Aiguille Blanche und dem hohen Eisabbruch des obersten Frêneygletschers steil hinabziehenden *Gruber-Felsen*. Er beginnt, indem man vom Col in südsüdwestlicher Richtung absteigt zum Beginn eines Firnrückens (bei Nebel nicht leicht zu finden). Diesen abwärts, bis er in eine steile Schnee- und Felsrippe übergeht. Nun zunächst links (östl.) neben der Felsrippe auf steilem Firn absteigen bis zum Steilabbruch. Oberhalb des Abbruches rechts zu den Felsen. Jetzt an diesen rechtshaltend abseilen (mehrere kleinere Querungen) bis auf den Frêneygletscher. Auf dem spaltenreichen Gletscher abwärts bis unter den Col de l'Innominata. In einer steilen Rinne schwierig hinauf in den Sattel und jenseits hinab zum Rifugio Monzino.

Nebengipfel: Außer dem selten bestiegenen Mittelgipfel (Pointe Güßfeldt) und dem eigentlich selbständigen, üblicherweise bestiegenen Südgipfel (4107 m; Pointe Seymour King) gibt es den **Nordwestgipfel (4104 m; Pointe Jones)**. Nach Süden vorgeschoben ist außerdem die auffällige Punta Gugliermina (3893 m).

Andere lohnende Routen: *Nordwand* (TD, reine Eiswand mit durchschnittlich 52°, teilweise 55° Steilheit, Wandhöhe 800 mH, 5–7 Std. zum Gipfel).

Punta-Gugliermina-Südwand (TD+, Felskletterei bis VI und A1, weithin V+ und V, 600 mH, 11–16 Std. ab Rifugio Monzino).

Spezialführer: L. Devies et P. Henry: Guide Vallot, La Chaîne du Mont Blanc (Guide Vallot, vol. I). Paris/Grenoble 1973; CAI, Monte Bianco, vol. I.

Literatur über die Viertausender der Alpen

Blodig, K.: Die Viertausender der Alpen. München 1923

Bonatti, W.: Le mie Montagne, 1964 (deutsch Zürich 1964)

Chabot, R., Grivel, L., Saglio, S.: Monte Bianco (CAI, Milano 1963)

Daudet, A.: Tartarin sur les Alpes. Paris 1885

Devies, L./Henry, P.: La Chaîne du Mont Blanc (Guide Vallot, vol. 3).
  Arthaud, Paris/Grenoble 1973

Dumler, H./Burkardt, W.: Die Viertausender der Alpen. Bergverlag Rother, München
  1989; besser bebildert die englische Ausgabe: The High Mountains of the Alps.
  Diadem London, 1993

Eberlein, H.: Dauphiné, Gebietsführer. Bergverlag Rother, München 1988

Eberlein, H.: Mont-Blanc-Gruppe, Gebietsführer. Bergverlag Rother, München 1995

Goedeke, R.: Augenblicke oben. Erlebnis – Information. Bergverlag Rother,
  München 1988

Grassi, G. C.: Gran Paradiso. Denoël, Paris 1982

Grossen, H.: Berner Oberland. Carta, Pforzheim 1982; Carta bei Bruckmann,
  München 1989

Höhne, E.: Leichtere Viertausender. Bruckmann, München 1989

Klucker, Chr.: Erinnerungen. Zürich – Leipzig 1931

Königer/Schubert/Werner: Mont-Blanc-Gruppe, Großer Führer. Bergverlag Rother,
  München 1974

Miotti/Gogna: Bernina – Bergell. Paris und Pforzheim 1985

Moran, M.: Alps 4000. David & Charles, Newton Abbot, 1994

Mummery, A. F.: Meine Bergfahrten. Bergverlag Rother, München 1930

Munter, W. u. M.: Berner Alpen, Gebietsführer. Bergverlag Rother. München 1984,
  1991, 1995

Pfann, H.: Führerlose Gipfelfahrten. Berlin 1941

Purtscheller, L.: Über Fels und Firn. München 1901

Rébuffat, G.: Étoiles et Tempêtes. Arthaud, Paris 1954

Rébuffat, G.: Le Massif des Écrins. Denoël, Paris 1974

Rébuffat, G.: Le Massif du Mont Blanc. Denoël, Paris 1973

Rébuffat, G.: Mont Blanc – Jardin Féerique. Zürich 1966; Denoël, Paris 1987;
  dt.: Montblanc – Die Geschichte seiner Entdeckung, Carta bei Bruckmann,
  München 1988

Rébuffat, G.: Zwischen Himmel und Erde, dt. Zürich 1963

SAC-Führer Berner Alpen, Bd. 1–5

SAC-Führer Bündner Alpen, Bd. 1–10

SAC-Führer Walliser Alpen, Bd. 1–5

Schmidt, W.: Unsere Viertausender. Hallwag, Bern u. a. 1974

Terray, L.: Les Conquerants de l'Inutile, 1961 (auch dt. Übs.).

Vaucher, M.: Walliser Alpen. Carta, Pforzheim 1983; Carta bei Bruckmann 1990

Waeber, M.: Walliser Alpen, Gebietsführer, Bergverlag Rother, 1996

Weh, L.: Walliser Alpen, Auswahlführer, Bergverlag Rother, München 1987

Whymper, E.: Scrambles amongst the Alps. London 1871

Young, G. W.: On High Hills. London 1927. (dt.: Meine Wege in den Alpen.
  Hallwag, Bern)

Zahlenspiele

In Fettdruck die üblicherweise als Hauptgipfel geführten (mit Sternchen* die nach der UIAA-Liste erst neuerdings zusätzlich zu richtigen Gipfeln ernannten, mit Doppelsternchen** solche, die nach den UIAA-Überlegungen eigentlich auch in diese Kategorie gehören), in Normalschrift die Nebengipfel(chen). Rechts die Schartenhöhe als Maßstab für die Selbständigkeit der Erhebungen, teilweise geschätzt.

Alle Viertausender

Mont Blanc 4807 m	**4600 m**
Mont Blanc de Courmayeur* 4748 m	**18 m**
Dufourspitze 4634 m	**2165 m**
Dufourspitze Ostspitze ca. 4630 m	15 m
Monte Rosa Grenzgipfel 4618 m	8 m
Nordend 4609 m	**94 m**
Dufourspitze westl. Vorgipfel ca. 4600 m	7 m
Mont Blanc Frêneypf. Grande Chandelle 4600 m	20 m
Zumsteinspitze 4563 m	**111 m**
Signalkuppe 4556 m	**102 m**
Mont Blanc Petit Bosse 4547 m	2 m
Dom 4545 m	**1018 m**
Signalkuppe Gendarm ca. 4545 m	ca. 15 m
Nordend S-Grat-Kuppe 4542 m	5 m
Liskamm Ost 4527 m	**376 m**
Mont Blanc Grand Bosse 4513 m	5 m
Weisshorn 4505 m	**1055 m**
Dufourspitze oberer W-Grat-Gipfel 4499 m	20 m
Täschhorn 4490 m	**209 m**
Dom westl. Vorgipfel 4479 m	20 m
Liskamm West* 4479 m	**62 m**
Matterhorn 4478 m	**1164 m**
Matterhorn Westgipfel 4476 m	ca. 15 m
Pic Luigi Amedeo* 4469 m	**35 m**
Dom NO-Grat-Gipfel 4468 m	ca. 15 m
Mont Maudit 4465 m	**162 m**
Zumsteinspitze SW-Grat-Kuppe 4463 m	ca. 15 m
Liskamm West östl. Vorgipfel 4450 m	ca. 10 m
Liskamm West westl. Vorgipfel 4447 m	ca. 15 m
Parrotspitze 4436 m	**136 m**
Liskamm Sattelkuppe ca. 4430 m	ca. 15 m
Täschhorn N-Grat-Gipfel 4404 m	ca. 10 m
Dufourspitze unterer W-Grat-Gipfel ca. 4385 m	ca. 15 m
Mont Maudit obere Südschulter 4369 m	27 m
Weisshorn obere N-Grat-Kuppe 4362 m	ca. 15 m
Mont Maudit untere Südschulter 4361 m	4 m

Dent Blanche 4356 m	**897 m**
Mont Maudit Nordwestgipfel (Épaule) 4345 m	ca. 10 m
Ludwigshöhe 4341 m	**58 m**
Mont Maudit Nordostgipfel 4336 m	23 m
Liskamm O-Grat-Gipfel (Cima Scoperta) 4335 m	ca. 10 m
Weisshorn N-Grat Grand Gendarme 4331 m	**35 m**
Nadelhorn 4327 m	**206 m**
Schwarzhorn 4321 m	**50 m**
Grand Combin de Grafeney 4314 m	**1517 m**
Mont Blanc Dôme du Goûter* 4303 m	**58 m**
Lenzspitze 4294 m	**90 m**
Nadelhorn nordw. Vorgipfel ca. 4290 m	ca. 10 m
Mont Maudit nw. Pointe Mieulet P. 4287	ca. 10 m
Finsteraarhorn 4273 m	**2108 m**
Nadelhorn S-Grat ob. Doppelgendarm ca. 4280 m	ca. 15 m
Liskamm Schneedomspitze (Il Naso) 4272 m	**40 m**
Nadelhorn S-Grat unt. Doppelgendarm ca. 4270 m	ca. 10 m
Aiguille du Croissant 4250 m	ca. 15 m
Mont Blanc du Tacul 4248 m	**213 m**
Mont Blanc du Tacul Ostgipfel 4247 m	20 m
Grand Pilier d'Angle* 4243 m	**15 m**
Stecknadelhorn* 4241 m	**25 m**
Matterhorn Pic Tyndall 4241 m	15 m
Lenzspitze großer N-Grat-Gendarm ca. 4240 m	ca. 10 m
Nadelhorn S-Grat untere Kuppe ca. 4235 m	ca. 15 m
Castor 4228 m	**165 m**
Zinalrothorn 4221 m	**471 m**
Hohberghorn 4219 m	**77 m**
Vincentpyramide 4215 m	**128 m**
Zinalrothorn südl. Vorgipfel (»Kanzel«) ca. 4210 m	ca. 15 m
Grandes Jorasses Pointe Walker 4208 m	**843 m**
Alphubel 4206 m	**355 m**
Castor Nordgipfel 4205 m	ca. 12 m
Weisshorn untere große N-Grat-Kuppe P. 4203	ca. 20 m
Liskamm West SW-Grat-Kuppe 4201 m	ca. 20 m
Lenzspitze S-Grat-Gendarm ca. 4200 m	ca. 15 m
Rimpfischhorn 4199 m	**410 m**
Aletschhorn 4195 m	**1017 m**
Strahlhorn 4190 m	**401 m**
Weisshorn oberer kleiner N-Grat-Kopf ca. 4190 m	ca. 20 m
Alphubel N-Gipfel 4188 m	15 m
Castor südöstl. Vorgipfel 4185 m	15 m
Grand Combin de Valsorey* 4184 m	**52 m**
Grandes Jorasses Pointe Whymper* 4184 m	**40 m**
Rimpfischhorn südl. Vorgipfel ca. 4180 m	ca. 10 m
Weisshorn unt. kl. Nordgratkopf ca. 4180 m	ca. 15 m
Weisshorn O-Grat-Turm 4178 m	ca. 10 m
Täschhorn SO-Grat-Schultergipfel 4175 m	ca. 10 m
Rimpfischhorn, 5. N-Grat-Zacke, nördl. VG ca. 4175 m	ca. 15 m

Felikhorn (Castor) 4174 m	ca. 10 m
Dent d'Hérens 4171 m	**692 m**
Balmenhorn 4167 m	12 m
Finsteraarhorn südöstl. Vorgipfel 4167 m	15 m
Breithorn Westgipfel 4164 m	**433 m**
Rimpfischhorn 4. N-Grat-Zacken ca. 4160 m	ca. 10 m
Breithorn Mittelgipfel* 4159 m	**83 m**
Jungfrau 4158 m	**684 m**
Dôme du Goûter W-Grat-Gipfel 4155 m	15 m
Bishorn 4153 m	**120 m**
Rimpfischhorn Südschulter-Gipfel ca. 4150 m	ca. 20 m
Zinalrothorn N-Grat Bosse ca. 4150 m	ca. 15 m
Dent d'Hérens Vorgipfel 4148 m	ca. 20 m
Grand Combin de la Tsessette* 4141 m	**55 m**
Rimpfischhorn 3. N-Grat-Zacken ca. 4140 m	ca. 10 m
Breithorn Westl. Breithornzwilling* 4139 m	**117 m**
Bishorn Pointe Burnaby 4135 m	25 m
Rimpfischhorn 2. N-Grat-Zacken ca. 4130 m	ca. 10 m
Aiguille Verte 4122 m	**579 m**
Combin de la Tsessette W-Gipfel 4121 m	31 m
Zinalrothorn Gabelturm ca. 4120 m	15 m
Dufourspitze ob. SW-Grat-Turm 4120 m	15 m
Rimpfischhorn 1. N-Grat-Zacken ca. 4120 m	ca. 10 m
Isolée* (=P. Blanchard, Teufelsgrat) 4114 m	**36 m**
Aiguille Blanche (Pointe Güßfeldt) 4112 m	**178 m**
Pointe Croz* (Jorasses) 4110 m	**ca. 20 m**
Pointe Carmen* (Teufelsgrat) 4109 m	**54 m**
Weisshorn N-Grat Signalkuppe P. 4108,9	ca. 10 m
Rimpfischhorn N-Grat-Gendarm** 4108 m	**ca. 40 m**
Mönch 4107 m	**415 m**
Aig. Blanche S-Gipfel P. Seymour King** 4107 m	**30 m**
Mont Maudit SO-Grat P. Androsace 4107 m	20 m
Breithorn Östl. Breithornzwilling* 4106 m	**40 m**
Aiguille Blanche NW-Gipfel Pointe Jones 4104 m	15 m
Grande Rocheuse 4102 m	**70 m**
Barre des Écrins 4101 m	**2043 m**
Grandes Jorasses Pointe Croz* 4101 m	**ca. 20 m**
Zinalrothorn Sphinx (N-Grat) ca. 4100 m	ca. 10 m
Tour Rouge (Mont Blanc du Tacul O-Pf.) ca. 4100 m	ca. 20 m
Dent Blanche S-Grat Grand Gendarme 4098 m	ca. 10 m
Pointe Médiane* (Teufelsgrat, Tacul) 4097 m	**25 m**
Castor Felikjoch-Kuppe (östl. Castor) 4093 m	20 m
Pollux 4092 m	**247 m**
Lenzspitze O-Grat Gendarm 4091 m	ca. 10 m
Wengener Jungfrau 4089 m	25 m
Finsteraarhorn NW-Grat-Kuppe 4088 m	10 m
Mont Maudit NW-Flanke P. 4087	ca. 10 m
Barre des Écrins Pic Lory 4086 m	ca. 10 m
Aletschhorn NO-Grat-Kuppe 4086 m	ca. 10 m

Schreckhorn 4078 m	**788 m**
Dent d'Hérens O-Grat Gendarm (Épaule) 4075 m	20 m
Breithorn Schwarzfluh* (Roccia Nera) 4075 m	**20 m**
Pointe Chaubert* (Teufelsgrat) 4074 m	**57 m**
Aletschhorn WNW-Grat-Kuppe 4071 m	5 m
Pilier du Diable** (Mtblanc du Tacul) 4067 m	**40 m**
Pointe Marguerite* (Gr. Jorasses) 4066 m	**40 m**
Corne du Diable* (Teufelsgrat) 4064 m	**17 m**
Obergabelhorn 4063 m	**405 m**
Schreckhorn östl. Vorgipfel ca. 4060 m	10 m
Gran Paradiso (beide Gipfeltürmchen) 4061 m	**1859 m**
Mont Brouillard 4053 m	**39 m**
Aiguille de Bionnassay 4052 m	**160 m**
Weisshorn Lochmatterturm (O-Grat) ca. 4050 m	ca. 5 m
Piz Bernina 4049 m	**2234 m**
Gross-Fiescherhorn 4049 m	**391 m**
Punta Giordani 4046 m	**ca. 5 m**
Pointe Hélene* (Grandes Jorasses) 4045 m	**25 m**
Gross-Grünhorn 4044 m	**305 m**
Lauteraarhorn 4042 m	**128 m**
Pic Eccles** 4041 m	**35 m**
Aiguille du Jardin 4035 m	**37 m**
Dürrenhorn 4035 m	**119 m**
Allalinhorn 4027 m	**265 m**
Mont Blanc du Tacul Ostflanke P. 4027 m	ca. 20 m
Gran Paradiso Ostgipfel (il Roc) 4026 m	ca. 20 m
Pointe Eveline (Aiguille du Jardin) 4026 m	10 m
Dufourspitze unterster SW-Grat-Turm 4026 m	ca. 20 m
Hinteres Fiescherhorn 4025 m	**102 m**
Weissmies 4023 m	**1185 m**
Pointe Croux (Aiguille Verte) 4023 m	ca. 10 m
Bernina-Spalla 4020 m	ca. 8 m
Zinalrothorn Épaule 4017 m	5 m
Dôme de Rochefort 4015 m	**190 m**
Lauteraarhorn NW-Grat-Gendarm** 4015 m	**30 m**
Grande Rocheuse P. 4015 am Col Armand Charlet	10 m
Gran Paradiso Mittelgipfel 4015 m	15 m
Dôme de Neige* (Barre des Écrins) 4015 m	**40 m**
Dent du Géant, Pointe Graham 4013 m	**139 m**
Punta Baretti 4013 m	**56 m**
Lauteraarhorn NW-Grat-P. 4011 m	25 m
Lagginhorn 4010 m	**511 m**
Rimpfischhorn W-Kuppe 4009 m	15 m
Dent du Géant Pointe Sella 4009 m	ca. 10 m
Mont Brouillard SW-Grat-Kopf ca. 4005 m	ca. 10 m
Aig. de Rochefort 4001 m	**106 m**
Les Droites 4000 m	**204 m**

Und nun können die geneigten Leser/innen selbst auswählen, welche von diesen Erhebungen bedeutend genug sind, um ihres Besuches würdig zu sein!

Wie deutlich Berg?

Viertausender nach Höhe über der tiefsten Scharte zum nächsthöheren Berg
(teilweise geschätzt)

Mont Blanc	4600 m	Zumsteinspitze	111 m
Piz Bernina	2234 m	Aiguille de Rochefort	106 m
Dufourspitze	2165 m	Signalkuppe	102 m
Finsteraarhorn	2108 m	Hinter-Fiescherhorn	102 m
Barre des Écrins	2043 m	Nordend	94 m
Gran Paradiso	1879 m	Lenzspitze	90 m
Grand Combin de Grafeney	1517 m	Breithorn-Mittelgipfel*	83 m
Weissmies	1185 m	Hohberghorn	77 m
Matterhorn	1161 m	Grande Rocheuse	70 m
Weisshorn	1055 m	Liskamm Westgipfel*	62 m
Dom	1018 m	Ludwigshöhe	58 m
Aletschhorn	1017 m	Pointe Chaubert* (Teufelsgrat)	57 m
Dent Blanche	897 m	Punta Baretti	56 m
Grandes Jorasses Pointe Walker	843 m	Combin de la Tsessette*	55 m
Schreckhorn	788 m	Pointe Carmen* (Teufelsgrat)	54 m
Dent d'Hérens	692 m	Dôme du Goûter*	52 m
Jungfrau	684 m	Combin de Valsorey*	52 m
Aiguille Verte	579 m	Schwarzhorn	50 m
Lagginhorn	511 m	Schneedomspitze**	
Zinalrothorn	471 m	(Liskamm, Naso)	45 m
Breithorn Hauptgipfel		Dôme de Neige*	41 m
(Westgipfel)	433 m	Rimpfischhorn	
Mönch	415 m	gr. Nordgrat-Gendarm**	40 m
Rimpfischhorn	410 m	Östlicher Breithornzwilling*	40 m
Obergabelhorn	405 m	Pointe Whymper*	
Strahlhorn	401 m	(Grandes Jorasses)	40 m
Gross-Fiescherhorn	391 m	Pointe Marguerite*	
Liskamm Ost	376 m	(Grandes Jorasses)	40 m
Alphubel	355 m	Pilier du Diable**	
Gross-Grünhorn	305 m	(Mbl. du Tacul P. 4027)	40 m
Allalinhorn	265 m	Mont Brouillard	39 m
Pollux	247 m	Aiguille du Jardin	37 m
Mont Blanc du Tacul	213 m	Isolée* (Teufelsgrat)	36 m
Täschhorn	209 m	Weisshorn, Großer	
Nadelhorn	208 m	Nordgrat-Gendarm**	35 m
Les Droites	204 m	Pic Eccles**	35 m
Dôme de Rochefort	190 m	Combin de la Tsessette W-Gipfel	31 m
Aiguille Blanche		P. Seymour King**	
(Pointe Güßfeldt)	178 m	(Aig.-Blanche-S-Gipfel)	30 m
Castor	165 m	Lauteraarhorn NW P. 4015**	30 m
Mont Maudit	162 m	Felikjoch-Kuppe P. 4093 (Castor)	30 m
Aiguille de Bionnassay	160 m	Pic Luigi Amedeo*	
Dent du Géant	139 m	(Mont Blanc SW)	30 m
Parrotspitze	136 m	Mont Maudit	
Vincentpyramide	128 m	obere Südschulter 4369 m	27 m
Lauteraarhorn	128 m	Wengener Jungfrau	25 m
Bishorn	120 m	Lauteraarhorn NW P. 4011	25 m
Dürrenhorn	119 m	Stecknadelhorn*	25 m
Westlicher Breithornzwilling*	117 m	Pointe Burnaby (Bishorn)	25 m

Dent d'Hérens Gendarm	
Épaule 4075 m	25 m
Pointe Hélene* (Grandes Jorasses)	25 m
Mont Blanc du Tacul	
Ostflanke P. 4067 m	25 m
Pointe Médiane* (Teufelsgrat)	25 m
M. Maudit Nordost-Gipfel	23 m
Grand Paradiso Ostgipfel Il Roc	20 m
Lenzspitze gr. S-Gendarm	20 m
Dom westl. Vorgipfel	20 m
Dufourspitze unterster	
SW-Grat-Turm 4026 m	20 m
Rimpfischhorn Südschulter	20 m
Liskamm West SW-Grat-Kuppe	20 m
Dent d'Hérens Ostgipfel 4148 m	20 m
Weisshorn N-Grat Kuppe 4203 m	20 m
Mont Blanc du Tacul Ostgipfel	20 m
Mont Blanc du Tacul Tour Rouge	20 m
Mont Maudit Pointe Androsace	20 m
Mont Blanc Grande Chandelle	20 m
Mont Blanc de Courmayeur*	18 m
Corno Diable* (Teufelsgrat)	17 m
Gran Paradiso Mittel-Gipfel	15 m
Écrins Pic Lory	15 m
Finsteraarhorn südöstl. Vorgipfel	15 m
Nadelhorn ob. Doppelgendarm	15 m
Nadelhorn unt. Doppelgendarm	15 m
Nadelhorn unt. S-Gratkuppe	15 m
Alphubel Nord-Gipfel	15 m
Dom NO-Gipfel	15 m
Rimpfischhorn Westgipfel	15 m
Rimpfischhorn 5. N-Grat-Zacken	15 m
Weisshorn	
ob. kl. N-Grat-Kopf 4190 m	15 m
Weisshorn	
unt. kl. Nordgratkopf 4180 m	15 m
Monte Rosa Ostspitze	15 m
Dufourspitze	
unterer W-Gratgipfel	15 m
Dufourspitze	
ob. SW-Grat-Turm 4120 m	15 m
Zinalrothorn Kanzel	15 m
Zinalrothorn N-Bosse	15 m
Zinalrothorn Gabelturm	15 m
Zumsteinspitze SW-Kuppe	15 m
Signalkuppe O-Gendarm	15 m
Liskamm West westl. Vorgipfel	15 m
Liskamm Sattelkuppe	15 m
Castor südöstlicher Vorgipfel	15 m
Breithorn Roccia Nera*	15 m
Matterhorn Westgipfel	15 m
Matterhorn Pic Tyndall	15 m
Aiguille du Croissant	15 m
Pointe Croz* (Grandes Jorasses)	15 m
Dôme du Goûter W-Grat-Gipfel	15 m

Mont Blanc Pic Eccles	15 m
Aig. Blanche NW P. Jones	15 m
Aiguille Blanche	
NW-Gipfel P. Jones	15 m
Grand Pilier d'Angle* 4243 m	15 m
Castor Nordgipfel	12 m
Balmenhorn	12 m
Mont Maudit NW-Gipfel	
(Épaule) P. 4345	ca. 12 m
Aletschhorn NO-Gipfel	10 m
Finsteraarhorn NW-Kuppe	
(Huggisattelkopf)	10 m
Lenzspitze gr. N-Grat-Gendarm	10 m
Lenzspitze gr. O-Gendarm	10 m
Täschhorn Nordgratgendarm	10 m
Rimpfischhorn südl Vorgipfel	10 m
Rimpfischhorn 1. N-Grat-Zacken	10 m
Rimpfischhorn 2. N-Grat-Zacken	10 m
Rimpfischhorn 3. N-Grat-Zacken	10 m
Rimpfischhorn 4. N-Grat-Zacken	10 m
Weisshorn Ostgrat-Turm	10 m
Weisshorn	
N-Grat Signalkuppe 4108,9	10 m
Zinalrothorn N-Grat Sphinx	10 m
Dufourspitze westlicher Vorgipfel	10 m
Dufourspitze	
oberer Westgrat-Gipfel 4499 m	10 m
Liskamm Ostschulter	
(Cima Scoperta)	10 m
Liskamm W-Gipfel östl. Vorgipfel	10 m
Castor Felikhorn	10 m
Dufourspitze ob. W-Grat-Gipfel	10 m
Monte Rosa Grenzgipfel	10 m
Täschhorn SO-Schulter	10 m
Zinalrothorn Épaule	10 m
Aiguille Verte Pointe Croux	10 m
Aiguille du Jardin Pointe Eveline	10 m
Grande Rocheuse	
P. 4015 Col A.Charlet	10 m
Dent du Géant Pointe Sella	10 m
Mont Maudit NW-Flanke P. 4087	10 m
Mont Brouillard SW-Grat-Kopf	10 m
Bernina Spalla	8 m
Dent Blanche Gendarm	8 m
Dufourspitze Ostgrat-Turm	8 m
Mont Bl. Roch. Foudroyés,	
Ref. Vallot P. 4362	7 m
Nordend S-Grat-Kuppe	5 m
Aletschhorn WNW-Gipfel	5 m
Mont Blanc Grand Bosse	5 m
Weisshorn nördl. Vorgipfel	5 m
Mont Maudit untere Südschulter	
P. 4361	4 m
Mont Blanc Petit Bosse	ca. 2 m
Punta Giordani*	1 m,

Wieviel Schweiß?

Mindestanstieg über Normalweg vom höchsten anfahrbaren Punkt
(in Klammern bei anderen Besteigungen nebenher gut erreichbare »Mitnahme-Gipfel«)

Grand Pilier d'Angle	(3250 mH)		Dôme du Goûter	(1990 mH)
Dom	3160 mH		Lenzspitze	
Weisshorn	3100 mH		(von Mischabelhütten)	1960 mH
Pic Luigi Amedeo			Matterhorn	1900 mH
(vom Mont Blanc)	(2920 mH)		Liskamm West	1860 mH
Weisshorn Gr. Gendarme	2900 mH		Finsteraarhorn	1800 mH
Schreckhorn	2720 mH		Stecknadelhorn	(1800 mH)
Grand Combin de Grafeneire	2700 mH		Hohberghorn	(1750 mH)
Pointe Seymour King			Rimpfischhorn	1720 mH
(Aiguille Blanche)	2680 mH		Dürrenhorn	(1600 mH)
Zinalrothorn	2650 mH		Piz Bernina	1550 mH
Aiguille Blanche			Liskamm Ost	1320 mH
Pointe Güßfeldt	2650 mH		Signalkuppe	1300 mH
Grandes Jorasses			Zumsteinspitze	(1300 mH)
(Pointe Walker)	2600 mH		Dôme de Rochefort	1300 mH
Punta Baretti	(2600 mH)		Gross-Grünhorn	1500 mH
Grandes Jorasses			Strahlhorn	1250 mH
Pointe Whymper	(2580 mH)		Rimpfischhorn Gr. Gendarm	1130 mH
Grand Combin de Valsorey	(2570 mH)		Parrotspitze	(1100 mH)
Grand Combin			Weissmies	1050 mH
de la Tsessette	(2570 mH)		Aiguille de Rochefort	1050 mH
Mont Blanc			Schneedomspitze	1030 mH
de Courmayeur	(2570 mH)		Ludwigshöhe	(1000 mH)
Dent Blanche	2550 mH		Schwarzhorn	(1000 mH)
Mont Blanc	2550 mH		Vincentpyramide	(1000 mH)
Mont Brouillard	2500 mH		Isolée	(1000 mH)
Bishorn	2480 mH		Mont Maudit	1000 mH
Obergabelhorn	2450 mH		Gross-Fiescherhorn	970 mH
Pic Eccles	(2450 mH)		Lagginhorn (von Hohsaas)	960 mH
Pointe Croz (Gr. Jorasses)	(2400 mH)		Hinter-Fiescherhorn	(950 mH)
Barre des Écrins	2350 mH		Balmenhorn	(950 mH)
Aiguille Verte	2350 mH		Pointe Carmen	930 mH
Pointe Hélène (Gr. Jorasses)	(2350 mH)		Pointe Médiane	(880 mH)
Grande Rocheuse	(2330 mH)		Alphubel	860 mH
Aiguille du Jardin	2300 mH		Jungfrau	850 mH
Lauteraarhorn-Türme	(2300 mH)		Punta Giordani	(820 mH)
Täschhorn	2300 mH		Corne du Diable	(800 mH)
Pointe Marguerite			Pointe Chaubert	(810 mH)
(Gr. Jorasses)	2300 mH		Pilier du Diable	1050 mH
Dôme de Neige	(2250 mH)		Dent du Géant	730 mH
Dent d'Hérens	2200 mH		Mont Blanc du Tacul	730 mH
Les Droites	2200 mH		Castor	700 mH
Aig. de Bionnassay			Mönch	670 mH
(über Dôme du Goûter)	2200 mH		Östl. Breithornzwilling	(610 mH)
Dufourspitze	2130 mH		Pollux	600 mH
Nordend	2070 mH		Westl. Breithornzwilling	580 mH
Lauteraarhorn	2200 mH		Schwarzfluh (Roccia Nera)	(580 mH)
Gran Paradiso	2050 mH		Allalinhorn	580 mH
Aletschhorn	2000 mH		Breithorn Mittelgipfel	(350 mH)
Nadelhorn	2000 mH		Breithorn (Westgipfel)	350 mH

Register

Die gerade stehenden
Ziffern verweisen auf
Textseiten, die *kursiven* auf
Bildlegenden.